"十三五"国家重点出版物出版规划项目

中国经济治略丛书

要素流动、本地市场与溢出效应：新经济地理学理论新发展及其应用

Factor Mobility, Local Markets and Spillovers Effects:
New Developments and Applications of New Economic Geography

何雄浪　著

中国财经出版传媒集团

经济科学出版社
Economic Science Press

图书在版编目（CIP）数据

要素流动、本地市场与溢出效应：新经济地理学
理论新发展及其应用/何雄浪著．—北京：经济科学
出版社，2021.1
　（中国经济治略丛书）
ISBN 978 - 7 - 5218 - 2338 - 7

Ⅰ.①要…　Ⅱ.①何…　Ⅲ.①经济地理学 - 研究 -
中国　Ⅳ.①F129.9

中国版本图书馆 CIP 数据核字（2021）第 023079 号

责任编辑：于海汛　郑诗南
责任校对：杨　海
责任印制：范　艳　张佳裕

要素流动、本地市场与溢出效应：新经济
地理学理论新发展及其应用

何雄浪　著

经济科学出版社出版、发行　新华书店经销
社址：北京市海淀区阜成路甲 28 号　邮编：100142
总编部电话：010 - 88191217　发行部电话：010 - 88191522
网址：www. esp. com. cn
电子邮箱：esp@ esp. com. cn
天猫网店：经济科学出版社旗舰店
网址：http://jjkxcbs. tmall. com
北京季蜂印刷有限公司印装
710 × 1000　16 开　21.25 印张　360000 字
2021 年 5 月第 1 版　2021 年 5 月第 1 次印刷
ISBN 978 - 7 - 5218 - 2338 - 7　定价：85.00 元
（图书出现印装问题，本社负责调换。电话：010 - 88191510）
（版权所有　侵权必究　打击盗版　举报热线：010 - 88191661
QQ：2242791300　营销中心电话：010 - 88191537
电子邮箱：dbts@ esp. com. cn）

本书的出版得到国家社科基金项目（15BJL101）、国家民委2019年领军人才项目（2799300120）、西南民族大学研究生人才培养项目（2019YJP001）的资助。

前 言

　　所有的经济活动都可以在时间维度和空间维度上保持某种程度上的联系，然而在经济理论分析中，空间问题却长期被主流经济学家所忽视。伴随交通和信息技术的发展，距离和区位等空间因素似乎显得不那么重要，有的学者甚至提出"距离死亡"等论断。但经济现实中的人口、就业、财富的空间分配愈发不均衡现象使人们意识到把空间因素纳入区域经济分析框架中的重要性。一般来说，对经济活动空间分布起作用的因素可以分为两类，一类是初始天赋（first nature），另一类是后天条件（second nature）。初始天赋是指某一个地方所固有的资源，地球上不同的地区会展现出不同的气候、对某种资源不同的可获得程度和不同的生产资源禀赋，所有的这些都可以放在初始天赋的普通标签之下。工业革命之前，在解释经济历史尤其是早期阶段的经济发展方面，初始天赋一直起着非常重要的作用，然而人类总是在寻找安全并廉价的方法来获得和运送原材料。正是基于这样的一个出发点，人类试图弱化初始天赋的约束，产生了独立于自然优势的经济活动的空间分布，这便是后天条件。显然，后天条件是人类改善初始天赋的结果，也是经济系统空间结构演化的结果，比如市场潜力的分布、工资的分布等。后天条件是新经济地理学的研究焦点。新经济地理学视初始天赋为控制变量，即把后天条件分离出来成为经济空间活动的主要变量，而这些经济活动是初始天赋所不能解释的。促进新经济地理学理论的发展，我们不仅要根据理论要求的逻辑完美性修改假设，更重要的是，我们要根据空间经济发展的现实修改模型的假设条件。由此，本书在新经济地理学分析的框架下，将要素流动与本地市场效应、溢出效应紧密联系在一起，加强了新经济地理学的应用研究。

CONTENTS **目录**

第 1 章

绪论：空间经济学及其新发展

——新经济地理学

"地区如何发展？""为什么有些地区比其他地区发展得更快？""为什么不同地区的社会福利水平差异如此之大？"诸如此类问题的研究，自 20 世纪 50 年代以来，引起了经济地理学家、社会学家甚至政治学家的兴趣。人们对区域问题的研究如此关注，部分原因在于人们认识到，推动创新和国民经济增长的过程本质上是空间性的。简而言之，"空间很重要"。多数学者认为经济地理学研究经济活动（如生产、交换、消费等）空间方面的规律，包括经济活动的区位和分布、空间组织和发展、经济活动与环境等关系。简单地说，经济地理学就是研究经济活动中经济要素的空间聚集与扩散，并把对经济活动空间分布起作用的因素分为两类，一类是初始天赋（first nature），另一类是后天条件（second nature）。初始天赋是指某一个地方所固有的资源，地球上不同的地区会展现出不同的气候、对某种资源不同的可获得程度和不同的生产资源禀赋，所有的这些都可以放在初始天赋的普通的标签之下。

如何解释经济活动不均衡空间区位分布的形成？影响因素有哪些？作用机制如何？以李嘉图和赫克歇尔－俄林等贸易学者为代表提出的比较优势发展理论认为，资源和设施（如港口、运输点、市场区位等）、气候条件、技术、自然资源等自然禀赋形成的初始天赋在各国或各地区间存在差异，导致不同地区具有不同的比较优势，最终决定了产业的空间定位。然而，仅依靠比较优势理论来解释现实中存在的大型产业集群和可观的贸易流量就会比较空洞。比较优势发展理论难以解释那些具有相同或相似自然条件的国家或区域，在经济活动强度和密度方面存在很大的差异的情况。马歇尔（Marshall, 1890）认为在厂商和（或者）家庭之间存在着非市场性的相互作用，而这种相互作用并没有通过货币或市场交易反映出来，从而产生了外部性问题，生产与消费的外部性影响产业在空间上的集聚与扩散。但是外部性就像是一个"黑匣子"，在解释由非市场力量造成的产业空间结构方面有一定说服力，对于那些由市场因素造成的空间行为外部性方面的解释则无能为力。

工业革命之前，在解释经济历史尤其是早期阶段的经济发展方面初始的自然资源禀赋一直起着非常重要的作用，然而人类总是在寻找安全和廉价的方法来获得和运送原材料。正是基于这样的一个出发点，人类试图软化初始天赋的约束，产生了独立于自然优势的经济活动的空间分布，这便是后天条件。显然，后天条件是人类改善初始天赋的结果，它是经济系统空间结构演化的结果，比如市场潜力的分布、工资的分布等，后天条件是新经济地理学关注的焦点。新经济地理学视初始天赋为控制变量，即把后天条件分离出来成为影响经济空间活动空间分布的主要变量，而这些经济活动的空间分布是初始天赋所不能解释的。

1.1 关于区域的内涵

不同的学者，对区域的内涵有不同的理解。克里斯泰勒（Christaller，1933）和廖什（Losch，1954）认为区域就是中心地或城市的等级系统，每个地区都有少量的高阶大城市和大量的低阶小城市。城市的秩序是由城市提供的商品的多样性决定的，而商品的多样性又是由不同商品的相对市场面积大小决定的。理查德森（Richardson，1979）认为区域就是政治或行政控制单元相对应的"规划区域"。这种定义的优点是，政治和行政边界直接对应于规划者和政治家设计和执行政策的边界。它的缺点是社会经济活动的发生常常很少遵守政治边界，例如，为特定政治区域设计的经济政策可能会对邻近的区域产生或正或负的社会经济溢出效应。区域也可以定义为自然资源、生态系统，或其他地理边界。例如，马库森（Markusen，1987）认为区域就是历史上进化的、毗连的领土社会，具有物理环境、社会经济、政治和文化环境，以及不同于其他地区和其他主要领土单位、城市和国家的空间结构。该定义承认区域是历史上确定的实体，主要是区域是由于人类与当地自然资源的相互作用而产生的。尽管交通条件的改善已经消除了地理上的许多限制，但区域形成的历史模式仍然影响着现代区域的演变。克罗农（Cronon，1991）持有类似的观点，并讨论了芝加哥大都市区域的形成，认为这是经济力量与芝加哥河和密歇根湖的历史地理条件相互作用的结果。福克斯和库马（Fox & Kumar，1994）认为区域就是经济功能区，中心节点对周边地区的支配地位是由于工人对邻近就业中心的空间依赖。经济功能区概念明确地包含了空间并将经济单元间的空间整合为一个区域。在经济功能区的定义中，空间是通过工人的运输成本来整合的，经济功能区更有可能在空间维度上与企业和工人面临的经济边界相适应。这使区域分析师能够以类似于经济主体所遇到问题的方式来审视区域问题。在经济功能区中，大型劳动力市场同时也充当了大型消费市场，这加强了地区企业和工人之间的空间相互依赖模式。道金斯（Dawkins，2003）认为区域就是一个空间上相邻的人口（人类），其受历史必然性或特定地理位置选择的约束。区域对地理位置的依赖可能源于对当地文化、当地就业市场、当地自然资源或其他特定地理位置便利设施产生的综合吸引力的结果。

我们认为，对区域的具体的定义应根据研究范畴来决定。政治或行政决定的区域边界一般是稳定的，考虑到社会经济属性，可以认为区域就是体现内部同质性属性的地方。例如，以劳动者收入为例，我们可以界定高、中、低收入地区，同样，我们根据生产属性，可以界定农业地区、工业地区与服务业地区。同时，区域边界也不是固定的，例如，如果由于交通条件的改善，使通勤成本下降，那么工人可以住得离雇主更远，甚至网上交流可以代替面对面的交流，那么工人几乎可以住在任何地方，在家里进行经济活动。这些变化对区域定义的影响使社会经济属性的区域边界变得模糊。因此，区域是客观存在的，但明确的区域之间的界限是不存在的，任何标定的区域界限都是"由思维构成的精神上的概念"，都是假定的（吴殿庭等，2003）。

1.2　区位理论与空间经济学

经济学领域对空间经济学的研究—生产地点的研究有着悠久的历史。可以认为德国学者冯·杜能（Von Thünen）是空间经济学的鼻祖，他在1826 年对一座古城周围的土地地租及使用情况的分析与李嘉图的比较优势理论大体相似。区位理论的正式发展是在 20 世纪 20 年代以后，其发展弥补了传统经济分析对空间维度的忽略。区位理论最初由韦伯（Weber，1929）提出，后来由胡佛（Hoover，1937）、格林哈特（Greenhut，1956）和艾萨德（Isard，1956）等学者进行了扩展。考虑到成本，区位理论主要发展了工业最优区位的数学模型并权衡某些特定地点所对应的生产成本的相对节省与运输成本增加之间的关系，最大限度地减少了生产和运输的总成本。尽管单凭成本区位理论并不能完全说明区域经济发展问题，但在模型中引入运输成本在后来的经济增长和发展理论（特别是新经济地理学）中具有很大的影响力。考虑到马歇尔外部性（Marshall，1890），产业可能出于与内部成本无关的原因而聚集在一起。企业大量聚集是为了利用与其他企业空间上相邻而产生的外部经济。胡佛（1937）指出，这些外部经济体可能包括：由同一行业中同一地区的企业坐落于同一地区而产生的本地化经济；由不同行业中的企业集中而产生的城市化经济。由于这些外部效应往往会随着公司的数量和产量的增加而增加，这通常被称为外部规模经济或集聚经济。考虑到空间竞争，霍特林（Hotelling，1929）首次提出并发展了关于空间影响企业定价行为的模型。霍特林（1929）论点的实质是，空间邻近性使公司具有市场支配力，因为附近的顾客更愿意为商品支付更多的费用，而这又不会产生大量的运输成本。在简化的情形下，两个公司沿直线竞争，空间的垄断竞争会导致公司沿线段分割市场，最终集中在中心地带。但是，这个最佳位置不具有社会效益，因为生产线两端的客户都必须承担高额运输费用。戴弗列特格鲁（Devletoglou，1965）、伊顿和利普西（Eaton & Lipsey，1978）等人扩展了霍特林（1929）的原始模型，这些扩展的模型表明，均衡结果并不总是集聚，而且竞争对手的进入并不一定总是使利润为零。考虑到市场中心，克里斯泰勒（1933）首先建立了中心地市场学说，用来描述德国南部不同规模城市的分布。廖什（1954）扩展了克里斯泰勒（1933）的思想，利用经济学思维，将需求锥的理念引入了克里斯泰勒（1933）开发的六角形市场区域框架中。廖什（1954）阐述的基本思想是，公司市场区域的相对规模（定义为公司销售产品的地区）是由规模经济和市场运输成本的综合影响来决定。如果规模经济相对于运输成本而言很强劲，那么所有生产都将在一个工厂中进行。如果相对于规模经济而言运输成本高昂，企业将分散分布在该地区。对于任何给定的市场，其他公司的自由进出导致企业利润为零，并使整个六边形市场空间被公司等距占据。但是，由于运输成本，规模经济和对不同产品的需求差异，不同的市场的六边形的尺寸将有所不同。中心地区出现在不同产品市场区域相互重叠的位置。廖什（1954）指出，市场的形成不是任何自然或政治不平等的结果，而是通过纯粹的经济力量的相互作用产生的，一些朝着集中，另一些朝着分散。第一类力量是专业化和规模化生产的优势，第二类力量是运输成本和多样化生产。

我们认为，一个公司的选址问题是因为它的一些活动是不可分割的。库普曼斯（Koopmans，1957）指出，如果不认识到不可分割性——在人、住宅、工厂、设备和交通方面——就无法理解城市选址问题，甚至连最小的村庄都无法理解。因此，公司的定位问题不是微不足道的，公司的选址在市场和运输成本的权衡上，必须有某种递增的回报：不断增长的利润使公司把生产集中在几家工厂，而运输成本使得工厂面临区位选择问题。

1.3　空间不可能定理与空间经济学

阿罗—德布鲁模型（the Arrow‐Debreu model）指出在一些特殊条件得到满足的情况下，市场能够达到一般均衡的状态（Arrow and Debreu，1954）。在该模型中，企业的特征在于一组生产计划，每个生产计划描述一个可能的投入产出关系。消费者的特征通过偏好关系、初始资源或企业利润中的份额来确定。企业的生产和消费者的消费满足以下约束条件：每种商品的供应等于每种商品的需求，即满足市场出清条件；企业的生产不存在规模报酬递增，每个企业根据其可能的生产技术来最大化其利润；消费者在预算约束下，最大化其效用。在阿罗—德布鲁模型世界中，商品不仅由其物理特征定义，而且由其可获取的位置定义，即同一商品在运输时会改变特性。在此框架内，选择地点是选择商品的一部分，因此在不同地方交易的同一商品被视为不同的商品。因此，阿罗—德布鲁模型旨在新古典经济学的分析范式下，将市场的空间相互依存性纳入一般均衡。空间不可能定理（Starrett，1978）告诉我们，事情并非如此简单。空间不可能定理指出，考虑一个具有有限数量的区位、企业和消费者的经济体，如果空间是均质的（不同地区消费者偏好相同，企业的生产函数也相同），而且消费者的偏好在本地没得到满足，则不存在包含正的运输成本的空间竞争均衡。如果经济活动完全可分，则竞争均衡将导致"后院资本主义"生产状态的出现，每个地区处于自给自足、原子式生产的经济状态，这就是阿罗—德布鲁模型应用到空间分析中得出的结论。如果经济活动不完全可分，空间竞争均衡存在则意味着地区间不存在贸易往来。如果地区间存在贸易往来，则价格系统必须同时执行两项不同的工作，即既要支持地区间的贸易往来（同时也要出清每个地区的市场），又要防止企业和消费者迁移，空间不可能定理表明不可能用一块石头击中两只鸟，从而正的运输成本阻碍了空间竞争均衡的存在。因此，如果我们要理解现实中的经济活动空间分布，特别是理解现实中的产业集聚现象，那么从空间不可能定理出发，我们或者假设空间是异质的（例如，新古典贸易理论或者冯·杜能的土地利用模型），或者假设技术外部性（例如，现代城市经济的地方化经济）的存在，或者引入不完全竞争市场结构的分析框架（例如，新经济地理学理论）。尽管很明显，空间是异质的，但空间异质性显然不是持续存在的地区性收入不平等现象的唯一原因。

1.4 空间经济学新发展：新经济地理学

空间问题是经济生活的中心。翻开人类的历史，无论从全球层面还是国家内部，甚至在一个城市内部，经济活动在地理空间上的集聚无处不在，而且经济活动在地理空间的集聚与分散总是随时间而不断发生着改变。但是，在对这种由集聚与分散造成的产业空间结构问题的研究总处于现代经济理论的边缘，克鲁格曼认为出现这种结果是因为经济学缺少一个既包含了规模报酬递增又包含了不完全竞争的理论框架。而在基于完全竞争的一般均衡框架内，又无法解释经济活动呈现出的大规模且又不断变化中的空间集聚现象。空间不可能定理充分证明竞争价格机制无法解释产业空间结构的内生性问题。在规模报酬不变的完全竞争框架内，产业的空间结构将会出现极度分散化，最终导致每一个地区都是自给自足的生产方式，退化为"后院资本主义"的生产方式。克鲁格曼（1991）的开创性论文《规模报酬与经济地理》的发表宣告了新经济地理学的诞生，这为大多数新经济地理学理论模型发展提供了一个基本的分析框架。新经济地理学为区域经济学的理论和实证研究提供了一套分析工具，在分析空间尺度上的区域差异方面取得巨大的成功，这为一直处于边缘状态的区域经济学融入主流经济学做出了显著的贡献。此后，许多学者改进克鲁格曼（1991）的中心—外围模型来分析区域差异、产业集群的形成和区域政策在经济发展中的作用。

新经济地理学在控制第一自然优势的前提下，认为经济活动的集中是一个内生的过程，而与外生的自然优势无关。在贸易成本适中的条件下，生产的规模经济导致厂商和工人的集中而享受到市场接近和中间投入品或消费品多样化带来的好处（Krugman，1991；Fujita & Thisse，2002）。贸易成本的下降在一定条件下也能成为经济活动集聚的发动机，因为这会导致更大程度的规模报酬经济的产生，从而进一步拉大中心地区与外围地区的经济发展差距（Martin & Ottaviano，1999）。早在 20 世纪 50 年代，缪尔达尔（Myrdal，1957）和赫希曼（Hirschman，1958）等发展经济学家就论述了新经济地理学的循环累积思想，认为这种循环累积效应将导致区域发展的不平衡。另外，城市经济学家也长期探讨了马歇尔的外部经济在城市经济形成过程中的作用（Pred，1977；Hall，1998）。正如新经济地理学理论一样，早期的经济学家强调了产业的前向与后向联系效应、地方化的知识溢出在区域发展中的作用，但是，早期的经济学家过分强调普通核心概念的作用，没有接受主流的经济学观点。无论是中心市场区位理论，还是区域外部经济、因果累积循环等理论都拒绝模型化 RCE（理性选择均衡）模型，由此缺乏对微观经济基础（市场结构）的具体描述。新经济地理学是增长极理论和新古典区位理论的综合，在新古典区位理论当中，市场经济活动的结果常常是导致区域收敛，而不是区域发散。而在极化理论当中，经济活动的空间不断集中导致的是区域增长的不平衡过程。根据新古典经济理论，任何对均衡的偏离过程都会回到均衡点，而建立在循环累积因果机理上的增长极理论的自我强化过程会不断改变初始的平衡点。增长极理论虽能解释现实问题，但却缺乏严格的逻辑推理，而新古典理论虽然具有严格的逻辑推理，但由于假设条件与现实的严重偏离，因此，得出来的研究结论不能解释现实经济发展的一般现象，而新经济地理学正好弥补了新古典区位理论与增长极理论的不足，兼有二者的优点。藤田和克鲁格曼（Fujita & Krugman，2004）认为新经济地理学的理论创新主要体现在如下几个方面：第一，不同于传统区位理论的空间经济的一般均衡模型，规模报酬递增或生产的不可分割性防止了"后院资本主义"经济的出现；第二，规模报酬递增导致不完全竞争的市场经济结构的出现，运输成本使得区位选择变得很重要；第三，消费者和厂商改变区位的过程就是集聚经济的出现过程。

克鲁格曼（1991）开创的中心—外围模型里面有两个初始条件相同的

区域：工业和农业两个部门，农业工人和工业工人两种要素。每种要素都固定存在于同一个部门里，工业工人在地区间可以流动，农业工人不流动。工业企业使用工业工人一种要素生产工业产品，企业的生产表现出规模报酬递增的特征，产品销售面对的是垄断竞争的市场。农业部门使用农业工人一种生产要素，农产品的生产表现出规模报酬不变的特征，产品销售面对的是完全竞争的市场。两种产品在区域之间可以交易，工业产品交易受到冰山交易成本的影响，农产品交易无成本。该模型中存在两种稳定的均衡：当运输成本较低时，工业在某一地区集聚；当运输成本较高时，工业布局分散于两个地区。两种均衡对于中间价格的运输成本都是稳定的。尽管该模型比较古板，但这一领域很少有新的研究成果超越这个理论分析框架，以至于藤田等（1999）认为"D－S模型、冰山成本、演化和计算机"是新经济地理学研究体现的主要范式。维纳布尔斯（Venables，1996）的投入—产出联系模型、鲍德温（Baldwin，1999）的人力资本积累模型、马丁和奥塔维诺（1999，2001）的内生增长模型、福斯和奥塔维诺（Forslid & Ottaviano，2003）的企业家自由流动模型中都有独立于克鲁格曼（1991）中心—外围模型的集聚机制，但不可思议的是以上这些模型基本都具有克鲁格曼（1991）开创的中心—外围模型的七大基本特征。

第一，本地市场放大效应的存在。只要市场是分割的，企业的生产呈现出规模报酬递增的特征，就会有本地市场效应的存在。本地市场放大效应是指随着本地市场规模的扩大，会导致更大比例的企业集中于该地区。从而，如果某种外生冲击改变原有需求的空间分布，扩大了某一区域的需求，则大量的企业将改变原来的区位，向该区域集中。新经济地理学特别强调本地市场效应在产业集聚中的作用。本地市场效应就像物理学中的重力吸引力（gravitational force）一样，一旦一个地区的市场稍微有所增大，就会导致该地区的企业数量不断增加，从而初始微小的差异导致持久的经济发展的巨大不平衡。本地市场效应体现了新经济地理学的显著特征，是新经济地理学与新国际贸易理论的重要区别之一。戴维斯和韦恩斯坦（Davis & Weinstein，2002，2008）、布鲁哈特和特里翁费蒂（Brulhart & Trionfetti，2009）等学者实证检验了本地市场放大效应的存在。

第二，循环累积因果链的存在。大多数新经济地理模型中存在不变替代弹性的工业部门，收入高的地区，意味着工业产业份额占比也相应较高。在新经济地理学模型中，产业之间的联系存在着前后向关联效应。宏观的经济活动空间分布是集聚力和分散力共同作用的结果，集聚力包括本地市场效应与生活成本效应，分散力则是指市场拥挤效应。本地市场效应与生活成本效应相互作用，就形成了循环累积因果关系。例如，假设有南、北两个区域，这两个区域的初始条件是一样的。如果一个工人突然决定从南部迁移到北部时，这种初始的对称状况将遭到破坏。由于工人把自己的收入消费在工作的地方，因而工人的迁移使得南部的市场规模变小而北部的市场规模变大。由于本地市场效应，市场规模的变化将促使南部的一些企业迁移到北部。即使南北两个区域工人的名义收入相同，但由于存在生活成本效应，北部地区工人的实际收入提高将进一步激励工人从南部迁移到北部，这就形成了循环累积因果关系。

第三，内生的非对称性。新经济地理学的大多数模型显示，随着贸易自由度的提高，集聚力和分散力都在下降，但分散力下降更快，对称平衡变得不稳定，最终导致所有产业都集中在一个区域，一个区域的发展是靠牺牲另一个区域的发展为代价。

第四，突发性集聚。所有基础的新经济地理学模型都具有这个特征，即产业结构均衡表现出棒—棒（bang－bang）均衡的特征。当贸易自由度较低时，对称结构是稳定结构。随着贸易自由度在一定范围内的提高，这不会影响对称结构稳定性的改变。然而，当贸易自由度达到某一临界值后，自由度稍微增加，就会发生突发性集聚，这时的稳定结构是中心—外围结构，而不是对称结构。突发性集聚是新经济地理学模型中最不稳健的一个特征，在现实当中我们也很难发现这种现象，但这种结论包含的是一种哲学思想，就是量变到质变的过程。量变是渐进的过程，而质变是突变的过程。随着贸易自由度的提高，可流动要素的流动性逐渐增强，但总要受到某种约束力的制约，这是量变的过程，但贸易自由度达到某一临界值，此时促使要素流动的力量与约束力正好相等，如果再提高贸易自由度，则可流动要素迅速向适合于它们的区域转移，这是质变的过程。

第五，区位的粘性。不知何种缘故，历史上选择了某种产业分布模式或发展路径，那么在较长的历史过程中，各种经济活动已经适应这种模式或路径，紧紧地"粘上"了这种模式或路径，要改变这种模式或路径需支付很大的成本，或需要较强的外生冲击，这就称为区位的粘性。新经济地理学的这个性质已经得到戴维斯和韦恩斯坦（2002）、博斯克等（Bosker et al.，2010）、雷丁等（Redding et al.，2011）学者的经验证实。

第六，驼峰状集聚租金。集聚租金是指当完全集聚是稳定均衡时，工人从核心区转移到边缘区时所遭受的损失。在大多数新经济地理学模型中，集聚租金是贸易自由度的下凹函数，即随着贸易自由度的提高，集聚租金曲线先升后降，显示出驼峰状。集聚租金对经济政策的分析具有重要意义，它的政策含义很明确，即当整个经济系统处于稳定的中心—外围结构均衡时，区域经济政策的暂时改变，只要力度不是足够大，不会改变既有的产业空间分布模式。卡恩德等（Kind et al. ，2000）、鲍德温和克鲁格曼（2004）认为这些集聚租金可以被征税，而不会引发核心地区的资本外流或去工业化，甚至可能引发一场税收的"逐顶竞争"。

第七，重叠区和预期的自我实现。克鲁格曼（1991）、福斯里德和奥塔维诺（2003）等学者认为，当贸易自由度介于持续点与突破点之间时，对称结构和两种中心—外围结构（以北部为核心，或者以南部为核心）都是局部的稳定均衡结构。这种多重稳定均衡导致的重叠区的存在说明，当人们的预期发生变化时，人们将根据变化后的预期，任意选择对称结构或中心—外围结构作为其工作和居住区位。从而，仅仅由于预期因素的变化，也会把原有的经济系统推向另一种经济系统，改变产业的空间分布结构。

所有具有冰山交易成本、C－D形式效用函数、D－S垄断竞争分析框架的新经济地理学模型一般都有上述特征。为了摆脱困扰 DCI 分析框架下中心—外围模型的非线性关系，增强模型的可操作性，奥塔维诺等（2002）提出了新经济地理学的新分析框架，即 OTT 分析框架。在该分析框架下，最关键的变化是效用函数采用的是准线性二次效用函数，而不是C－D形式嵌套不变替代弹性的效用函数，另一个重要的变化是以线性运输成本取代"冰山"交易成本。相比于 D－S 的垄断竞争框架，这个框架没有收入效应。然而，该模型仍然显示了规范的新经济地理学分析框架中著名的七个特征中的五个，这表明这些特性中的大多数对于函数形式的选择确实是不敏感的。

1.5　新经济地理学研究及其进一步的发展

新经济地理学在概念和理论上已经趋于成熟，尤其是在两区域的迪克西特—斯蒂格利茨—冰山成本形式的设定上。新经济地理学大多数的基础理论都得到了更新，尽管许多新的模型我们通常会得到看似相同的结果。我们认为，正如许多人在我们之前所做的那样，必须要重视经济地理学的理论经典，认真思考新经济地理学的发展方向。新经济地理学至今仍然是一个令人兴奋的研究领域。然而，我们必须认识到，新经济地理学关注的焦点需要转移到新的问题上，而不是止步不前。只有这样作为经济学的重要分支之一的新经济地理学和空间经济学才能找到自己的正确位置。在现实的空间经济世界里，不仅表现为地理空间范围内人类活动的相互作用，也表现为在有限地理空间范围内人类活动与非人类活动的相互作用，因此，对空间经济问题的研究，现实的复杂性必然带来理论研究的艰巨性。为了赋予新经济地理学模型新的含义以及更好地解释空间经济发展不平衡的现象，一些学者从以下几方面正在促进新经济地理学的进一步发展。

1.5.1　促进城市经济学与新经济地理学的统一

城市经济学模型将城市住房成本（土地租金）和通勤成本视为一种分散力。但是，这些模型中的城市都是"浮岛"，城市内部和城市之间的空间未集成在同一个空间位置上。在新经济地理研究中，普罗斯特和蒂斯（Proost & Thisse，2019）认为，一方面，所有的方法都强调造成区域差异的主要原因是循环累积因果关系，另一方面，这些研究方法忽略了经济活动的集聚通常以城市作为载体，由此也就忽略了经济活动在地理上集中所产生的各种成本，然而，这些成本可能会对以克鲁格曼（1991）为代表的中心—外围模型得出的结论产生重大影响。赫尔普曼（Helpman，1998）、田渊（Tabuchi，1998）、村田和蒂斯（Murata & Thisse，2005）在两区域的分析框架下，将城市的空间成本引入到新经济地理学模型中去，改进后的中心—外围模型表明，当制造业的运输成本变得足够低时，该行业将再次分散到外围地区。由此，当分散的力量来自于城市空间成本而不是来自于固定的农民时，降低贸易成本可能会引发经济活动的分散，而不是聚集，由此逆转了克鲁格曼（1991）的结论。然而，鉴于空间的离散性，很难区分这种工业分散是否与许多城市的形成相对应、与工业带的形成相对应，还是仅仅与都市圈内的郊区化相对应。为了更深入研究城市空间成本对集聚空间格局的影响，需要将新经济地理学模型与传统的城市模型进一步统一起来，并研究同一空间内城市与工业集聚的发展。在城市经济模型中，开发商和市政府占据重要角色，而新经济地理学模型则忽略开发商和政府，更注重空间的自我组织。进一步结合显然是让这两个领域"互肥"。事实上，学界已经沿着这一思路作出了一些努力。例如，卡恩德等

（2000）、安德森和福斯里德（Anderson & Forslid，2003）、鲍德温和克鲁格曼（2004）等人在中心—外围模型中成功引入了蒂布特（Tiebout，1956）模型的跨辖区竞争（税收和提供当地公共产品的竞争）。下一步的发展则是把城市各种特征（如土地和住房市场、通勤、交通网络和其他城市基础设施）移植到经济地理模型中去。

1.5.2 促进内生增长理论与新经济地理理论研究的融合

在大多数新经济地理模型中，集聚力仅仅是通过消费者和产业之间的联动效应产生的经济外部性，而忽略了所有其他可能的集聚经济来源，如知识外部性或技术溢出效应。对于包含空间的经济集聚体，我们也有必要将其视作知识生成、传播和积累的温床的概念，这对创新和经济增长至关重要。近年来，一些学者将知识或技术外部性引入到新经济地理模型中，促进了内生增长理论与新经济地理理论的结合。藤田和莫里（Fujita and Mori，1998）将新经济地理理论和内生增长理论结合在一起，用于解释"亚洲奇迹"和其他外围区的经济发展。布雷切尔（Bretschger，1999）将内生增长理论、新经济地理学和传统区位理论的要素整合到一个模型中，该模型考虑了区域内和区域间知识扩散对区域增长轨迹的长期影响。普加（Puga，1999）认为，贸易成本下降会促进集聚，扩大技术溢出效应在空间范围的边界，促进创新，进一步增加集聚的可能。技术进步往往会加剧两个区域之间的差异，从而提高技术熟练工人向核心区域迁徙的积极性。奥塔维诺等（2002）认为，熟练技术工人比非熟练技术工人的流动性更高，研究表明由于个人技能和学习环境质量的相辅相成，熟练工人的集中放大了每个工人自身的生产力优势，并构成了城市的集聚力，因此核心区域可能容纳熟练技术工人。诺科（Nocco，2005）通过引入地区间存在技术水平差距拓展了新经济地理学模型，认为当初始的地区间技术水平差距不是很大且贸易成本较低时，才有可能导致地区间技术溢出效应的发生，当贸易成本很低时，现代工业部门既可能集聚，也可能分散，而当贸易成本很高时，则导致现代工业部门在发达地区的完全集聚。田源等（2018）引进制造业的技术进步来改进克鲁格曼（1991）的中心—外围模型，得出了制造业的技术进步有利于产业集聚的结论。贝里安特和藤田（Berliant & Fujita，2007，2008）发展了动态的知识创新与扩散模型（two person model，TP 模型）。该模型描述了人与人以及区域之间的知识关联过程，分析了合作创新行为的时间、方式和效率，从而解释了知识创新和扩散如何进行及其产生的影响。德斯梅特和罗西 – 汉斯伯格（Desmet & Rossi-Hansberg，2014）假设劳动力是自由流动的，企业和土地的产权是多元化的，创新冲击跟空间有关，创新随着时间的推移而扩散，在一个完全竞争的分析框架中发展了动态空间发展理论，以此为基础来分析美国 20 世纪后半叶的经济空间演化特征。

当前，时间已经很好地融入了经济学家的工具包，但主流经济学仍然缺乏空间分析的工具，知识溢出是动态的，如何将时间通过一种简洁的方式引入到包含知识溢出的新经济地理模型中去，它就能促进新经济地理学的进一步发展。

1.5.3 促进环境污染与新经济地理学理论研究的融合

企业或劳动者的区位选择，不仅跟产业集聚产生的环境污染外部性有关，也跟相应的环境政策有关，由此，一些学者考虑环境污染对经济活动空间分布的影响。范恩·马勒惠克（van Marrewijk，2005）、兰赫和夸斯（Lange & Quaas，2007）研究了地方环境污染效应对产业集聚的影响。阿诺特等（Arnott et al.，2008）考虑了不同水平的工人的城市通勤成本与环境污染外部性的相互作用对人口与产业空间分布的影响，认为为了达到全域最优，差别化的环境政策是必要的。曾道智和赵来勋（Zeng & Zhao，2009）利用两地区两部门空间经济模型研究了环境污染天堂效应，认为集聚力能够控制环境污染效应，从而污染天堂效应在市场规模大的地区并不会出现。康莱德（Conrad，2005）认为当地区间的要素生产率与要素价格差异较大时，严格的环境政策并不会导致企业区位的重新选择。凯瑞阿科波罗和扎佩佩蒂亚斯（Kyriakopoulou & Xepapadeas，2013）认为环境污染作为离心力与知识地方化溢出、自然资源成本优势作为向心力的相互作用决定了产业的空间分布，当考虑社会成本时，一个区域即使拥有固有的初始优势并不意味着它在空间竞争中一定就有比较优势，环境政策在空间上的最优选择产生了双中心的产业空间分布模式。

当前，有关环境污染的时空维度与经济活动的空间模式相互作用的新经济地理学文献非常少，我们有必要进一步发展包含环境污染的新经济地理学模型，从空间和时间两个维度研究产业转移与集聚的生态效应。

1.5.4 促进企业异质理论与新经济地理学理论研究的融合

企业同异的新经济地理学模型忽略了企业和劳动力的异质性，因而也就忽略了不同效率的企业或不同技能的劳动力在不同规模市场间的内生集聚机制。企业之间的差异对于理解世界贸易至关重要，部门内部的企业差异可能比部门平均值之间的差异更为明显。21 世纪以来，不少学者开始将企业异质性引入到新经济地理学模型中，拓展了解析集聚经济微观机理的视角。田渊和蒂斯（2002）通过将离散选择理论的工具应用到经济地理学模型中，研究了劳动力异质性对活动空间分布的影响。结果表明，偏好异质性是一种强烈的分散力，它会显著地影响产业分布的中心—外围结构，通常它会在产业的空间集中度和运输成本水平之间形成平滑的钟形分布。鲍德温和大久保（Baldwin & Okubo，2006）将企业异质引入到新经济地理学的自由资本模型（Martin and Rogers，1995）中，认为最有效率的企业将位于市场规模大的地区，而低生产率企业向外围地区转移，企业异质抑制了本地市场效应。曾道智（2008）通过纳入异质性的流动工人来拓展福斯里德和奥塔维诺（2003）的自由企业家模型，研究结果表明，规模报酬递增和垄断竞争形成了一种内生性的机制，将导致工人居住的长期隔离。鲍德温和罗伯特－尼古德（Baldwin and Robert-Nicoud，2008）研究了企业异质且面临沉淀的市场进入成本时自由贸易对经济增长的影响，认为自由贸易对增长产生模糊影响，这一模棱两可的发现与贸易开放对增长的影响的实证结果更好地吻合。大久保（2009）研究了存在中间投入品联系、企业异质性和企业固定出口成本的条件下，认为贸易成本降低了对制造业集聚的影响，非出口企业的存在削弱了前向和后向联系，强化了市场拥挤效应，从而阻碍了产业的完全集聚，另外，渐进贸易自由化导致渐进式的产业集聚，而不是新经济地理模型长期以来所阐明的突发性集聚，贸易自由化也会产生不同的福利效应，使得边缘地区遭受损失，核心地区获得收益。皮卡德和大久保（Picard and Okubo，2012）通过拓展奥塔维诺等（2002）的线性自由企业家模型来考察需求异质性对贸易和企业区位选择的影响，认为需求的分布及其特征是企业区位选择不可忽视的力量，需求异质性消除了经济活动地点的灾难性变化，异质性既不应视为分散力，也不应视为集聚力，当经济活动分散分布时，异质性减轻经济活动的分散力，反之，则减轻经济活动的集聚力。奥塔维诺（2012）选择具有内生性边际成本的垄断竞争模型，研究在存在金钱外部性的情况下，企业生产率的异质性如何影响集聚力和分散力之间的平衡，认为企业选择作为一种额外的力量，影响集聚力和分散力之间的平衡，集聚的出现不是灾难性的，另外，牢固的异质性对于集聚力和分散力之间的平衡至关重要，但是，是将平衡从集聚转移到分散还是相反，取决于企业异质性在富裕度和均匀度两个定义维度上的特定特征。

奥塔维诺（2011）指出，进一步理解企业异质的来源及作用有利于揭开集聚经济的黑箱，这是一个很有价值的研究方向，我们有必要进一步理解微观异质劳动者、消费者异质、异质企业的区位选择行为与集聚经济的关系，重新解释现实中产业集聚、要素流动与经济活动的地理分布的关系。

1.5.5 发展低维度和高维度有机统一的新经济地理理论

新经济地理学的大多数模型只能在非常有限的低维环境下求解，一旦合并了更多的空间和产业结构，通常就无法进行数值计算，至少无法在合理的时间内计算出结果。显然，只有超越基本的两地区两产业的低维度模式，走向非对称的多区域多产业的地理贸易模式，才能获得切实有用的政策启示。鉴于计算机硬件功能的不断提高，更重要的是目标导向的编程环境的普及，是时候重新审视可计算地理均衡模型的可能性了。新经济地理学确定的关于集聚和分散的基本机制对于建立可解析的模型仍然很重要，而建立可进行数值计算的模型将变得更加重要。最理想的模型是在低维设置下具有可解性，甚至在高维设置下也具有数值可计算性。在冯·杜能（1826）、萨洛普（Salop，1979）开拓性研究的基础上，藤田等（1999）发展了产业圆环分布的连续空间动态模型，认为足够强的外生冲击导致初始均匀分布的产业最终演化成集聚在圆环的相反的两极。罗西-汉斯伯格（Rossi-Hansberg，2005）考虑一个无缝的线状的区域连续排序，尝试将位置、运输成本、聚集力和分散力融合在一个分析框架中，研究发现：如果运输成本很高，地区之间就不会有贸易，每个地点都有中间产品生产企业和最终产品生产企业，以实现生产和消费的自给自足。随着运输成本的下降，区域之间贸易关系的加强将提高区域生产的专业化程度，特别是，如果中间产品的运输成本下降得更多，由于空间外溢效应，区域生产的专业化程度将进一步得到提高。如果运输成本为零，则中间产品生产企业或最终产品生产企业将集聚在一个区域。因此，运输成本的下降促进了区域的专业化生产和产业的分散分布。受到霍特林（1929）线性模型的启发，卡马乔（Camacho，2013）发展了劳动力迁移的线性空间连续模型，认为劳动力迁移对工资梯度差异作出反应，如果某一子域即使暂时的技术领先，也会导致劳动力在周边的集聚。赤松等（Akamatsu et al.，2012）发展了圆形跑道经济模型，其中工人和企业最初呈圆状等距分布在 2^n 个区域里，农民沿着圆形跑道均匀分布，两个区域之间的运输成本取决于在圆形跑道位置上相互之间的距离。最初，运输成本值足够大，工业企业在 2^n 个区域里均匀分布，运输成本的降低导致工人和企业部分地聚集在 2^{n-1} 个区域里，随着运输成本的进一步下降，则该模型显示一系列分叉，并且每次分叉之后，工业区域的数量减少一半，每对相邻工业区域之间的距离增加一倍，直至工业部门全部集聚到一个区域为止。因此，仅在运输成本非常低或非常高的情况下才会发生完全的产业聚集或完全的产业分散，在这两种极端情况之间，空间经济的演化则显出多重均衡的特征，即工业企业有可能集中在相对较小或相对较大数量的区域里。同样重要的是，在运输成本下降过程中，某些区域从市场整合过程开始产业份额就开始下降，其他一些地区产业份额有可能先增加然后再下降，因此，市场一体化的赢家和输家会随着经济一体化程度的变化而发生变化。

上述多维的新经济地理学模型表明，虽然在一定条件下，我们可以找到连续空间的产业分布的演化轨迹，也可以找到分析长期空间均衡的方法，然而，到目前为止，关于连续空间产业分布的动态演化问题，我们仍然提不出一套规范的经济学分析方法。我们有必要继续发展高维度的新经济地理学模型，力求在低维度框架下可以用规范的经济学语言解析，而且可以扩充到高维度也能够进行数值模拟和计算。

1.5.6 促进公共政策和新经济地理学理论研究的融合

区域经济发展的不平衡性吸引了很多政策制定者的关注，这激励多数的区域经济学者重视区域经济理论应用于经济发展现实方面的研究，然而，一些新经济地理研究学者得出的缺乏突出政策的结论限制了他们给出促进区域发展政策建议的可能。贝伦斯和罗伯特－尼古德（Behrens and Robert-Nicoud，2011）认为，新经济地理学的很多研究结果依赖于设定相对主观的参数的数字模拟方法来实现，而不是试图在某些时刻复制实际数据来约束他们的模型，从而限制了理论在经济现实中的应用。新经济地理学的研究更多的是试图解释经济发展的现实，而不是预测经济发展的未来。在新经济地理研究方面，鲍德温（2003）认为，缺乏明确的政策倾向需要更多的研究。由此，一些学者将公共政策的因素引入新经济地理学模型中，安德森和福斯里德（Andersson and Forslid，2003）、鲍德温和克鲁格曼（2004）等发展了税收竞争的新经济地理学模型，杜邦和马丁（Dupont and Martin，2006）、乌特维特 – 穆埃（Ulltveit-Moe，2007）等发展了分析区域和产业政策的新经济地理学模型，除此之外，鲍德温等（2003）还分析了单边贸易政策和特惠贸易协定对产业空间分布的影响，同时也对产业集聚的福利效应进行了分析，从公平和效率的角度判断市场均衡的结果。我们认为，新经济地理学在公共政策研究方面至少有两方面的优势。首先也是最重要的，新经济地理学将地理问题引入地区不平等与发展问题的研究当中，然而政策制定者们常常把区域看作可以单独分析的"孤岛"。新经济地理学的研究提醒我们，区域之间是相互联系的，不能把区域单独割裂开来分析一个地方的经济发展问题；其次，新经济地理学研究认为，在分析地区政策的影响时，把地区经济结构作为内生变量来考虑是十分重要的，这是因为经济空间结构的变化可能会显著地放大或抑制公共投资者和政策制定者的潜在利益。例如，维纳布尔斯（2007）的研究表明新经济地理学中的集聚经济有可能通过改变城市交通投资的规模，使得城市交通投资者获利。贝伦斯等（2009）认为，当经济的空间结构因交通部门放松管制而发生变化时，这时社会获得的福利收益会比管制条件下更小，因此决策者需要充分评估政策的改变对经济空间结构的潜在影响。总之，如果要使新经济地理学成为区域政策研究的一个重要工具，还有许多工作要做。

显然，政府在促进区域经济发展中扮演了不可忽视的角色，不仅提供基础设施，而且进行直接投资。因此缺少政府的穿针引线，必然导致新经济地理学的应用性大打折扣。鲍德温和克鲁格曼（2004）认为新经济地理的研究除了在税收竞争领域外，在其他政策的研究方面基本上没有什么进展，因此，进一步将产业政策、贸易政策等因素引入新经济地理理论中，是深入新经济地理研究的必然方向。

1.5.7　促进实证分析与新经济地理学理论研究的融合

计量空间经济模型的主要目标不是提供新的理论结果而是评估公共政

策干预或外在短期冲击的影响。为了实现这一目标，计量空间经济模型就必须认可一些外在给定的参数（例如，CES 偏好下的替代弹性），其他的参数则可以根据观察到的变量（数据）进行校准。空间计量经济模型可以用于预测政策对经济活动空间分布的影响，这体现出空间计量经济模型的优点。具体来讲，理论模型侧重于参数和变量之间的定性关系研究，它可以告诉我们一个具体冲击对一些核心变量的影响，但是不能告诉我们这个冲击影响的具体大小。相比之下，空间计量经济模型给出了数量上的预测，能提供有关效果幅度的具体信息。显然，这弥补了新经济地理学理论在预测分析上的不足。雷丁和维纳布尔斯（Redding and Venables, 2004）研究发现有证据表明，接近市场和供应来源非常重要，并且即使在控制了各种经济、地理、社会以及制度特征后，市场潜力对于解释跨国人均收入变化方面在数量上具有非常重要的意义。汉森（Hanson, 2005）研究了市场潜力与美国各州工资之间的空间相关性，发现二者存在显著的正相关关系。米翁和纳蒂基奥尼（Mion and Naticchioni, 2005）探讨了空间工资差距与工人特性之间的关系，并使用大面板数据说明了意大利工人工资空间差距与市场潜力之间的关系。康姆斯等（Combes et al., 2008）采用了类似的研究方法，使用法国工人大面板数据集将空间工资差异性的来源分解为工人特征的异质性（他们将其解释为技能水平差异）、当地禀赋和当地净互动效应（例如就业密度、产业多样性、市场潜力）。他们仔细控制了内生性，得出的结论为：空间工资差距的主要来源是工人的异质性（他们将其解释为技能），并解释了近一半的工资差异。但是，当地的相互作用效应似乎也是一个重要的决定因素，工人的异质性和当地的相互作用效应共同解释了 2/3 的就业地区工资差距。雷丁和斯图姆（Redding and Sturm, 2008）将 1945 年至 1989 年期间德国分裂视为一个自然实验，以对区域经济发展中市场准入的重要性提供证据。他们得出的结论是边境城市的衰落完全可以由这一部门无法准入市场来解释，而不是因为产业结构的不同或战争带来的相对破坏程度上的差异。柏林墙的倒塌是一场意想不到的突然冲击，阿尔费尔特等（Ahlfeldt et al., 2015）也将这一事件用作自然实验，来阐释距离变化如何影响西柏林城内部的经济活动布局。更具体地说，他们的目的是从定性和数量上解释城市内部结构的变化，包括中心商务区的搬迁。雷丁（2016）研究发现，在影响网络垂直和水平线路的运输条件改善后，最大中心区的人口往往会减少。更为重要的是，通过使用多区域一般均衡模型，雷丁（2016）的分析可以确定哪些区域受到交通条件改善带来的正面或负面的影响，以及考察区域人口的变化程度。

在空间计量中，需要慎重考虑数据是如何与研究的问题以及和使用的理论模型做到有效地契合。例如，一个地区的产出和其他地区的产出存在着紧密的联系，这意味着数据生成过程将具有空间相关性，忽视这种相关性是有风险的，这种风险可以通过时间序列的类比清楚得知。在空间计量经济学这个领域，通常需要提前确认作用于区域间的相对优势，且需运用空间权重矩阵这一工具。已有研究在空间权重设置上大多采用邻接、地理距离或经济距离等对称权重，这与区域间所呈现的网络结构形态的空间交互影响的现实背景不符。如果空间权重设置不合理，会直接导致结论产生较大的偏差。我们有必要进一步夯实空间计量模型的理论基础，架通新经济地理学理论分析与实证分析的桥梁。

1.6　新经济地理学研究在国内的发展

新经济地理学分析框架传入国内后，企业异质性、环境污染、税收竞争与转移支付、技术进步和贸易政策等方面得到了学者的较多关注。

关于企业异质，颜银根（2014a）建立了一个异质性的自由资本模型，认为企业生产效率的不同会导致"自我选择效应"的形成，同时，随着贸易自由度的提高，一般非对称结构成为唯一稳定均衡结构。随后，颜银根（2014b）又在异质性自由资本模型中考察了转移支付、产业跨区转移与地方全要素生产率之间的关系，并认为转移支付可以引起产业转移，但存在"门槛效应"，同时，由于"排序效应"的存在，转移支付将导致最低生产效率的企业率先做出反应，从而降低产业承接的生产效率。范晓莉和王振坡（2015）发现企业异质主要是通过交通基础设施和信息基础设施水平作用于城市的产业结构，在此过程中表现出较强的集聚—扩散连锁效应，从而影响城市空间结构的演变类型。

关于环境污染，郭建万和陶锋（2009）通过在新经济地理模型框架下纳入环境管制因素考察 FDI 区位选择因素，认为在不考虑聚集经济情况下，"污染避难所"现象在我国一定程度上成立，考虑到集聚经济，外商投资与环境管制关系则呈正相关关系。安虎森和周亚雄（2013）在新经济地理学框架下构建了一个差异化贸易成本的污染外部性模型，从福利改进角度分析生态环境产品的市场失灵以及地方政府、中央政府在区际生态补偿中的角色定位问题。刘安国等（2015）将环境外部性和环境经济政策融入标准的新经济地理学模型中，发现在环境外部性具有全局性特征的情形下，第一代新经济地理学模型所揭示的"灾变式集聚"机制仍然起作用；在环境外部性表现为局部性特征的情形下，"战斧状"的灾变式集聚被"干草叉状"的不完全集聚所取代。闫昊生和孙久文（2018）在"新"新经济地理学的框架内，构建了包含环境外部性的理论模型，认为环境污染是一种分散力，会阻碍聚集的出现，降低聚集程度；污染的空间溢出是一种聚集力，会增加聚集程度。

关于税收竞争和转移支付，何文和安虎森（2013）通过细分国内各税种、内生化税收和财政支出，并纳入财政分权和转移支付，构建了一个 $2 \times 3 \times 2$ 的新经济地理一般均衡模型，认为转移支付政策难以显著缩小区域差距，而税收政策则有明显的效果。凡莉等（2016）基于新经济地理学框架，构建了税收竞争决策模型，发现高税负地区，税收竞争对产业集聚具有明显正向促进作用，税收水平不受相邻地区税收政策影响；低税负地区，税收竞争对产业集聚具有显著地抑制作用，税收水平容易受到相邻地区税收政策影响。安虎森等（2013）基于转移支付资金流向的不同，构建了基于不同补贴对象的新经济地理学模型，发现在各类补贴政策中，补贴企业的政策会导致吸引投资与缩小区域差距两大目标分离，且有损于落后地区的企业竞争力；补贴劳动者相对有利于缩小区域差距，且对差异化税率的要求较低、财政上的可行性更强。刘安国等（2019）通过建立渐进一体化背景下反映中国特征的税收竞争模型，从新经济地理学视角针对地方政府的税收竞争展开研究，认为区域经济一体化条件下对流动要素的征税使得地方政府在税率与税基之间的取舍变得相当微妙。

关于技术进步和贸易政策，安虎森和刘军辉（2014）将户籍制度和土地产权制度融入新经济地理学模型中，认为当技术进步率达到能够释放出大量农业剩余劳动力时，将发生剩余劳动力向发达地区的转移，这种劳动力流动会加剧区际发展的差距；当技术进步率达到欠发达地区也能够承接产业转移时，原先在发达地区务工的劳动力将反向流动，劳动力反向流动会促进欠发达地区的经济发展，缩小地区发展的差距。刘军辉和安虎森（2016）基于新经济地理学中间投入品模型，建立了研究欠发达地区开放政策的理论模型，发现欠发达地区与核心区实行一体化政策和单边保护政策对欠发达地区的影响截然不同，对欠发达地区来讲，实行差别化的政策对自己更有利；欠发达地区内部一体化水平的提高扩大了本地区有效市场规模，有利于产业向该地区转移，能够促进欠发达地区经济发展。栾秋琳和安虎森（2018）认为双边市场开放度水平较低的情况下，市场规模对企业转移起主导作用；在双边市场开放度较高的情况下，技术优势对企业转移起主导作用。刘军辉等（2018）将资本所得税、要素禀赋、技术优势等变量引入自由资本模型，分析随着贸易自由度变化，有关变量对产业空间分布的影响机理，认为单边贸易保护政策在某种程度上有利于地区经济的经济增长。

在新经济地理学应用方面，范剑勇和张雁（2009）基于新经济地理学模型，利用1997年中国区域间投入产出表的流量数据，通过引力模型计算了衡量各地级城市空间需求大小的市场准入，并以此解释地级城市间的职工工资差异，研究认为各地级城市的市场准入差异是其工资差距存在的重要原因，而市场准入差异是由劳动力流动的不充分性所产生的。杨忠直等（2010）应用新经济地理学一般均衡模型来分析劳动力跨地区转移所带来的效应，认为当考虑劳动力跨地区转移的摩擦时，随着劳动力跨地区转移率的提高，产业集聚效应和地区差距均可能会出现增大的趋势。梁琦等（2013）指出异质性企业的定位选择行为在中国显著存在，并且是影响地区（企业）生产率差距的另一重要的微观机制，在中国，地区产业集聚并没有对本地企业生产率产生正向影响，即集聚效应并不明显；合理的"等级—规模"分布层级结构，是城市层级体系优化的必要条件；我国城市层级结构与幂律为1对应的金字塔结构存在差异，户籍制度阻碍了劳动力自由流动，使城市规模分布偏离了帕累托最优。户籍改革有助于优化我国城市层级体系。优化城市层级体系，应该成为当前新型城镇化与城市群、都市圈建设的一致目标。由于新经济地理学对空间分异的特有解释能力，很多学者也基于这一框架探究了中国工业空间的非均衡现象。闫昊生等（2020）在新经济地理学的框架上，引入产业特征的外部性，并进行了动态扩展，构建了关于产业专业化与企业家创业互动的理论模型，并且利用中国地级市的数据进行了实证检验，认为区域产业专业化会抑制企业家的创业行为，且在国有企业比重大、行政治理能力低的区域中，专业化对创业精神的抑制作用更强。

孙久文、原倩（2015）对新经济地理学的发展做了总结，认为新经济地理学是新古典经济学在垄断竞争模型基础上的重要发展，具有深厚的区位理论思想渊源和经济学的方法基础。从思想上，新经济地理学继承了区位理论、结构主义发展经济学理论及城市经济学等相关理论的重要思想成果，如聚集力与分散力权衡的分析思路、循环累积因果关系思想；从分析方法上，新经济地理学是继产业组织理论、新增长理论和新贸易理论之后垄断竞争革命的第四次浪潮，分析收益递增、交通成本和要素跨区域流动基础上经济活动的聚集与分散，提供了分析经济地理问题的完整框架。

1.7 本书的研究特点与研究内容

经济活动空间的集聚在新经济地理学以前的分析方法中不能较好地应用一般均衡理论的分析框架，以及有与凸性最优不相适应的冲突，从而导致传统区域经济学理论始终难于登上主流经济学的"大雅之堂"，导致关于空间经济问题的研究在很长一段时间内基本处于"休眠状态"。为何空间问题仍然是经济领域的盲点？这并不是历史的偶然。克鲁格曼（1995）指出其中的原因是，空间经济学有着某种东西，这种东西生来就给那些熟练建模的主流经济学家制造了难以施展其才能的环境，这种东西就是规模收益递增情况下的市场结构问题。从空间不可能性定理可知，在一个区域数量有限的空间经济中，当企业或家庭迁移与商品运输成本相连时，市场竞争机制失灵。因此，只有事先给定严格的空间异质性假设，才能合理的解释经济活动产生以及为什么不能在完全竞争框架中分析的原因。因此，新经济地理学借鉴垄断竞争和产业组织理论的众多构思与概念，从而得到迅猛的发展。克鲁格曼（1991）的突出贡献使得新经济地理学成为发展最快的研究领域（Fujita et al.，1999；Baldwin et al.，2003），它提供了比较成熟的拥有牢固微观经济基础的一般均衡分析，认为内生性区域差异的出现与否，取决于某些结构变量的值。就这一点，似乎可以公正地说，新经济地理学是第一个成功尝试解释了初始条件相同的区域却没有相同的经济发展水平的原因。

新经济地理学的大多数模型，探讨了导致产业集聚的市场外部性，认为集聚力主要来源于消费者和产业之间联系的金融外部性。本书的研究内容是新经济地理学经典模型的发展，也必然研究与供给、需求相关的市场外部性，即本地市场效应。另外，新经济地理学建立的模型和关注的问题不能仅仅限制在市场外部性这样一个狭窄的范围内，本书的研究内容同时引入非市场外部性对经济活动空间分布的影响。非市场外部性主要包括技术溢出效应（技术外部性）与环境污染效应，技术外部性直接作用于厂商的生产函数，改变厂商的生产成本，而环境污染效应既可以作用于厂商的生产函数，也可以作用于消费者的效用函数，对厂商或消费者来讲，环境污染带来的都是一种负面影响。因此，技术溢出效应我们认为是一种正的非市场外部性，而环境污染效应是一种负的非市场外部性。因此，本书研究的新经济地理学模型，将市场外部性与非市场外部性很好地结合了起来。另外，本书研究的大多数新经济地理模型，要素流动更多地考虑资本与劳动力的同时流动，单一的生产要素流动只是本书研究中的一种特殊情形。为更好地促进新经济地理学理论的发展，我们不仅要根据理论要求的逻辑完美性修改假设，更为重要的是，我们要根据空间经济发展的现实修改模型的假设条件。由此，本书在新经济地理学分析框架下，将要素流动与本地市场效应、溢出效应紧密联系在一起，加强了新经济地理学的应用研究。基于此，本书研究的内容设计如下：

第 1 章：绪论：空间经济学及其新发展——新经济地理学。本章认为，对空间经济问题的研究，现实的复杂性必然带来理论研究的艰巨性，新经济地理学关注的焦点需要转移到新的问题上，而不是止步不前。只有这样作为经济学的重要分支之一的新经济地理学和空间经济学才能找到自己的正确位置。

第 2 章：工业劳动力流动、技术溢出与经济地理新均衡。克鲁格曼（1991）的中心—外围模型作为新经济地理学诸多模型的基础，给空间经济不平衡的研究及新经济地理学的发展打开了大门。本章发展的中心—外围模型与原始中心—外围模型的唯一区别是，本章只是假设工业工人的劳动生产率不再是外生变量，而是跟产业集聚的外部性有关。本章发展的中心—外围模型不仅可以验证原始中心—外围模型结论的稳健性，同时，也在一定程度上丰富了原始中心—外围模型的理论内涵。本章发展的中心—外围模型可以视为新经济地理学的另一个基础模型，对经典的新经济地理模型做出了新的贡献。

第 3 章：多要素流动、产业空间演化与经济地理新均衡。本章在研究上进一步突破了新经济地理学模型单一生产要素流动假设的局限性，认为企业家与普通劳动者在地区间都可以流动，并且，普通劳动者在行业间也可以自由流动。从而，与新经济地理学的自由企业家模型（Forslid and Ottaviano，2003）相比较，本章完善了新经济地理学的研究结论，发展了新的理论观点：突破点与持续点的大小比较存在三种关系。随着贸易自由度的变化，产业空间结构的演化除了棒 – 棒均衡（bang-bang equilibrium）的结果外，不仅可能出现内部非对称结构为稳定均衡的情形，也可能出现内部非对称结构与中心—外围结构稳定均衡共存的情形，而不仅仅是对称结构与中心—外围结构稳定均衡共存的情形；随着贸易自由度的提高，工业品支出份额的增加，工业品间替代弹性的降低，会引起产业空间的稳定结构由对称结构向非对称结构转化；如果企业生产的规模报酬递增程度足够显著，或者工业品支出份额很高时，则市场拥挤效应将消失，从而不管是什么样的贸易自由度，对称结构将不再保持稳定；一旦产业空间结构演化的"黑洞条件"得到满足，则产业空间的稳定结构只能是内部非对称结构或中心—外围结构，而不仅仅是中心—外围的稳态结构。

第4章：贸易成本、技术溢出与经济地理均衡。经济地理均衡结构是由区内外多种力量共同作用的结果，本章的研究不再把区域视为没有空间维度的"点"，认为区内外均存在贸易成本，技术溢出在区内外也是有差别的，同时，技术溢出作用于企业的固定投入，而不是企业的边际投入。在这些基础上，本章发展的新经济地理学模型得出的研究结果表明：随着技术溢出效应的增加，经济系统使用的资本数量在减少。当工业企业数量对称分布时，经济系统使用的资本数量最多，反之，如果工业企业完全集聚，则经济系统使用的资本数量最少；本地技术溢出效应加强促进了产业集聚，而跨界技术溢出效应加强与区内贸易自由度提高促进了产业分散。市场拥挤效应的存在是有前提条件的，当本地技术溢出效应过大，或跨界技术溢出效应过小，或区际贸易自由度过大，或区内贸易自由度过小时，将会导致市场拥挤效应的消失；工业劳动力的流动缩小了对称结构稳定的贸易自由度范围，扩大了中心—外围结构稳定的贸易自由度范围。随着区际贸易自由度的变化，产业空间结构的演化表现出渐变的特征，而不是突变的特征。

第5章：贸易成本、技术溢出与环境污染。在考虑区内外贸易成本、技术溢出、环境污染这些因素的基础上，本章发展的新经济地理学模型得出的研究结论表明：本地技术溢出效应或跨界环境污染效应的增加，有利于产业的集聚，反之，本地环境污染效应或跨界技术效应的增加，有利于产业的分散布局，区内贸易度的增加，也有利于产业的分散布局。另外，当工业品替代弹性过低或过高时，中心—外围结构都可能是稳定的均衡结构；在一定的贸易自由度范围内，不仅可能出现内部非对称结构为稳定均衡的情形，也可能出现内部非对称结构与中心—外围结构或对称结构与中心—外围结构稳定均衡共存的情形；当贸易自由度较低或较高时，对称结构都可能是稳定均衡结构，甚至只要满足一定的条件，无论贸易自由度如何变动，对称结构均为唯一的稳定均衡结构。

第6章：多要素流动、技术溢出与资本创造。资本创造模型（CC模型，Baldwin，1999）试图引入资本形成与资本折旧两种新因素对产业空间分布进行重新阐释，但模型中忽视了要素流动对产业空间分布的进一步影响。由此，本章不仅假设资本在地区间可以自由流动，而且还认为资本流动将导致工业工人流动，从而弥补了资本创造模型中无要素流动的局限性。研究结果表明：随着贸易自由度、工业品支出份额以及工业品替代弹性的提高，本地技术效应的增强以及跨界技术溢出效应的减弱，产业空间分布的稳态结构依次经历三种变化：对称结构、对称结构与中心—外围结构并存、中心—外围结构；要素的流动会使得需求关联的循环累积因果效应得到增加，进而促使产业走向集聚；随着贸易自由度以及工业工人数量所占比重提高，外围区人均实际收入水平不仅会赶上甚至还有可能超过中心区的人均实际收入水平。

第7章：工业劳动力流动、资本创造与经济地理空间均衡。本章发展的新的资本创造模型认为是资本的实际收益而不是名义收益决定资本是否创造。研究结果表明：随着贸易自由度、工业品支出份额及资本贴现率的变大，替代弹性及资本折旧率的变小，将降低对称结构的稳定性，而提高中心—外围结构的稳定性；经济地理空间的产业均衡是集聚力和分散力相互作用的结果。当企业生产工业品的规模报酬递增程度足够显著，或者工业品支出份额很高时，市场拥挤效应将彻底消失，并转化成为促进产业集聚的动力；突破点与持续点的大小比较可以形成不同的关系，这意味着随着贸易自由度的变化，本章发展的资本创造模型可以体现出多样化的产业空间动态演化行为。

第8章：技术溢出、环境污染与经济增长。大多数新经济地理模型主要关注产业空间分布的长期均衡问题，而忽视了对该地区经济增长的关注。本章将内生经济增长理论融入新经济地理模型中，考虑技术溢出与环境污染对企业固定生产成本的影响，探讨技术溢出效应和环境污染效应对产业空间演化和经济长期增长的影响。研究的主要结论表明：随着技术溢出效应的增加和环境污染效应的减弱，经济系统使用的资本数量在减少，资本流向取决于"技术溢出向心力"与"环境污染离心力"的大小比较；本地技术溢出效应的增强和跨界技术溢出效应的减弱是促使企业走向集聚的动力，本地环境污染效应的增强和跨界环境污染效应的减弱是促使企业走向分散的动因。当"技术溢出向心力"大于"环境污染离心力"并且贸易自由度足够大时，市场拥挤效应将消失。产业空间结构的稳态并非都必然表现为棒－棒均衡结构的特征，贸易自由度的变化可以引起任何形式的产业空间结构稳态；当"技术溢出向心力"不低于"环境污染离心力"时，随着贸易自由度的增加，产业空间演变的总趋势为"分散—集聚"，此时，产业集聚可以提高经济增长速度，反之，产业空间演变的总趋势为"分散—集聚—再分散"，此时，产业的分散布局才能提高经济增长速度。

第9章：资源产品二重性、环境污染与经济地理均衡。大多数新经济地理模型基本都为两地区、两部门（农业部门与工业部门）模型，把区域视为没有空间维度的"点"，由此得出的产业空间均衡结构常常为棒－棒均衡的结果。本章不仅考虑地方环境污染，同时也考虑环境污染的跨界影响，认为每个区域包括城市与农村地区，产业集聚产生的技术溢出效应不仅存在本地影响，同时也存在跨界影响，每个地区有三个生产部门，不仅生产工业产品、农业产品，同时也生产资源产品，资源产品的使用具有功能上的二重性，资源产品既能用于生产，也能用于消费。由此，本章将这些新的内容融入新经济地理学分析框架中去，发展的新经济地理学模型所得到的研究结论大大丰富了新经济地理学模型对现实问题的解释力度。

第10章：人口集聚、工业集聚与环境污染。本章以我国2005～2015年省级面板数据为样本，采用普通面板最小二乘法、空间杜宾模型对人口集聚、工业集聚与生产污染、生活污染的关系进行了分析，并利用SAR、SAC模型对本章的分析结果进行了稳健性检验。研究结果显示：环境污染具有显著的空间溢出效应，环境污染在地区间存在"高高""低低"聚集的现象；工业污染与经济发展水平呈现出显著的正U型曲线关系，在引入空间相关性之后，生活污染与经济发展水平没有显著的相关性；人口集聚对工业污染与生活污染的影响存在分异的现象，忽略空间相关性会高估人口集聚对工业污染的影响，人口集聚主要导致的是生活污染，而不是工业污染；资源型产业集聚对工业污染没有显著影响，但对生活污染有显著的正向影响。非资源型产业集聚对工业污染有显著的正向影响，对生活污染则有显著的负向影响；环境管制对两类污染都有显著的改善效应，但对工业污染的改善效果更明显。人均受教育程度的提高对工业污染没有显著的改善效应，但对生活污染却有显著的改善效应。本章得出的研究结论对污染的分类治理、我国经济发展进程中的人口与工业的适度性集聚、地区污染的联合治理等方面都具有重要的政策启示作用。

第 11 章：本书研究结论、政策启示与研究展望。

根据本书中发展的一系列新经济地理学模型，我们可以得到一些基本一致的结论：多要素流动加强了产业集聚；区内贸易自由度提高促进了产业分散；本地技术溢出效应的增强有利于产业集聚，跨界技术溢出效应的增强有利于产业的分散布局。另外，本地环境污染效应的增强不利于产业集聚，而跨界环境污染效应的增强有利于产业集聚；工业企业生产规模报酬递增程度的增加是促进产业集聚的重要动力，但是在另一个极端，当工业企业生产的规模报酬递增程度减弱到一定程度时，也有可能导致产业的集聚；当在模型中考虑更为复杂的集聚力与分散力时，突破点与持续点的关系是复杂的，随着区际贸易自由度的变化，产业空间结构的演化更多的表现出渐变的特征，而不是突变的特征。随着贸易自由度的增加，产业空间演变的总体总趋势为"分散—集聚—再分散"，甚至在一定的条件下，无论贸易自由度如何变动，对称结构是唯一的稳定均衡结构。另外，在应用方面，本书研究了人口集聚、工业集聚与环境污染的关系，对理论研究作了一个较好的补充。

1.8 研 究 方 法

本书是一个理论研究项目，由此，本书的研究以促进新经济地理学理论发展为核心，期望丰富我国区域经济学科建设的文献。本书采用理论研究为主、实证为辅的方法展开研究。

第一，比较研究方法。经济研究工作始于新问题的提出，运用比较研究方法是发现新问题的有效途径之一。作者在对以往文献研究的基础上，从中发现需要进一步研究的问题，从而形成自己的研究思想与思路。

第二，理论与实践相结合的分析方法。本书以既有的新经济地理理论为基础，通过深入细致的研究，提出新的思想观点，发展新的理论模型来分析产业空间分异的形成与发展以及对区域经济发展的影响。但是本书并不是纯理论性的研究，在发展新经济地理学理论的基础上，辅以必要的案例与实证分析，以期用理论来解释现实问题。从而通过理论与实践的结合，探讨我国区域协调发展的新路径。

1.9 本章小结

本书的研究认为空间很重要，空间问题是经济生活的中心。新经济地理学是空间经济学的新发展，后天条件是新经济地理学关注的焦点。新经济地理学在控制第一自然优势的前提下，认为经济活动的集中是一个内生的过程，而与外生的自然优势无关。新经济地理学在概念和理论上已经趋于成熟，尤其是在两区域的迪克西特—斯蒂格利茨—冰山成本形式的设定上。新经济地理学大多数的基础理论得到了更新，尽管许多新的模型我们通常会得到看似相同的结果。对空间经济问题的研究，现实的复杂性必然带来理论研究的艰巨性，新经济地理学关注的焦点需要转移到新的问题上，而不是止步不前。只有这样作为经济学的重要分支之一的新经济地理学和空间经济学才能找到自己的正确位置。同时，本章也介绍了本书的研究特点、研究内容与研究方法等。

第 2 章

工业劳动力流动、技术溢出
与经济地理新均衡

——新经济地理学基础模型新发展

新经济地理学为区域经济学的理论和实证研究提供了一套分析工具，在分析空间尺度上的区域差异方面取得巨大的成功，这为一直处于边缘状态的区域经济学融入主流经济学做出了显著的贡献。新经济地理学是克鲁格曼（1991）、维纳布尔斯（1996）、藤田等（1999）、罗伯特－尼古德（2005）等人首先建立的分析框架，考虑了基于规模报酬递增、垄断竞争和"冰山"运输成本的视角分析产业集聚的机理。藤田和莫里（2005）指出，新经济地理学仍然是唯一一个通过微观机制明确确定经济活动空间集中位置点的一般均衡分析框架。引起经济活动空间集中的集聚力主要分为两类，即 E－（经济）和 K－（知识）两类。第一类包括由商品和服务的生产和交易所引起的市场关联机制，第二类包括产生地方和全域溢出效应的思想和信息。经济学家、地理学家和区域科学家就什么是新经济地理学真正的"新"展开了无休止的辩论。新经济地理学家一般认为，新经济地理"新"在以下几个方面：在聚集和分散——"向心力"和"离心力"之间，存在着一场拉锯战；相比于传统的区位理论是局部均衡，新经济地理学是一般均衡模型；生产者和消费者的区位选择是一个循环累积过程；"冰山"运输成本左右区位的选择。

像任何其他的科学分支一样，新经济地理学也有先驱者。自 20 世纪 70 年代以来，通过整合非市场互动（外部性），一些城市经济模型被开发出来，用于解释一个城市内部形成的中心商务区（CBD）。藤田和奥佳华（Fujita and Ogawa，1982）进一步探索了这一方向，并展示了在一个城市内形成多个商业区的可能性。虽然这种城市群内部的集聚是新经济地理学研究可能的应用之一，但它更强调的是在更大的地理空间内的集聚，例如在一个国家的区域系统内以及国家之间的集聚。亨德森（Henderson，1974，1988）提出的城市系统理论仍然是研究城市规模和类型实际分布的主要方法。此外，由于其模型结构简单，它仍然是最受欢迎的模型，是聚集经济的微观基础。然而，亨德森（1974，1988）的城市系统模型不能用来解释地理位置，因为这些模型没有明确考虑城际空间结构集聚的空间格局。克鲁格曼（1991）的开创性论文《规模报酬递增与经济地理》的发表宣告了新经济地理学的诞生，这为大多数新经济地理学理论模型发展提供了一个基本的分析框架。在克鲁格曼（1991）的中心—外围模型中，流动工人将收入花在他们活跃的地区。换句话说，工人作为一种生产要素，可以在区位决策中产生循环因果关系。当运输成本足够低时，会加剧"本地市场效应"。其结果是，所有属于现代部门的企业最后都落在一个单一区域内（核心区），另一个区域（外围区）专门从事传统部门。也就是说，工人的流动性大大增强了初始市场规模所带来的初始优势，从而导致了本地市场效应的"放大"。相比之下，当运输成本足够高时，本地市场效应消失了，因为每个区域最终的市场大小都相同。在这种情况下，无论在什么地方，每个要素都能获得相同的收益。尽管这一想法并不新鲜，但克鲁格曼（1991）的 CP 中心—外围模型是第一个由于低运输成本和移动生产要素而导致经济空间不均衡的一般均衡模型。

克鲁格曼（1991）的中心—外围模型是新经济地理学诸多模型的基础，比如，在该中心—外围模型的基础上，发展了自由资本模型（Martin and Rogers，1995）、资本创造模型（Baldwin，1999）、自由企业家模型（Forslid and Ottaviano，2003）等经典模型。另外一方面，为了赋予新经济地理学模型新的含义以及更好地解释空间经济发展不平衡的现象，一些专家学者从以下几方面对新经济地理学的原始模型（Krugman，1991）进行了较大拓展：第一，内生化城市或城市体系在空间经济发展中的作用。中心—外围模型由于不考虑城市空间成本（通勤与居住成本）而成为学者批评的重要原因之一。在城市，随着人口集聚规模的增大，居民承担的城市空间成本也相应上升，一旦产业集聚以城市的形式出现，则不应忽略城市空间成本对产业空间结构演变的影响（Murata and Thisse，2005）。赫尔普曼（1998）、田渊（1998）、村田和蒂斯（2005）等学者通过将城市住房的土地租金（或者是通勤成本）归纳为分散力，对克鲁格曼（1991）的中心—外围模型进行了改进，改进后的模型表明，与原始的中心—外围模型不同，当制造业的运输成本变得足够低时，该行业将再次分散到外围地区。因此，运输成本与产业集聚的变化关系呈现出"哑铃"的形状。第二，引入生产中投入产出的垂直联系对产业集聚的影响。投入产出的垂直联系的中心—外围模型认为，为了理解以低劳动力空间流动性为特征的经济体中大型工业区的出现，似乎有必要超越克鲁格曼的经典模型（Krugman，1991），寻找其他解释。克鲁格曼（1991）的中心—外围模型的一个主要缺点是忽略了中间产品的重要性。中间产品生产者必然关心最终产品生产厂商的位置，同样，最终产品生产商也会密切关注中间产品供应商的位置。假设属于最终部门的许多公司都集中在一个地区，该地区对中间产品的高需求吸引了这些中间产品的生产商。反过来，中间产品在核心区域以较低的成本供应，这促使更多的最终产品公司转向核心区域。这样一个累积的因果关系过程依赖于中间产品自身，由此产生的产业集聚可以仅仅由对中间产品的需求来解释，而不必像克鲁格曼（1991）那样仅依靠劳动力流动来解释，这也是克鲁格曼和维纳布尔斯（1995）、维纳布尔斯（1996）、藤田等（1999）、阿米提（2005）等学者发展的系列垂直联系模型的出发点。第三，引入技术外部性研究产业集聚与区域增长的相互作用。莫里和图里尼（Mori and Turrini，2005）将技能异质性引入克鲁格曼（1991）的中心—外围模型中，将不同技能水平的经济主体的地理位置考虑在内，证明了在所有的稳定均衡中，流动的工人都是根据技能水平在区域之间进行排序的。也就是说，技能水平越高的人选择留在总技能和收入较高的地方，而技能水平较低的人则选择留在另一个地方。这证明了经济外部性的存在创造了一种机制，这种机制总是根据工人的技能水平来促进空间分类。田渊等（2018）认为，工人的流动性是不完善的，移民成本是促进产业分散的重要力量。移民往往是本地区顶尖人才和最具创业精神的个人，当落后地区失去最好的工人时，那么落后地区将变得更糟。在这种情况下，技能和人力资本的地域分配差异会引起区域间的收入和福利差距。由此，田渊等（2018）通过关注制造业的技术进步，重新发展了克鲁格曼（1991）的中心—外围模型，认为当一个地区稍大于另一个地区时，制造业的技术进步降低了这两个地区的劳动力边际需求，通过增加工人工资和降低现有工业产品的价格，使得较大的区域更具有吸引力。当制造业部门的生产率增长强劲到足以使效用差异大于其流动成本时，工人会转移到更大的地区。因此，技术进步往往会加剧两个区域之间的发展差异，从而提高工人从较小区域向较大区域转移的动力，这表明，制造业的技术进步是促进产业集聚的重要动力。

虽然对克鲁格曼（1991）的中心—外围模型发展甚多，但据笔者掌握的文献，到目前为止，无论哪一种发展，可能为了降低模型中关键变量不可解的技术处理难度，都放弃了原始中心—外围模型中工业劳动力为工业企业唯一生产要素的假设。本章发展的中心—外围模型与克鲁格曼（1991）的中心—外围模型的唯一区别是，本章只是假设工业企业的可变投入不再是外生变量。显然，信息的非正式扩散在创造和维持现实世界的产业集聚方面扮演着重要的角色，由此，本章认为工业企业的可变投入（工业工人的劳动生产率）跟着产业集聚的外部性有关。本章发展的中心—外围模型，不仅是对克鲁格曼（1991）的中心—外围模型"原汁原味"的发展，同时，原始中心—外围模型可以是本章中心—外围模型的一个特例，因此，本章发展的中心—外围模型不但可以验证原始中心—外围模型结论的稳健性，同时，也得出一些新的研究结论，在一定程度上丰富了原始中心—外围模型的理论内涵。

2.1 模型的建立及短期均衡分析

我们假定一个经济系统由农业部门 A、工业部门 M 两个部门构成，存在南北两个地区，这两个地区在偏好、开放度以及初始的要素禀赋方面都是对称的。存在工业工人和农业工人两种生产要素，工业工人在地区间可以自由流动，农业工人在地区间对称分布，不可以流动。

2.1.1 消费均衡

代表性经济主体的效用函数是两层嵌套的效用函数，外层为柯布—道格拉斯型，内层为不变替代弹性的形式，即：

$$U = C_M^\mu C_A^{1-\mu}, \ C_M = \left[\int_{i=0}^{n^w} c(i)^{\frac{\sigma-1}{\sigma}} di \right]^{\frac{\sigma}{\sigma-1}}, \ 0 < \mu < 1 < \sigma \quad (2-1)$$

其中，C_M 表示工业品集合体的消费量，C_A 表示农产品的消费量，n^w 表示经济系统工业产品种类数，$n^w = n + n^*$，其中 n 表示北部地区生产的工业产品的种类数，则 n^* 表示南部地区生产的工业产品的种类数[①]，μ 表示总支出中支付在工业品上的份额，σ 表示消费者消费不同工业品之间的替代弹性，$c(i)$ 表示消费者对第 i 种工业品的消费量。消费者预算约束条件为：

$$P_M C_M + P_A C_A = E, \quad P_M = \left[\int_{i=0}^{n^w} p(i)^{1-\sigma} di\right]^{1/(1-\sigma)} \tag{2-2}$$

式（2-2）中，P_M 表示工业品集合体的价格，P_A 表示农产品的市场价格，$p(i)$ 表示第 i 种工业品的市场价格，E 表示消费者的支出，假定 $P_A = 1$，即农产品作为计价基准单位。利用效用最大化条件，可以得到如下消费均衡结果：

$$C_M = \mu E/P_M, \quad C_A = (1-\mu)E, \quad c(i) = \frac{\mu E p(i)^{-\sigma}}{P_M^{1-\sigma}} \tag{2-3}$$

2.1.2　生产均衡

为了"原汁原味"发展克鲁格曼（1991）的中心—外围模型，我们在关键的地方保持与克鲁格曼（1991）的原假设完全一样，认为工业企业的生产只使用一种要素，即工业劳动力。假设企业的生产存在规模经济，而不存在范围经济，一个企业只生产一种工业产品，从而企业的数量即等于产品的种类数。因此，北部区代表性企业 j 的成本函数可以写成：

$$C(j) = w(F + a_m x(j)) \tag{2-4}$$

其中，F 为生产一单位工业产品需要的以劳动衡量的固定投入，w 为工人的工资水平，$x(j)$ 为该企业的产出，a_m 为生产一单位工业产品需要的劳动力的边际投入数量。与克鲁格曼（1991）的唯一不同假设是，本章认为 a_m 不再是一个外生变量，认为工人的劳动生产效率受到产业集聚的影响，产业集聚会产生正的技术溢出效应，即假设 $a_m = \dfrac{\sigma-1}{\sigma(\lambda s_n + \bar{\lambda}(1-s_n))n^w}$，其中，$s_n = n/n^w$ 为北部企业数量所占份额，$1 - s_n = n^*/n^w$ 为南部企业数量所占份额。λ 是本地技术溢出效应大小（$\lambda > 0$），即企业在本地集聚对企业生产效率的影响，$\bar{\lambda}$ 是跨界技术溢出效应大小，即企业在区外集聚对本地企业生产效率的影响（$0 \leqslant \bar{\lambda} \leqslant \lambda$）。这反映出，随着本地企业集聚数量的增加、本地与跨界技术溢出效应的增强，这

①　本章中，凡是加有"＊"的变量表示对应的南部的经济变量。

会降低企业生产工业品的边际投入，即提高企业生产工业品的劳动生产率。当 $\lambda = \bar{\lambda} = 1$ 时，a_m 不再是一个内生变量，这即是克鲁格曼（1991）中心—外围模型中的假设条件，因此，我们可以认为，克鲁格曼（1991）原始的中心—外围模型就是本章模型中的特殊情形。在企业利润最大化的条件下，北部地区企业生产的工业产品在本地市场的销售价格为 $p = \dfrac{wa_m}{1 - 1/\sigma}$，可以证明，随着 σ 的降低，则 p 变大，这意味着，σ 越低（消费者对工业品的多样化消费偏好越强烈），从而企业对市场的垄断力量就越强，企业生产的工业产品的市场销售价格就越高。工业产品运输成本为冰山型运输成本 $\tau(\tau \geq 1)$，则北部地区企业生产的工业产品在南部地区市场销售的价格为 $p^* = \tau p$。

农业部门具有规模报酬不变特征，具有完全竞争的市场结构，生产同质产品。农业部门仅使用农业劳动力一种要素作为投入要素，一单位农产品的产出需要 a_A 单位的劳动，因此一单位农产品的成本是 $w_L a_A$，其中，w_L 表示农业劳动力的工资水平。两个地区均存在农业品的生产，农产品区际交易不存在运输成本，故农产品价格在各个地区都一样。设 $a_A = 1$，则不难得出 $w_L = 1$。

考虑一个北部企业，该企业在北部市场的销售量为 c，销售价格为 p；在南部市场的销售量为 c^*，销售价格为 $p^* = \tau p$。企业的总产出为 $x = c + \tau c^*$，那么企业的销售收入 $R = pc + p^* c^* = p(c + \tau c^*) = px$。又由于 $c = \mu E p^{-\sigma} P_M^{-(1-\sigma)}$，$c^* = \mu E^* (p^*)^{-\sigma} (P_M^*)^{-(1-\sigma)}$，其中：

$$P_M^{1-\sigma} = \int_0^{n^w} p^{1-\sigma} di = n \left(\frac{w}{n^w (\bar{\lambda} + (-\bar{\lambda} + \lambda) s_n)} \right)^{1-\sigma}$$

$$+ n^* \left(\frac{\tau w^*}{n^w (\lambda + (\bar{\lambda} - \lambda) s_n)} \right)^{1-\sigma}$$

$$(P_M^*)^{1-\sigma} = \int_0^{n^w} p^{1-\sigma} di = n \left(\frac{w\tau}{n^w (\bar{\lambda} + (-\bar{\lambda} + \lambda) s_n)} \right)^{1-\sigma}$$

$$+ n^* \left(\frac{w^*}{n^w (\lambda + (\bar{\lambda} - \lambda) s_n)} \right)^{1-\sigma} \qquad (2-5)$$

经过整理，北部地区与南部地区代表性企业的销售总收入分别为：

$$R = \mu w^{1-\sigma} \frac{E^w}{n^w} B, \quad R^* = \mu (w^*)^{1-\sigma} \frac{E^w}{n^w} B \chi \qquad (2-6)$$

其中，$\chi = \left(\dfrac{a_m}{a_m^*} \right)^{1-\sigma} = \left(\dfrac{\bar{\lambda} + (\lambda - \bar{\lambda}) s_n}{\bar{\lambda} + (\bar{\lambda} - \lambda) s_n} \right)^{1-\sigma}$，$B = \dfrac{S_E}{\Delta} + \dfrac{\phi(1 - s_E)}{\Delta^*}$，$B^* =$

$\left(\dfrac{\phi s_E}{\Delta} + \dfrac{1 - s_E}{\Delta^*}\right)\chi$，$\Delta = s_n w^{1-\sigma} + \phi(1 - s_n)(w^*)^{1-\sigma}\chi$，$\Delta^* = \phi s_n w^{1-\sigma} + (1 - s_n)(w^*)^{1-\sigma}\chi$。$\phi = \tau^{1-\sigma}$ 表示地区间的贸易自由度，$\phi \in [0, 1]$；当 $\tau = 1$ 时，$\phi = 1$；当 $\tau \to \infty$ 时，$\phi = 0$。$s_E = E/E^w$ 为北部支出所占份额，$1 - s_E = E^*/E^w$ 为南部支出所占份额，$E^w = E + E^*$，E、E^* 和 E^w 分别表示北部地区、南部地区以及经济系统的总支出。均衡时北部代表性企业所雇佣的工业劳动力总量为 σF，在零利润条件下，企业的收益全部用于支付工人的工资，因此我们有 $R = \sigma F w$，同理有 $R^* = \sigma F W^*$。为了简单化起见，我们设 $n^w = 1$，$F = \dfrac{1}{\sigma}$，以及根据文后的 $E^w = \dfrac{1}{\mu}$，对 $R = \sigma F w$ 与 $R^* = \sigma F w^*$ 进行重写，我们可以得到：

$$w^\sigma = B, \quad (w^*)^\sigma = B^* \qquad\qquad (2-7)$$

式（2-7）两个方程决定了短期均衡时每个区域工业工人的名义工资水平，但由于该两个方程都存在着非线性关系，我们无法给出一般情况下名义工资的显性解，这意味着导致决定产业和工人区位的内生变量不能表示为经济活动空间分布的显函数形式，从而降低了模型的可操作性，这也正是大多数学者为什么后来改变克鲁格曼（1991）的中心—外围模型里工业部门中企业生产使用唯一生产要素假设的主要原因之一，然而，关键变量的不可解并不代表我们非要引入一个新的生产函数，本章在坚持克鲁格曼（1991）的中心—外围模型核心假设的基础上，重新研究并发展了新的中心—外围模型。

当 $s_n = \dfrac{1}{2}$ 时，将后面的式（2-10）中的北部支出所占份额 s_E 代入式（2-7），我们可以得出 $w = w^* = 1$。当工业活动完全集中在某一区域时，例如集中在北部地区时（$s_n = 1$），则有 $w = 1$，$w^* = \left(\dfrac{\lambda}{\lambda}\right)^{\frac{1-\sigma}{\sigma}}\left(\dfrac{\phi(1 + \mu)}{2} + \dfrac{1 - \mu}{2\phi}\right)^{\frac{1}{\sigma}}$，由于这时在边缘区没有工业活动，则 w^* 被称之为"有效工资"。

经济系统所拥有的工业劳动力禀赋用 H^w 表示，我们则有 $n^w = \dfrac{H^w}{\sigma F} = H^w$，以及 $n = \dfrac{H}{\sigma F} = H$ 和 $n^* = \dfrac{H^*}{\sigma F} = H^*$，$H$ 和 H^* 分别表示北部地区和南部地区的工业劳动力数量。因此，工业劳动力数量等于企业的数量，也等于工业产品的种类数，工业劳动力的转移就等于企业的转移。

2.1.3 市场份额

经济系统的总支出等于总收入，即等于全体农业劳动力的收入加上全体工业劳动力的收入，即有：

$$E^w = w_L L^w + wH + w^* H^* \qquad (2-8)$$

同时，整个经济系统中工人的名义收入又等于整个经济系统对工业品的支出，因此有 $wH + w^* H^* = \mu E^w$。为了便于研究，令总农业劳动力禀赋 $L^w = \dfrac{1-\mu}{\mu}$。根据式（2-8），我们有：

$$E^w = \frac{w_L L^w}{1-\mu} = \frac{1}{\mu} \qquad (2-9)$$

北部支出所占的份额 s_E 为：

$$s_E = \frac{E}{E^w} = \frac{w_L s_L L^w + wH}{E^w} = \frac{1-\mu}{2} + \mu w s_n \qquad (2-10)$$

式（2-10）给出的就是短期均衡时 s_E 与 s_n 之间的关系。当 $s_n = 0$ 时，$s_E = \dfrac{1-\mu}{2}$；当 $s_n = 1$ 时，$s_E = \dfrac{1-\mu}{2} + \mu w$。

2.2 长期均衡分析

地区间的实际工资差异是工业工人流动的动力，当工业工人不再有动力流动时，经济系统就实现了长期均衡，据此我们可以考察经济系统的产业空间布局等问题。

2.2.1 长期均衡的条件

长期均衡的充分必要条件可以写成：

$\omega = \omega^*$，当 $0 < s_n < 1$ 时，且 $\dfrac{d(\omega - \omega^*)}{ds_n} \leqslant 0$；

$\qquad s_n = 0$，当 $\omega \leqslant \omega^*$ 时；$s_n = 1$，当 $\omega \geqslant \omega^*$ 时 $\qquad (2-11)$

式（2-11）中，ω 和 ω^* 分别表示北部地区和南部地区工业工人的实际工资水平，$\omega = \dfrac{w}{P}$，$\omega^* = \dfrac{w^*}{P^*}$，其中，$P$ 和 P^* 分别表示北部地区和南部地区的生活成本或完全价格指数，$P = P_M^{\mu} P_A^{1-\mu} = \Delta^{-\alpha}$，$P^* = (P_M^*)^{\mu} P_A^{1-\mu} = (\Delta^*)^{-a}$，$a = \dfrac{\mu}{\sigma - 1}$。由于我们无法给出一般情况下名义工资的显性解，因此也就无法用显函数的形式给出满足长期均衡时工业劳动力分布的区位条件，但我们可以通过数字模拟的方法考察长期均衡的态势。

2.2.2　实际工资差异与产业空间分布的稳定性

图 2-1 反映，随着工业品支出份额的增加，产业空间分布的稳定结构依次经历对称结构、对称结构与中心—外围结构并存、中心—外围结构三种变化，当对称结构与中心—外围结构两种稳定结构并存时，这时两个内部非对称结构是不稳定的，这与克鲁格曼（1991）得出的结论一致。图 2-2 和图 2-3 显示，随着工业品替代弹性的提高，产业空间分布的稳定结构依次经历三种变化，即中心—外围结构、对称结构与中心—外围结构并存、对称结构三种状态，当工业品替代弹性进一步提高时，则发生相反的变化，即经历对称结构、对称结构与中心—外围结构并存、中心—外围结构三种稳定均衡状态，这与克鲁格曼（1991）得出的结论不完全一致。克鲁格曼（1991）认为，工业企业生产规模报酬递增程度的增加（工业品替代弹性下降）是促进产业集聚的重要动力，而本章的研究则认为，虽然工业企业生产规模报酬递增程度的增加是促进产业集聚的重要动力，但是在另一个极端，当工业企业生产的规模报酬递增程度减弱到一定程度时，也有可能导致产业的集聚，这是因为，随着工业品替代弹性的增加超出一定上限，这时工业企业生产的规模报酬递增程度很弱，人力资本的报酬很低，为了抵消规模报酬递增程度减弱带来的影响，通过企业的集聚产生的本地市场效应来弥补人力资本报酬的降低便成为一种可能的选择。图 2-4 和图 2-5 显示，随着本地技术溢出效应的增强以及跨界技术溢出效应的减弱，产业空间分布的稳定结构依次经历三种变化：对称结构、对称结构与中心—外围结构并存、中心—外围结构。因此，本地技术溢出效应的增强是促进产业集聚的动力，而跨界技术溢出效应的增强则正好起相反的作用，成为促进产业分散布局的力量，这与笔者（2018，2020）得出的研究结论是一致的。

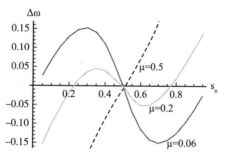

图 2 - 1　μ 变化与产业空间分布

注：纵轴表示地区间的工业劳动力实际工资差异（$\Delta\omega = \omega - \omega^*$），横轴表示北部地区企业的数量份额，下同。$\phi = 0.05$，$\sigma = 4$，$\lambda = 2$，$\bar{\lambda} = 1$。

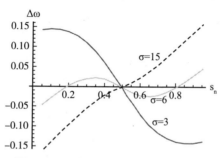

图 2 - 2　σ 变化与产业空间分布（1）

注：$\phi = 0.1$，$\mu = 0.15$，$\lambda = 0.8$，$\bar{\lambda} = 0.6$。

图 2 - 2、图 2 - 3 为一组图，因此我们用（1）（2）来表示该组图个数序号，在同一组图中，外部参数取值相同。本章中其他地方类似。

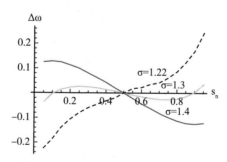

图 2 - 3　σ 变化与产业空间分布（2）

注：$\phi = 0.1$，$\mu = 0.15$，$\lambda = 0.8$，$\bar{\lambda} = 0.6$。

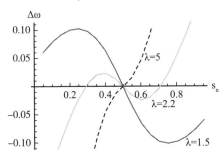

图2－4　λ变化与产业空间分布

注：$\phi=0.1$，$\mu=0.06$，$\sigma=4$，$\bar{\lambda}=1$。

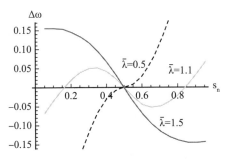

图2－5　$\bar{\lambda}$变化与产业空间分布

注：$\phi=0.1$，$\mu=0.06$，$\sigma=4$，$\lambda=2$。

2.3　作用力、贸易自由度与经济地理均衡

产业的空间分布受两股相反力量的支配，即集聚力和分散力，在本模型中，一般情况下，集聚力来自本地市场效应、生活成本效应，而分散力来自市场拥挤效应。本地技术溢出效应的增加会加强产业的集聚力，反之，跨界技术溢出效应的增加会加强产业的分散力。当集聚力大于分散力时，会导致产业集中，反之，会则导致产业的分散分布。另外，贸易自由度也是影响产业空间分布的重要变量，新经济地理学研究的主要思路之一是寻找两个关键性贸易自由度，即突破点与持续点。当贸易自由度处在不同的取值范围内，会形成不同的产业空间分布稳定结构。

2.3.1 作用力分析

在对称点$\left(s_n = \dfrac{1}{2}\right)$，我们根据$\dfrac{d\omega}{\omega} = \dfrac{d\omega}{w} - \dfrac{dP}{P} = dw - \dfrac{dP}{P}$可以得出[①]：

$$\frac{d\omega}{\omega} = \frac{2(1-\phi^2)}{4\sigma\phi + (1-\phi)^2}ds_E - \frac{2(\lambda(1+(2-4\sigma)\phi+\phi^2)+\bar{\lambda}(1+(4\sigma-6)\phi+\phi^2))}{(\lambda+\bar{\lambda})(1+(4\sigma-2)\phi+\phi^2)}ds_n$$

$$-\frac{dP}{P} \qquad\qquad (2-12)$$

因此，北部地区工业工人实际工资的变化受到三种力量的作用。第一种力量就是本地市场规模效应，即式（2-12）中的第一项就是本地市场规模效应，该项倾向于提高北部工业工人的实际工资水平。显然，随着贸易自由度的提高，本地市场规模效应越来越弱，反之，随着工业品替代弹性的变大，相当于贸易自由度在降低（$\phi = \tau^{1-\sigma}$），从而本地市场规模效应越来越强；式（2-12）第二项中，当$\lambda(1+(2-4\sigma)\phi+\phi^2)+\bar{\lambda}(1+(4\sigma-6)\phi+\phi^2)\geq 0$时，存在市场拥挤效应，即倾向于降低北部工业工人的实际工资水平，反之则不存在市场拥挤效应。由此，图2-6至图2-9反映，在一定的初始条件下，当贸易自由度较大，或工业品替代弹性较小，或本地技术溢出效应较大，或跨界技术溢出效应较小，则不存在市场拥挤效应，这时，市场拥挤效应逆转为促进产业集聚的动力。在原始中心—外围模型中，始终存在市场拥挤效应，从而本章模型显示与原始中心—外围模型不同的结论；第三项中的$-dP/P$就是生活成本效应，同样，在本章模型中，生活成本效应也不一定为正，从而这也显示与原始中心—外围模型不同的结论。图2-10至图2-12显示，随着贸易自由度、替代弹性以及本地技术溢出效应的变大，生活成本效应逐渐减弱，如果满足一定的初始条件，则生活成本效应转为负，即转变为促进产业分散布局的动力。图2-13表明，随着跨界技术溢出效应的变大，在一定的初始条件下，生活成本效应由负转为正。图2-14说明，随着工业品支出份额的变大，生活成本效应先升后降，这表明，工业品支出份额过大，会抬高工业品的价格，从而导致生活成本效应下降，甚至变为负。

[①] 证明见本章附录1。

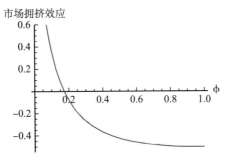

图 2 - 6　ϕ 变化与市场拥挤效应

注：$\sigma = 4$，$\lambda = 2$，$\overline{\lambda} = 1$。

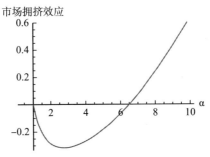

图 2 - 7　σ 变化与市场拥挤效应

注：$\tau = 1.5$（$\phi = \tau^{1-\sigma}$），$\lambda = 2$，$\overline{\lambda} = 1$。

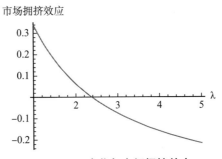

图 2 - 8　λ 变化与市场拥挤效应

注：$\sigma = 2$，$\phi = 0.3$，$\overline{\lambda} = 1$。

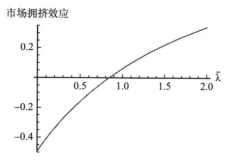

图 2 – 9 $\bar{\lambda}$ 变化与市场拥挤效应

注：$\sigma = 2$，$\phi = 0.3$，$\lambda = 2$。

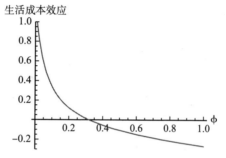

图 2 – 10 ϕ 变化与生活成本效应

注：$\mu = 0.4$，$\sigma = 3$，$\lambda = 2$，$\bar{\lambda} = 1$。

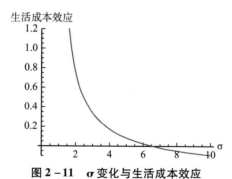

图 2 – 11 σ 变化与生活成本效应

注：$\mu = 0.4$，$\phi = 0.1$，$\lambda = 2$，$\bar{\lambda} = 1$。

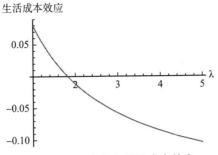

图 2 - 12　λ 变化与生活成本效应

注：$\mu = 0.4$，$\phi = 0.4$，$\sigma = 2$，$\bar{\lambda} = 1$。

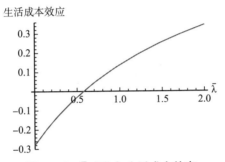

图 2 - 13　$\bar{\lambda}$ 变化与生活成本效应

注：$\mu = 0.4$，$\phi = 0.4$，$\sigma = 2$，$\lambda = 2$。

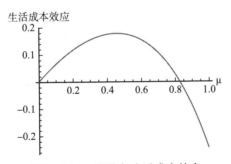

图 2 - 14　μ 变化与生活成本效应

注：$\phi = 0.1$，$\sigma = 4$，$\lambda = 2$，$\bar{\lambda} = 1$。

2.3.2　突破点

图 2 - 15 与图 2 - 16 中，曲线 A 和曲线 A_{cp} 分别表示本章模型和原始

中心—外围模型中的集聚力曲线，曲线 D 和曲线 D_{CP} 分别表示本章模型和原始中心—外围模型中的分散力曲线。随着贸易自由度的增加，我们可以发现，集聚力和分散力都在下降，但分散力下降得更快。由于本章模型中的分散力曲线更陡，即下降得更快，导致集聚力和分散力的交点提前到来，因此，与原始中心—外围模型相比，本章模型中对称结构稳定的贸易自由度范围更窄。

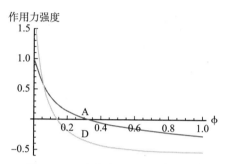

图 2 – 15　本章模型中作用力分析

注：$\mu = 0.4$，$\sigma = 5$，$\lambda = 2$，$\bar{\lambda} = 1$。

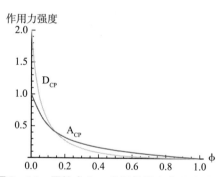

图 2 – 16　原始中心—外围模型中作用力分析

注：$\mu = 0.4$，$\sigma = 5$，$\lambda = 2$，$\bar{\lambda} = 1$。

我们进一步进行严格的数学分析，根据式（2 – 13），在对称点，当 $\dfrac{\mathrm{d}\omega}{\omega} = 0$ 时，就是对称均衡处于被打破的临界状态，也就是，此时对应的贸易自由度被称为突破点（ϕ^B），由此，我们求得的突破点为[1]：

_____

① 证明见本章附录 2。

$$\phi^B = \frac{3\bar{\lambda} + T(\lambda - \bar{\lambda}) - \lambda(1 - 2a\sigma\mu) - \sqrt{K(\lambda + \bar{\lambda})(a\sigma - 1)(1 - \mu^2) + (\lambda(1 - T - 2a\sigma\mu) + \bar{\lambda}(T - 3))^2}}{K(1 + \mu)}$$

$$(2 - 13)$$

其中，$T = 2\sigma + a(-2\sigma^2 + 3\sigma - \mu - 1)$，$K = \lambda(1 + \alpha(3\sigma - 2)) + \bar{\lambda}(1 + 2a - a\sigma)$。当 $\lambda = \bar{\lambda} = 1$ 时，这时 ϕ^B 就变为原始中心—外围模型中的突破点（ϕ^B_{CP}），即有：

$$\phi^B_{CP} = \frac{(1 - a\sigma)(1 - \mu)}{(1 + a\sigma)(1 + \mu)} \qquad (2 - 14)$$

从图 2 - 17 和图 2 - 18 中，我们可以看出 $\phi^B < \phi^B_{CP}$，从而，与原始中心—外围模型相比，本章在加入本地与跨界技术溢出效应后，缩小了对称结构稳定的贸易自由度范围。

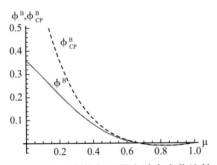

图 2 - 17　μ 变化与不同突破点变化比较

注：$\sigma = 3$，$\lambda = 0.8$，$\bar{\lambda} = 0.6$。

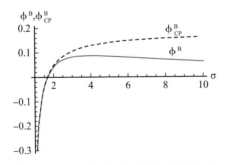

图 2 - 18　σ 变化与不同突破点变化比较

注：$\mu = 0.4$，$\lambda = 0.8$，$\bar{\lambda} = 0.6$。

本章模型中的黑洞条件和原始中心—外围模型中的黑洞条件相同，即当 $a\sigma > 1$ 时，有 $\phi^B < 0$。[①] 当工业品支出份额很大，或者工业企业生产产品规模收益递增程度非常大（σ 很小）时，则 $\phi^B < 0$ 始终成立，这时不管是什么样的贸易自由度，对称结构将不再保持稳定。

2.3.3　持续点

在中心—外围结构下，假设所有的工业工人都聚集在北部，即有 $s_n = 1$，这时北部地区工业工人 $\omega = 1$。当北部工业工人实际工资与南部工业工人工资相等时，中心—外围结构处于不稳定的临界状态，此时，对应的贸易自由度叫作持续点（ϕ^S），即满足下面的方程：

$$(\phi^S)^a \left(\frac{\lambda}{\bar{\lambda}}\right)^{\frac{1-\sigma}{\sigma}} \left(\frac{1-\mu}{2\phi^S} + \frac{(1+\mu)\phi^S}{2}\right)^{\frac{1}{\sigma}} = 1 \qquad (2-15)$$

当 $\lambda = \bar{\lambda} = 1$ 时，ϕ^S 就变为原始中心—外围模型中的持续点（ϕ^S_{CP}）。图 2-19 与图 2-20 表明有 $\phi^S < \phi^S_{CP}$。因此，与原始中心—外围模型相比，本章在加入本地与跨界技术溢出效应后，扩大了中心—外围结构稳定的贸易自由度范围。

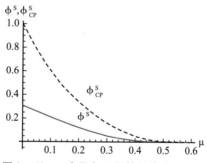

图 2-19　μ 变化与不同持续点变化比较

注：$\sigma = 3$，$\lambda = 0.8$，$\bar{\lambda} = 0.6$。

①　证明见本章附录3。

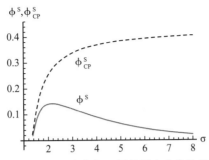

图 2 - 20　σ 变化与不同持续点变化比较

注：$\mu = 0.4$，$\lambda = 0.8$，$\bar{\lambda} = 0.6$。

2.3.4　突破点、持续点变动比较分析

图 2 – 21 至图 2 – 24 表明，无论工业产品支出份额、本地和跨界技术溢出效应、工业品间的替代弹性如何变动，始终存在突破点大于持续点的情况，这与原始中心—外围模型中的结论是一致的。随着工业产品支出份额、本地技术溢出效应的变大，突破点与持续点大小均呈下降趋势，即产业集中趋势变得更加明显；跨界技术溢出效应的变大使得突破点与持续点不断增大，即产业分散布局趋势变得更加明显；随着工业品间的替代弹性变大，突破点与持续点大小均呈先上升后下降趋势，即产业布局呈现出集中、分散布局然后再集中变化的趋势。

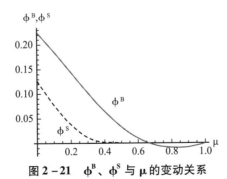

图 2 – 21　ϕ^B、ϕ^S 与 μ 的变动关系

注：$\sigma = 3$，$\lambda = 2$，$\bar{\lambda} = 1$。

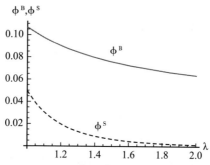

图 2 - 22　ϕ^B、ϕ^S 与 λ 的变动关系

注：$\sigma = 3$，$\mu = 0.4$，$\bar{\lambda} = 1$。

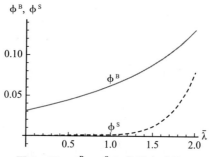

图 2 - 23　ϕ^B、ϕ^S 与 $\bar{\lambda}$ 的变动关系

注：$\sigma = 3$，$\mu = 0.4$，$\lambda = 2$。

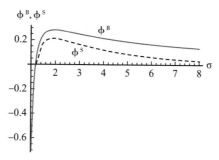

图 2 - 24　ϕ^B、ϕ^S 与 σ 的变动关系

注：$\mu = 0.15$，$\lambda = 0.8$，$\bar{\lambda} = 0.6$。

2.3.5　贸易自由度变化与产业空间的均衡分析

当 $\phi^B > \phi^S$ 时，例如，当 $\mu = 0.2$，$\sigma = 3$，$\lambda = 2$，$\bar{\lambda} = 1$ 时，则有 $\phi^B = 0.1436$，$\phi^S = 0.0374$，由此根据图 2 – 25，我们得出如下结论：

结论（1）：$\phi^B > \phi^S$。当 $\phi < \phi^S$ 时，对称结构是唯一稳定均衡结构；当 $\phi^S < \phi < \phi^B$ 时，对称结构和中心—外围结构都是稳定均衡结构，内部非对称结构均衡不稳定；当 $\phi > \phi^B$ 时，中心—外围结构成为唯一的稳定均衡结构。

当 $\phi^B < 0$，ϕ^S 不存在时，例如，当 $\mu = 0.8$，$\sigma = 3$，$\lambda = 2$，$\bar{\lambda} = 1$ 时，则有 $\phi^B = -0.0247 < 0$，持续点不存在，由此根据图 2 – 26，我们得出如下结论：

结论（2）：$\phi^B < 0$，ϕ^S 不存在。不管是什么样的贸易自由度，中心—外围结构都是唯一的稳定均衡结构。该结论表明，一旦产业空间结构演化的"黑洞条件"得到满足，则产业空间的稳定结构只能是中心—外围结构。

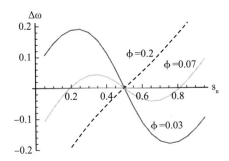

图 2 – 25　贸易自由度变化与产业空间均衡（1）

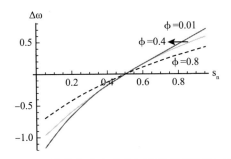

图 2 – 26　贸易自由度变化与产业空间均衡（2）

根据贸易自由度变化和产业空间稳定均衡形成的关系，我们可以得到如下战斧图解（见图2－27）。战斧图解结果显示，随着经济开放程度的提高，产业空间依次形成三种长期稳定形态，即中心对称结构、对称结构与中心—外围结构并存及中心—外围结构。由此，关于贸易自由度变化与产业空间均衡的关系，本章模型的结论与原始中心—外围模型得出的结论是一致的。

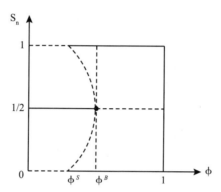

图2－27　产业空间长期均衡下的战斧图解

2.3.6　驼峰状集聚租金

在完全集聚的情况下，如果北部为集聚中心（$s_n = 1$），此时有 $\omega = 1$，则企业在北部地区获得的集聚租金为：

$$\omega - \omega^* = 1 - \phi^a \left(\frac{\lambda}{\bar{\lambda}} \right)^{\frac{1-\sigma}{\sigma}} \left(\frac{1-\mu}{2\phi} + \frac{\phi(+\mu)}{2} \right)^{\frac{1}{\sigma}} \qquad (2-16)$$

由式（2－16）可知，在 $\lambda = \bar{\lambda}$ 的情况下，当 $\phi = 1$ 和 $\phi = \phi^S$ 时，有 $\omega - \omega^* = 0$，即没有集聚租金；当 $\phi^S < \phi < 1$ 时，$\omega - \omega^* > 0$，即存在集聚租金，且在 $\phi = \sqrt{\phi^B}$ 时，$\omega - \omega^*$ 取得最大值；在 $\lambda > \bar{\lambda}$ 的情况下，仅当 $\phi = \phi^S$ 时，有 $\omega - \omega^* = 0$，在 $\phi = 1$ 时，有 $\omega - \omega^* > 0$，即集聚租金不消失，这是由于本地技术溢出效应的增强使得本地企业利润增加，从而使得企业获得集聚收益（见图2－28）。总之，随着贸易自由度的提高（从 ϕ^S 提高到1），租金曲线先升后降，显示出驼峰状。此时，当经济处于稳定的中心—外围结构时，经济政策的细微变动不会带来产业结构大的调整。

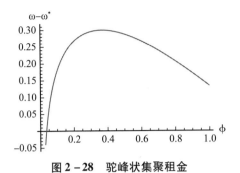

图 2 - 28 驼峰状集聚租金

注：$\mu = 0.3$，$\sigma = 2$，$\lambda = 2$，$\bar{\lambda} = 1.5$。

2.4 本章小结

长期以来，经济地理和区位理论不受到主流经济理论的重视。新经济地理学通过将贸易和区位理论联系起来，试图打破这一理论上的僵局，这是俄林等（Ohlin et al.，1977）曾提出的一个研究目标。布劳格（Blaug，1997）在《经济理论的回顾》一书中也提到了主流经济学对区位理论的一种奇怪的蔑视，并断言这种忽视在很大程度上延续至今。新经济地理学最明显的贡献是，它帮助终结了这种边缘化。新经济地理学模型研究了不完全竞争、工厂的规模报酬和相关的经济外部性之间相互作用的本质。它们表明，即使是短暂的小冲击，也可能对经济格局产生巨大的永久性影响。

克鲁格曼（1991）的中心—外围模型作为新经济地理学诸多模型的基础，给空间经济不平衡的研究及新经济地理学的发展打开了大门。本章发展的中心—外围模型与原始中心—外围模型的唯一区别是，本章只是假设工业工人的劳动生产率不再是外生变量，而是跟着产业集聚的外部性有关。本章发展的中心—外围模型不仅可以验证原始中心—外围模型结论的稳健性，同时，也在一定程度上丰富了原始中心—外围模型的理论内涵。本章发展的中心—外围模型可以视为新经济地理学的另一个基础模型，对经典的新经济地理模型做出了新的贡献。与原始中心—外围模型相比，本章发展的中心—外围模型得到的新结论主要有：第一，虽然工业企业生产规模报酬递增程度的增加是促进产业集聚的重要动力，但是在另一个极端，当工业企业生产的规模报酬递增程度减弱到一定程度时，也有可能导致产业的集聚。第二，产业的空间分布受两股相反力量的支配，即集聚力和分散力。一般情况下，集聚力来自本地市场效应、生活成本效应，而分散力来自市场拥挤效应。本地技术溢出效应的增加会加强产业的集聚力，反之，跨界技术溢出效应的增加会加强产业的分散力。在一定的初始条件下，当贸易自由度较大，或工业品替代弹性较小，或本地技术溢出效应较大，或跨界技术溢出效应较小，则不存在市场拥挤效应，这时，市场拥挤效应逆转为促进产业集聚的动力。同时，在本章模型中，生活成本效应也不一定为正。第三，与原始中心—外围模型相比，本章在加入本地与跨界技术溢出效应后，缩小了对称结构稳定的贸易自由度范围，而扩大了中心—外围结构稳定的贸易自由度范围。

附录 1：

在对称均衡点，$s_n = s_E = \dfrac{1}{2}$，$w = w^* = 1$，所以我们有：

$$\frac{d\omega}{\omega} = \frac{dw}{w} - \frac{dP}{P} = dw - \frac{dP}{P} \tag{1}$$

根据 $w^\sigma = B$，则有 $\sigma w^{\sigma-1} dw = dB$，即有：

$$dB = \sigma dw \tag{2}$$

另外，我们有：

$$d\Delta = \frac{\bar{\lambda} + \bar{\lambda}(2\sigma - 3)\phi + \lambda(1 + \phi - 2\sigma\phi)}{\lambda + \bar{\lambda}} ds_n - \frac{(\sigma - 1)(1 - \phi)}{2} dw$$

$$d\Delta^* = \frac{\lambda(1 - 2\sigma + \phi) + \bar{\lambda}(2\sigma + \phi - 3)}{\lambda + \bar{\lambda}} ds_n + \frac{(\sigma - 1)(1 - \phi)}{2} dw^* \tag{3}$$

再根据公式 $B = \dfrac{s_E}{\Delta} + \dfrac{\phi(1 - s_E)}{\Delta^*}$ 和 $s_E = \dfrac{1 - \mu}{2} + \mu w s_n$，我们有：

$$dB = \frac{\Delta ds_E - \frac{1}{2} d\Delta}{\Delta^2} + \phi \frac{-\Delta ds_E - \frac{1}{2} d\Delta^*}{\Delta^2} \tag{4}$$

结合公式（3）、（4），整理后有：

$$dB = \frac{(2 - 2\phi)}{1 + \phi} ds_E - \frac{2(\lambda(1 + (2 - 4\sigma)\phi + \phi^2) + \bar{\lambda}(1 + (4\sigma - 6)\phi + \phi^2))}{(\lambda + \bar{\lambda})(1 + \phi)^2} ds_n$$

$$+ \frac{(\sigma - 1)(1 - \phi)^2}{(1 + \phi)^2} dw \tag{5}$$

结合公式（1）、（2）与（5），整理后我们得证，即有：

$$\frac{d\omega}{\omega} = \frac{2(1-\phi^2)}{4\sigma\phi+(1-\phi)^2}ds_E - \frac{2(\lambda(1+(2-4\sigma)\phi+\phi^2)+}{\bar{\lambda}(1+(4\sigma-6)\phi+\phi^2))}{(\lambda+\bar{\lambda})(1+(4\sigma-2)\phi+\phi^2)}ds_n - \frac{dP}{P} \quad (6)$$

附录2：

结合公式（2）、（5），我们可以得到：

$$dw = \frac{2(1-\phi^2)}{4\sigma\phi+(1-\phi)^2}ds_E - \frac{2(\lambda(1+(2-4\sigma)\phi+\phi^2)+\bar{\lambda}(1+(4\sigma-6)\phi+\phi^2))}{(\lambda+\bar{\lambda})(1+(4\sigma-2)\phi+\phi^2)}ds_n \quad (7)$$

由公式 $s_E = \frac{1-\mu}{2} + \mu w s_n$，可以得到：

$$ds_E = \frac{\mu}{2}dw + \mu ds_n \quad (8)$$

把公式（7）和（8）联立求解可得：

$$ds_E = \frac{4(\bar{\lambda}-\lambda+2\lambda\sigma)\phi\mu}{(\lambda+\bar{\lambda})(1-\mu+\phi(4\sigma-2)+\phi^2(1+\mu))}ds_n$$

$$dw = -\frac{2(\lambda(1-\mu+\phi(2-4\sigma)+\phi^2(1+\mu))+}{\bar{\lambda}(1-\mu+\phi(4\sigma-6)+\phi^2(1+\mu)))}{(\lambda+\bar{\lambda})(1-\mu+\phi(4\sigma-2)+\phi^2(1+\mu))}ds_n \quad (9)$$

根据公式 $P = \Delta^{-a}$，我们可以得到：

$$\frac{dP}{P} = -\frac{ad\Delta}{\Delta} \quad (10)$$

结合公式（3）、（9），整理后我们有：

$$\frac{dP}{P} = -\frac{2a(\lambda(\sigma(1-\mu+2\phi(3+2\mu))-3\phi^2(1+\mu))-\Upsilon)}{+\bar{\lambda}(\sigma(1-\mu-6\phi+\phi^2(1+\mu))+\Upsilon))}{(\lambda+\bar{\lambda})(1-\mu+\phi(4\sigma-2)+\phi^2(1+\mu))}ds_n \quad (11)$$

其中，$\Upsilon = 4\sigma^2\phi + 2\phi(1-\phi)(1+\mu)$，最后，将公式（9）、（11）代入 $\frac{d\omega}{\omega} = dw - \frac{dP}{P} = 0$ 的条件，求出的贸易自由度即为突破点 ϕ^B，证毕。

附录3：

在突破点公式中，$K = \lambda(1+a(3\sigma-2))+\bar{\lambda}(1+2a-a\sigma)$，整理后我们有：

$$K = \lambda+\bar{\lambda}+a\sigma(\lambda-\bar{\lambda})+2a\bar{\lambda}+2a\lambda(\sigma-1) > 0 \quad (12)$$

因此，如果 $\phi^B < 0$，则有：

$$3\bar{\lambda} + T(\lambda - \bar{\lambda}) - \lambda(1 - 2a\sigma\mu) - \sqrt{\begin{array}{l} K(\lambda + \bar{\lambda})(a\sigma - 1)(1 - \mu^2) + \\ (\lambda(1 - T - 2a\sigma\mu) + \bar{\lambda}(T - 3))^2 \end{array}} < 0$$

$$(13)$$

整理后有：

$$K(\lambda - \bar{\lambda})(a\sigma - 1)(1 - \mu^2) > (3\bar{\lambda} - \lambda(1 - 2a\sigma\mu) -$$
$$T(\bar{\lambda} - \lambda))^2 - (\lambda(1 - T - 2a\sigma\mu) + \bar{\lambda}(T - 3))^2 \quad (14)$$

我们不难得出 $(3\bar{\lambda} - \lambda(1 - 2a\sigma\mu) - T(\bar{\lambda} - \lambda))^2 - (\lambda(1 - T - 2a\sigma\mu) + \bar{\lambda}(T - 3))^2 = 0$，从而我们有 $K(\lambda + \bar{\lambda})(a\sigma - 1)(1 - \mu^2) > 0$，即有 $a\sigma > 1$，得证。

第 3 章

多要素流动、产业空间演化与经济地理新均衡：基于新经济地理学FE 模型的比较研究

新经济地理学的主要研究内容是在控制第一自然优势的前提下，认为经济活动的集中是一个内生的过程，而与外生的自然优势无关。在贸易成本适中的条件下，生产的规模经济导致厂商和工人的集中因而享受到市场接近和中间投入品或消费品多样化带来的好处（Krugman，1991；Fujita and Thisse，2002）。贸易成本的下降在一定条件下也能成为经济活动集聚的发动机，因为这会导致更大程度的规模报酬经济的产生，从而进一步拉大中心地区与外围地区的经济发展差距（Martin and Ottaviano，1999）。早在 20 世纪 50 年代，缪尔达尔（1957）、赫希曼（1958）等发展经济学家就论述了新经济地理学的循环累积思想，认为这种循环累积效应是导致区域发展不平衡的原因。正如新经济地理学理论一样，早期的经济学家强调了产业的前向与后向联系效应、地方化知识溢出在区域发展中的作用，但是，早期的经济学家没有在一般均衡的分析框架内通过建立精巧的数学模型来论证如何随着贸易成本的下降和生产要素的流动，规模经济如何导致均质空间变化为非均质空间的机理。

新经济地理学（NEG）发源于克鲁格曼（1991）的那篇开创性论文，即发表于《政治经济学杂志》的"规模报酬与经济地理"一文，后来，维纳布尔斯（1996）、藤田等（1999）、罗伯特－尼古德（2005）等从规模报酬递增、垄断竞争的假设前提出发，进一步拓展了克鲁格曼（1991）的中心—外围模型，这标志着经济地理学科迎来了新的发展时代。藤田和克鲁格曼（2004）认为新经济地理学的理论创新主要体现在如下几个方面：第一，不同于传统区位理论的空间经济的一般均衡模型，规模报酬递

增或生产的不可分割性防止了"庭院资本主义"经济的出现；第二，规模报酬递增导致不完全竞争的市场经济结构的出现，运输成本使区位选择变得很重要；第三，消费者和厂商改变区位的过程就是集聚经济出现的过程。

大多数的新经济地理模型得出了这样的结论：经济系统空间演化的后果，要么是产业的完全集聚，要么是产业的完全分散，产业空间分布模式的变化表现出突变的特征，即棒-棒均衡（bang-bang equilibrium）结果的出现。例如，新经济地理学的 FE 模型（The Footloose - Entrepreneur Model）认为，贸易自由度达到突破点以前，贸易自由度的提高不会改变产业对称分布的稳态。但达到这一临界值以后，自由度稍微增加，就会发生突发性聚集，形成中心—外围结构的产业分布形态。持续点小于突破点，当贸易自由度介于持续点与突破点之间时，对称结构和两种中心—外围结构（北部为核心，或南部为核心）都是局部的长期稳定均衡结构（Forslid and Ottaviano，2003）。从而，福斯里德和奥塔维诺（2003）得到的产业空间结构稳态特征与克鲁格曼（1991）的中心—外围模型完全相同。

为了赋予新经济地理学模型新的含义以及更好的解释空间经济发展不平衡的现象，一些学者从以下几方面对新经济地理学的原始模型（Krugman，1991）进行了拓展，例如，内生化城市或城市体系在空间经济发展中的作用（Fujita and Krugman，1995），引入生产中投入产出的垂直联系对产业集聚的影响（Krugman and Venables，1995），引入技术外部性研究产业集聚与区域增长的相互作用（Baldwin and Martin，2004）。特别地，一些学者将产业集聚产生的环境污染因素引入到新经济地理学模型中去，解释了部分非对称产业集聚的经济现象。劳希尔（Rauscher，2003）引入准线性效用函数，在新经济地理学分析框架内说明环境污染与经济活动空间分布的关系，认为环境污染会引起局部产业集聚的稳定均衡。兰赫和夸斯（2007）对 FE 模型（Forslid and Ottaviano，2003）进行了拓展，认为由于工业部门产生环境污染的原因，随着贸易自由度的提高，导致产业空间分布的稳定结构由对称结构向对非对称结构平滑转化。格拉兹等（2016）认为环境污染由工业部门生产中对可变投入能源产品的使用而产生，一方面，产业集聚引起的经济活动规模扩大会增加每个企业对能源产品的使用而导致企业环境污染排放量的上升；另一方面，产业集聚产生的技术外部性会减少每个企业对能源产品的使用，从而降低每个企业的环境污染排放量。由此，格拉兹等（2016）将这些相反的作用机理融入 FE 模型，探讨中心—外围结构、对称结构与部分产业集聚稳定均衡发生的前提条件，认为在贸易自由度变化的整个范围内，都可以发生局部的产业集聚。另外，一些学者（Pflüger and Südekum，2008；Pflüger and Tabuchi，2019）将城市住房成本或地方不可移动的因素（比较优势）等因素引入新经济地理学模型，从而增加了产业扩散的力量，从理论上也证明了随着贸易自由度的变化，产业结构空间的演化发生局部非对称产业集聚的可能。

促进新经济地理学理论的发展，我们不仅要根据理论要求的逻辑完美性修改假设，更重要的是，我们要根据空间经济发展的现实修改模型的假设条件。由此，本章不仅假设企业家（人力资本）在地区间可以流动，而且也假设普通劳动者在地区间可以流动，企业家的转移将引起劳动者的转移，同时，本章的研究突破了以往研究的局限性，认为普通劳动者在行业间也可以自由流动，即普通劳动者就业在行业间不再保持固定不变的比例关系，从而，本章在研究上进一步突破了新经济地理学模型单一生产要素流动假设的局限性，显然这样的假设更加符合空间经济发展的现实。由于 FE 模型（Forslid and Ottaviano，2003）在关键经济变量上的可解性，同时，FE 模型又不丧失克鲁格曼（1991）中心—外围模型的系列经典结论，由此，近年来，多数新经济地理学模型的拓展建立在 FE 模型的基础上，然而，由于拓展角度的原因，得出的研究结论无法与新经济地理学的经典模型 FE 模型进行较好比较，本章的研究对 FE 模型仅作微小但非常重要的改动，在不改变 FE 模型的本质特征的基础上，不仅从理论上证明了随着贸易自由度的变化，产业空间的演化发生局部非对称产业集聚的可能性，同时也可能出现内部非对称结构与中心—外围结构稳定均衡共存的情形，而这些研究结论的得出并不需要引入复杂的环境污染、城市住房成本，以及地方外生比较优势等复杂因素，另外，本章的研究结论也能与 FE 模型（Forslid and Ottaviano，2003）的结论进行很好的比较。

3.1 模型的建立及短期均衡分析

3.1.1 基本假设与消费均衡

我们假定一个经济系统由农业部门 A、工业部门 M 两个部门构成，存在南北两个地区，这两个地区在偏好、技术、开放度以及初始的要素禀赋方面都是对称的。存在企业家和普通工人两种生产要素，企业家和普通工人在地区之间都可以流动，普通工人既可以在农业部门就业，也可以在工业部门就业，在行业间可以流动，不同行业的普通工人的工资没有差别。代表性经济主体的效用函数是两层嵌套的效用函数，外层为柯布—道格拉斯型，内层为不变替代弹性的形式，即：

$$U = C_M^{\mu} C_A^{1-\mu}, \quad C_M = \left[\int_{i=0}^{n^w} c(i)^{\frac{\sigma-1}{\sigma}} di \right]^{\frac{\sigma}{\sigma-1}}, \quad 0 < \mu < 1 < \sigma \quad (3-1)$$

其中，C_M 表示工业品集合体的消费量，C_A 表示农产品的消费量，n^w 表示经济系统工业产品种类数，$n^w = n + n^*$，其中 n 表示北部地区生产的工业产品的种类数，则 n^* 表示南部地区生产的工业产品的种类数[①]，μ 表示总支出中支付在工业品上的份额，σ 表示消费者消费不同工业品之间的替代弹性，$c(i)$ 表示消费者对第 i 种工业品的消费量。消费者预算约束条件为：

$$P_M C_M + P_A C_A = E, \quad P_M = \left[\int_{i=0}^{n^w} p(i)^{1-\sigma} di \right]^{1/(1-\sigma)} \quad (3-2)$$

式（3-2）中，P_M 表示工业品集合体的价格，P_A 表示农产品的价格，$p(i)$ 表示第 i 种工业品的价格，E 表示消费者的支出，假定 $P_A = 1$，即农产品作为计价基准单位。利用效用最大化条件，可以得到如下结果：

$$C_M = \mu E / P_M, \quad C_A = (1 - \mu) E, \quad c(i) = \frac{\mu E p(i)^{-\alpha}}{P_M^{1-\sigma}} \quad (3-3)$$

3.1.2 生产均衡

企业的生产需要企业家的人力资本作为固定投入，工人的劳动作为可变投入。假设企业的生产存在规模经济，而不存在范围经济，一个企业只生产一种工业产品，每一企业只需要一单位人力资本作为固定投入，假设一个企业家拥有一单位的人力资本。因此，北部区代表性企业 j 的成本函数可以写成：

$$C(j) = w + a w_L x(j) \quad (3-4)$$

其中，w 为企业家的名义收入，也表示单位人力资本的名义收益率，w_L 为普通工人的名义工资，$x(j)$ 为该企业的产出，a 代表以劳动衡量的

---

① 本章中，凡是加有"*"的变量表示对应的南部的经济变量。

边际投入。本地企业生产的产品在本地市场的销售价格为：$p = \dfrac{\sigma a w_L}{\sigma - 1}$，设

$a = \dfrac{\sigma - 1}{\sigma}$，则 $p = w_L$，另外，显然，a 与 σ 呈正向变动的关系，$a \in (0, 1)$，

σ 越小，企业工业品生产的规模报酬递增程度越显著（Dixit and Stiglitz，1977），这时 a 越小，即反映出工人生产工业品的劳动生产率越高。由于存在地区间运输成本，本地企业生产的产品在外地市场的销售价格为：$p^* = \tau p, \ \tau \geqslant 1$。

农业部门具有规模报酬不变特征，具有完全竞争的市场结构，生产同质产品。农业部门仅使用劳动力一种要素作为投入要素，一单位农产品的产出需要 a_A 单位的劳动，因此一单位农产品的成本是 $w_L a_A$。两个地区均存在农业品的生产，农产品区际交易不存在运输成本，故农产品价格在各个地区都一样。设 $a_A = 1$，则不难得出 $w_L = 1$。

两个地方都存在农业品的生产，从事农业生产的普通劳动力在地区间对称分布，则农业生产的非完全专业化条件为：

$$(1 - \mu) E^w > \frac{L^w (1 - \theta)}{2} \qquad (3 - 5)$$

其中，L^w 表示经济系统普通劳动力的数量，E^w 为经济系统的总支出，θ 表示普通劳动力中从事工业生产所占的比例，则 θ 为：

$$\theta = \frac{L^w - (1 - \mu) E^w}{L^w} = \frac{\mu (\sigma - 1)}{\sigma - \mu} \qquad (3 - 6)$$

从而，θ 不是一个固定不变的比例关系，其取值大小跟 μ 和 σ 有关，显然，随着工业品支出份额的提高，或消费者消费工业品的替代弹性的提高，则普通劳动力中从事工业生产所占的比重越大。将式（3 - 6）以及后面的式（3 - 11）代入式（3 - 5），整理后有 $\mu < 1$，显然，这个不等式恒成立。因此，工业品支出份额、替代弹性取值的大小并不构成两个地方都存在农业品生产的限制条件。

考虑一个北部企业，该企业在北部市场的销售量为 c，销售价格为 p；在南部市场的销售量为 c^*，销售价格为 $p^* = \tau p$。企业的总产出为 $x = c + \tau c^*$，那么企业的销售收入为：

$R = pc + p^* c^* = p(c + \tau c^*) = px$。又由于 $c = \mu E p^{-\sigma} P_M^{-(1-\sigma)}$，$c^* = \mu E^* (p^*)^{-\sigma} (P_M^*)^{-(1-\sigma)}$，其中：

$$P_M^{1-\sigma} = \int_0^{n^w} p^{1-\sigma} di = n^w [s_n + \phi (1 - s_n)],$$

$$(P_M^*)^{1-\sigma} = \int_0^{n^w} p^{1-\sigma} di = n^w[\phi s_n + (1 - s_n)] \qquad (3-7)$$

设 $n^w = 1$，则企业家的人力资本报酬可以写成：

$$w = px/\sigma = \frac{\mu E^w}{\sigma}\left[\frac{s_E}{s_n + \phi(1 - s_n)} + \frac{\phi(1 - s_E)}{\phi s_n + (1 + s_n)}\right] \qquad (3-8)$$

式（3 - 8）中，$\phi = \tau^{1-\sigma}$ 表示地区间的贸易自由度，$\phi \in [0, 1]$；当 $\tau = 1$ 时，$\phi = 1$；当 $\tau \to \infty$ 时，$\phi = 0$。$s_E = E/E^w$ 为北部支出所占的份额，$1 - s_E = E^*/E^w$ 为南部支出所占份额，$s_n = n/n^w$ 为北部企业所占份额，$1 - s_n = n^*/n^w$ 为南部企业所占份额。设 $B = \frac{S_E}{\Delta} + \frac{\phi(1 - s_E)}{\Delta^*}$，$\Delta = s_n + \phi(1 - s_n)$，$b = \frac{\mu}{\sigma}$，$B^* = \frac{\phi s_E}{\Delta} + \frac{1 - s_E}{\Delta^*}$，$\Delta^* = \phi s_n + (1 - s_n)$，则北部企业家人力资本的报酬与南部企业家人力资本的报酬分别为：

$$w = bBE^w, \quad w^* = bB^*E^w \qquad (3-9)$$

3.1.3　市场份额

经济系统的总支出等于总收入，即等于全体普通工人的收入加上全体企业家的收入。为了便于研究结论的对比，跟 FE 模型（Forslid and Ottaviano，2003）一样，本章也假设经济系统普通工人的数量 $L^w = 1 - b$，企业家的数量 $H^w = n^w = 1$，从而经济系统的总支出 E^w 为：

$$E^w = w_L L^w + H^w[s_n w + (1 - s_n)w^*] = L^w + bE^w[s_n B + (1 - s_n)B^*] \qquad (3-10)$$

可以证明 $s_n B + (1 - s_n)B^* = 1$，则 E^w 为：

$$E^w = \frac{L^w}{1 - b} = 1 \qquad (3-11)$$

假设企业家的流动会带动普通工人的流动，北部的支出 E 可以表示为：

$$E = \frac{(1 - \theta)L^w}{2} + \eta\theta L^w + s_n H^w w \qquad (3-12)$$

其中，η 表示北部地区普通工业工人占经济系统普通工业工人的比重，设 $\eta = 0.5\gamma + \psi s_n$，当 $\gamma = 1$、$\psi = 0$ 时，这意味着普通劳动力在地区间对称分布，而企业家可以自由流动，企业家的流动不会引起工业部门普通劳动力的流动，这就是福斯里德和奥塔维诺（2003）提出的 FE 模型，我们认为，这只是一种特殊情形。当 $\gamma = 0$、$\psi = 1$ 时，则工业部门的普通劳动力在地区间并不总是对称分布，企业家的流动会带动普通工人的流动，并且企业家的流动带动普通工人流动的份额保持一致，由此，当 $s_n = 0.5$ 时，这表明企业家在两个地区对称分布，从而工业部门的普通劳动力在两个地区也是对称分布。在本章的模型中，我们后面很容易发现，对普通工人来说，由于名义收入不变，在生活成本效应的作用下，企业家集聚的区位也是普通工人获得实际收入最高的区位，因此，普通工人跟随着企业家流动，具有主动性，而不是被动选择的结果。在现实中，我们也可以发现，有企业集聚的地方，便是劳动者集聚的地方，资本和劳动者的集聚总是存在正相关的比例关系。在新经济地理学理论系列经典模型中，要么假定资本的流动，要么假定劳动的流动，由此探讨产业的空间布局问题，显然，单一生产要素流动的假设是有严重缺陷的，例如，在 FC 模型（Martin and Rogers，1995）、FE 模型（Forslid and Ottaviano，2003）、GS 模型（全域溢出模型，Martin and Ottaviano，1999）、LS 模型（局部溢出模型，Baldwin，Martin and Ottaviano，2001）以及企业异质的 FC 模型（Baldwin and Okubo，2006）中，都假定资本或企业家流动，而普通工人并不流动，从而出现了这样的尴尬现象：企业在一个地区完全集中，而企业需要的可变投入要素（普通工人）却不集中，以便迎合这样尴尬的假设：保持普通工人居住的区位选择在两个地区所占的比重始终处于均匀分布的状态。笔者之前的研究虽然发展了多要素流动（资本与劳动流动）的新经济地理学模型，但却假设普通工人在行业间不能流动，由此得出的研究结论不能与 FE 模型进行很好的对比，因此，本章在原研究的基础上是有所改进的。

北部支出所占的份额 s_E 为：

$$s_E = \frac{(1 + \gamma\theta - \theta)L^w}{2} + (\psi\theta L^w + w)s_n \qquad (3-13)$$

式（3-13）给出的就是短期均衡时 s_E 与 s_n 之间的关系，二者之间的变动轨迹我们称之为 EE 曲线。在 $s_n = 0$ 时，$s_E = \dfrac{(\sigma-1)\gamma\mu + (1-\mu)\sigma}{2\sigma}$ 且 $\phi \neq 0$；在 $s_n = 1$ 时，$s_E = \dfrac{\sigma + \mu(2 + (2\psi + \gamma)(\sigma-1) - \sigma)}{2\sigma}$。在 $\phi = 0$ 时，s_n 与 s_E 之间是一种线性关系：

$$s_E = \frac{(1-\mu)\sigma + (\sigma-1)\gamma\mu}{2(\sigma-\mu)} + \frac{(\sigma-1)\mu\psi}{\sigma-\mu}s_n \qquad (3-14)$$

在 $\phi = 1$ 时，s_n 与 s_E 之间也是一种线性关系：

$$s_E = \frac{(1-\mu)\sigma + (\sigma-1)\gamma\mu}{2\sigma} + \frac{(1 + (\sigma-1)\psi)\mu}{\sigma}s_n \qquad (3-15)$$

图 3-1、图 3-2 与图 3-3 显示，随着贸易自由度的增大，工业品支出份额的增加，以及替代弹性的增加，EE 线绕着中心对称点逆时针方向旋转①。

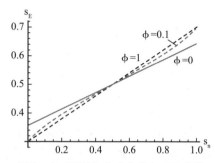

图 3-1 贸易自由度变化与 EE 曲线

注：$\mu = 0.4$，$\sigma = 2.5$，$\gamma = 0$，$\psi = 1$。②

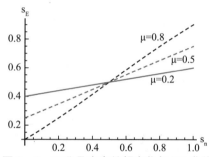

图 3-2 工业品支出份额变化与 EE 曲线

注：$\phi = 0.5$，$\sigma = 2.5$。

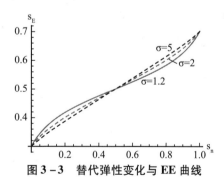

图 3-3 替代弹性变化与 EE 曲线

注：$\phi = 0.1$，$\mu = 0.4$。

---

① 为了图示方便，本章 EE 曲线的纵坐标为 s_E，横坐标为 s_n，下同。

② 由于本章考虑的是多要素流动的情形，因此如果没有特别指出，本章中均设定 $\gamma = 0$，$\psi = 1$，文中其他地方不再说明。如果仅是企业家的流动，则设定为 $\gamma = 1$，$\psi = 0$。

3.2 长期均衡分析

长期均衡通过人力资本的流动而实现。当不存在人力资本流动时，经济系统实现长期均衡，据此我们可以考察经济系统的产业空间布局等问题。

3.2.1 长期均衡的条件

长期均衡的充分必要条件可以写成：

$$\omega = \omega^*，当 0 < s_n < 1 \text{ 时，且} \frac{d(\omega - \omega^*)}{ds_n} \leqslant 0;$$

$$s_n = 0，当 \omega \leqslant \omega^* \text{ 时}；s_n = 1，当 \omega \geqslant \omega^* \text{ 时} \qquad (3-16)$$

式（3-16）中，ω 表示北部地区企业家人力资本的实际报酬，ω^* 表示南部地区企业家人力资本的实际报酬，$\omega = \dfrac{w}{P}$，$\omega^* = \dfrac{w^*}{P^*}$，其中，$P = P_A^{1-\mu} P_M^{\mu}$，$P^* = P_A^{1-\mu} (P_M^*)^{\mu}$。当存在内部解时，即人力资本实际收入相同，人力资本不再流动时，则需满足条件：

$$\frac{\omega}{\omega^*} = \frac{B}{B^*}\left(\frac{\Delta}{\Delta^*}\right)^{\frac{\mu}{\alpha-1}} = 1 \qquad (3-17)$$

即有：

$$\ln \frac{B}{B^*} + \frac{\mu}{\sigma-1}\ln \frac{\Delta}{\Delta^*} = 0 \qquad (3-18)$$

式（3-17）或式（3-18）给出了人力资本实际收入相同时 s_n 与 s_E 之间的相互关系，二者之间的变动轨迹我们称之为 nn 曲线。它说明的是，在 $0 < s_n < 1$ 范围内，人力资本不再流动时，人力资本的空间分布与支出份额的空间分布必须满足的条件。

图 3-4、图 3-5 显示，随着贸易自由度的增加，工业品支出份额的增加，nn 线绕着中心对称点顺时针方向旋转[①]，而图 3-6 显示，随着替代弹性的增加，nn 线则逆时针方向旋转。无论短期均衡，还是长期均衡

---

① 为了图示方便，本章 nn 曲线的纵坐标为 s_E，横坐标为 s_n，下同。

所决定的支出分布与产业空间分布的关系都必须在 EE 曲线上，而长期均衡的内点解在 nn 曲线上，短期均衡则偏离 nn 曲线。将贸易自由度、工业品支出份额、替代弹性的变化对 nn 曲线与 EE 曲线变动的影响结合在一

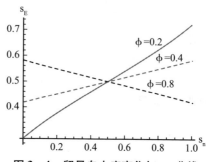

图 3 - 4　贸易自由度变化与 nn 曲线

注：$\mu = 0.4$，$\sigma = 2.5$。

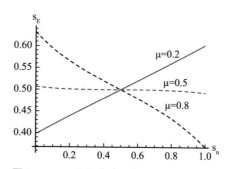

图 3 - 5　工业品支出份额变化与 nn 曲线

注：$\phi = 0.5$，$\sigma = 2.5$。

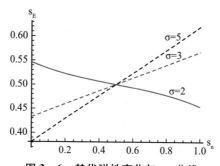

图 3 - 6　替代弹性变化与 nn 曲线

注：$\phi = 0.5$，$\mu = 0.4$。

起分析，我们可以认为，随着贸易自由度的增加，工业品支出份额的增加，将降低对称结构的稳定性，而提高中心—外围结构的稳定性，替代弹性的变化对产业空间分布稳态的影响则需要我们下文做进一步研究来判断。

3.2.2　实际工资差异与产业空间分布的稳定性

图 3－7、图 3－8 显示，随着地区间贸易自由度的提高，工业品支出份额的增加，产业空间分布的稳定结构依次经历对称结构稳定均衡、内部非对称结构稳定均衡、中心—外围结构稳定均衡三种状态。随着其他外生参数取值的不同，替代弹性的变化与产业空间分布的关系可以分为三种情形，如图 3－9、图 3－10 与图 3－11 所示。图 3－9 显示，当替代弹性数值很小时，中心—外围结构是稳定均衡结构，随着替代弹性的增加，对称结构与中心—外围结构都是稳定均衡结构，而内部非对称结构均衡不稳定，随着替代弹性的进一步增加，对称结构成为唯一的稳定均衡结构。图 3－10 显示，随着替代弹性的增大（工业企业生产的规模报酬递增程度的减弱），产业空间分布的稳定结构依次经历中心—外围结构、内部非对称结构、对称结构三种稳定状态。图 3－11 显示，随着替代弹性的增大，产业空间分布的稳定结构依次经历中心—外围结构、内部非对称结构和中心—外围结构并存、内部非对称结构、对称结构四种稳定状态。

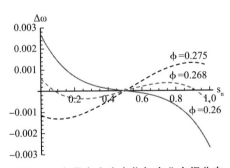

图 3－7　贸易自由度变化与产业空间分布

注：$\mu = 0.4$，$\sigma = 3$。

纵轴表示地区间的实际工资差距（$\omega - \omega^*$），横轴表示北部地区的企业数量份额，下同。后面我们将更为具体分析贸易自由度变化对产业空间分布稳态的影响。

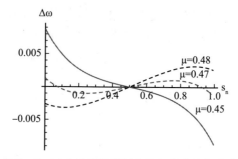

图 3 - 8　工业品支出份额变化与产业空间分布

注：$\phi = 0.2$，$\sigma = 3$。

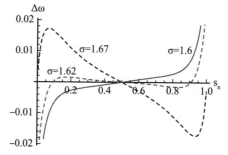

图 3 - 9　替代弹性变化与产业空间分布（1）

注：$\phi = 0.05$，$\mu = 0.4$。

图 3 - 9、图 3 - 10、图 3 - 11 为组图，因此我们用（1）（2）（3）来表示该组图个数序号。在同一组图中，外部参数取值相同，本章中其他地方类似。

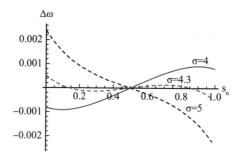

图 3 - 10　替代弹性变化与产业空间分布（2）

注：$\phi = 0.324$，$\mu = 0.4$。

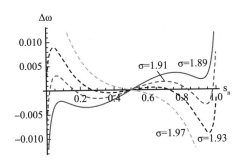

图 3 – 11　替代弹性变化与产业空间分布（3）

注：$\phi = 0.05$，$\mu = 0.5$。

3.2.3　作用力与产业空间分布的关系

本地市场效应与生活成本效应组成了产业的集聚力，市场拥挤效应则构成了产业的分散力，当产业的集聚力大于产业的分散力，则会导致产业的经济活动不断集中，反之，则反是。

（1）产业的集聚力：本地市场效应分析

当产业空间分布结构处于对称状态时，如果发生从南部到北部的企业家转移，企业家的转移也将带动普通工业工人的转移，由于企业家与工人把自己的收入花费在工作地点，这将使得北部的市场规模变大而南部的市场规模变小。在存在交易成本，且其他条件都相同的情况下，市场规模的扩大将导致企业销售收入的增加，而企业销售收入的增加将导致企业利润的增加，如果企业的固定投入为人力资本，即表现为企业家人力资本报酬的增加，因此，任何企业都选择市场规模大的区位。企业家与工人的转移导致消费支出的转移，而消费支出的转移又导致生产活动的转移。上述过程是自我强化的，这种机制被称为需求关联的循环累积因果关系。需求关联是指，需求在空间分布上的变化是上述机制的杠杆。本地市场效应是指本地市场规模的变动对经济活动空间分布的影响，由此，在对称条件下，仅考虑市场需求的变动对企业家人力资本实际报酬的影响，从而，整理后我们有：

$$\frac{d\omega}{ds_E} = \frac{2\mu(0.5 + 0.5\phi)^{\frac{\mu}{\sigma-1}}(1-\phi)}{\sigma(1+\phi)} \qquad (3-19)$$

由此可见，随着本地市场规模的扩大，企业家人力资本的实际报酬也相应增加，因此，在本模型中，存在需求关联的循环累积因果自我强化机制。为了考察运输成本变动对本地市场效应自我强化机制的影响，我们有：

$$\frac{\partial\left(\dfrac{d\omega}{ds_{E}}\right)}{\partial\tau}=\frac{2\mu(0.5+0.5\tau^{1-\sigma})^{\frac{\mu}{\sigma-1}}(2(\sigma-1)\tau^{\sigma}-\mu(\tau^{\sigma}-\tau))}{\sigma(\tau+\tau^{\sigma})^{2}} \quad (3-20)$$

式（3-20）反映，当 $\tau\leqslant\tau_{h}=\left(\dfrac{\mu}{2+\mu-2\sigma}\right)^{\frac{1}{\sigma-1}}$ 时[①]，$\dfrac{\partial\left(\dfrac{d\omega}{ds_{E}}\right)}{\partial\tau}\geqslant0$，因此，只要运输成本的增加不超过某一值时，即使运输成本有所增加，本地市场效应的自我强化机制也不会得到削弱，但是当 $\tau>\tau_{h}$ 时，这时便有 $\dfrac{\partial\left(\dfrac{d\omega}{ds_{E}}\right)}{\partial\tau}<0$，因此，一旦运输成本不低于某一值时，随着运输成本的进一步增加，本地市场效应的自我强化机制越来越弱，如图 3-12 所示，此处 $\tau_{h}\approx18.8957$。当 $\sigma>\dfrac{2+\mu}{2}$ 时，则 $\dfrac{\partial\left(\dfrac{d\omega}{ds_{E}}\right)}{\partial\tau}>0$ 始终成立，因此，一旦消费者的偏好不够多样化，则随着运输成本的增加，本地市场效应的自我强化机制会越来越强，这是因为，随着地区间贸易自由度的降低，加强了本地的市场保护，从而增强了本地市场效应。

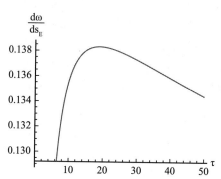

图 3-12　本地市场效应与运输成本变化的关系

注：$\sigma=1.2$，$\mu=0.9$。

显然随着工业品支出份额的增加，本地市场效应的自我强化机制越来越强。我们通过图示反映工业品间替代弹性的变动与本地市场效应自我强

---

① 要求 $\sigma<\dfrac{2+\mu}{2}$。

化机制间的关系（$\mu=0.6$，$\tau=1.6$）①：

由图3–13、图3–14可以看出，当工业品间的替代弹性低于一定数值时②，有$\frac{\partial(d\omega/ds_E)}{\partial\sigma}>0$，即随着工业品间的替代弹性的增加，本地市场效应的自我强化机制得到增强，也可以这么认为，在运输成本不变的条件下，随着σ从一定值开始减少，也就是相当于随着地区间贸易自由度的提高，在此处中，即随着ϕ由0.2318升至1时，本地市场效应的自我强化机制在逐渐减弱，即贸易自由度的提高弱化了本地市场效应。当工业品间的替代弹性高于一定数值时，有$\frac{\partial(d\omega/ds_E)}{\partial\sigma}\leqslant0$，即随着工业品间的替代弹性的增加，也就是相当于随着地区间贸易自由度的降低，在此处中，即随着ϕ由0.2318降至0时，本地市场效应的自我强化机制在逐渐削弱，即贸易自由度的提高强化了本地市场效应。这是因为，当工业品间的替代弹性较高时，企业对外开拓市场的能力较低，随着工业品间的替代弹性进一步提高，企业对外开拓市场的能力也进一步降低。这相当于地区间的贸易自由度在降低，从而随着人力资本在本地的集中，企业相互间争夺本地市场的竞争加剧，这必然导致企业家的人力资本报酬不断降低，即表现为本地市场效应的自我强化机制在逐渐减弱。

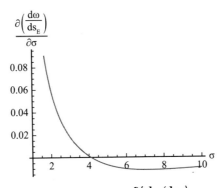

图3–13　$\sigma\in(1，10]$时，$\frac{\partial(d\omega/ds_E)}{\partial\sigma}$与$\sigma$关系

---

①　$\frac{\partial(d\omega/ds_E)}{\partial\sigma}$公式较复杂，在此我们省去。

②　在此处的数字模拟中，当$\sigma\approx4.11$时，有$\frac{\partial(d\omega/ds_E)}{\partial\sigma}\approx0$。

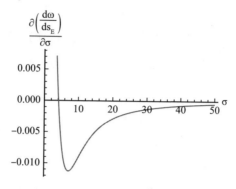

图 3 - 14　$\sigma \in (1, 50]$ 时，$\dfrac{\partial (d\omega / ds_E)}{\partial \sigma}$ 与 σ 关系

（2）产业的集聚力：生活成本效应分析

"生活成本效应"或称之为"价格指数效应"，是指企业的集中对当地居民生活成本的影响。仍然从对称状况开始讨论，企业从南部向北部的转移，将导致北部地区生产的工业品种类数的增加，产品种类的增加将降低北部的生活成本，北部生活成本的降低等价于提高北部的实际收入水平，这会刺激企业家从南部迁移到北部，企业家的迁移将会带动工人的迁移。这种机制是自我强化的，这将不断扩大北部在整个工业产品种类中所占的份额，这种机制我们称为成本关联的循环累积因果关系。"成本关联"是指生活成本的变动是上述机制的杠杆。由此，仅考虑价格指数对企业家实际人力资本报酬的影响，根据 $P = P_A^{1-\mu} P_M^{\mu} = P_M^{\mu} = \Delta^{\frac{\mu}{1-\sigma}}$，我们有：

$$\frac{dP}{P} = \frac{\mu}{1-\sigma} \frac{d\Delta}{\Delta} = \frac{\mu}{1-\sigma} \frac{(1-\phi)ds_n}{(s_n + \phi(1-s_n))} \qquad (3-21)$$

仅考虑价格指数变动对企业家实际人力资本报酬的影响，在对称条件下，则有：

$$\frac{d\omega}{\omega} = \frac{dw}{w} - \frac{dP}{P} = -\frac{dP}{P} = \frac{2\mu(1-\phi)}{(\sigma-1)(1+\phi)} ds_n \qquad (3-22)$$

式（3 - 22）反映，生活成本效应在模型中是存在的，即始终为非负。另外，我们也可以看出，随着工业品支出份额的下降，工业企业生产规模报酬递增程度的降低，北部地区生活成本效应在逐渐减弱；随着贸易自由度的提高，消费者消费外地产品支付的运输成本越来越少，从而消费者对本地市场的依赖性在减弱，这也会降低本地生活成本效应，不利于企业家与工人的进一步转移。

（3）产业的分散力：市场拥挤效应分析

初始对称的两个区域，如果由于偶然原因，一部分企业家与普通工业劳动力向北转移打破了对称均衡，扩大了北部生产的工业产品种类数量，减少了南部生产的工业产品种类数量。这种趋势将提高北部企业间争夺消费者的竞争强度，这可能会降低北部企业的销售收入，为了保持收支平衡，在普通工业工人收入不变的条件下，企业家的人力资本报酬只能得到降低，这可能会降低企业家人力资本的实际报酬。在其他条件不变的情况下，随着企业家人力资本实际报酬的降低，南部的企业家不会向北继续转移。这种扰动具有自我消除初始扰动影响的能力，称之为"市场拥挤效应"。"市场拥挤效应"也称为"市场竞争效应"，是指不完全竞争性企业趋向于选择竞争者较少的区位，由此，在对称条件下，我们仅考虑企业数量的变动对企业家人力资本实际报酬的影响，从而，整理后有：

$$\frac{d\omega}{ds_n} = \frac{2\mu(0.5 + 0.5\phi)^{\frac{\mu}{\sigma-1}}(1-\phi)(\mu\sigma^2(1+\phi) - (1-\phi)(\mu^2 + \sigma^2 - \sigma))}{\sigma(\sigma-1)(1+\phi)(\sigma + \sigma\phi + \mu\phi - \mu)}$$

$$(3-23)$$

当 $\phi = \phi^c = \dfrac{\mu^2 - \sigma + \sigma^2 - \mu\sigma^2}{\mu^2 - \sigma + \sigma^2 + \mu\sigma^2}$ 时，$\phi = 1$ 舍去，$\dfrac{d\omega}{ds_n} = 0$。可以证明，当 $\phi < \phi^c$ 时，有 $\dfrac{d\omega}{ds_n} < 0$，反之，当 $\phi > \phi^c$ 时，则有 $\dfrac{d\omega}{ds_n} > 0$。因此，随着贸易自由度的增加，市场拥挤效应将会消失。

我们讨论工业品间的替代弹性对市场拥挤效应的影响。当 $\sigma = \dfrac{1 + \sqrt{4\mu^3 - 4\mu^2 + 1}}{2(1-\mu)}$ 时，$\phi^c = 0$。当 $\sigma > \dfrac{1 + \sqrt{4\mu^3 - 4\mu^2 + 1}}{2(1-\mu)}$ 时，$\phi^c > 0$，此时，如果 $\phi < \phi^c$，则有 $\dfrac{d\omega}{ds_n} < 0$。因此，在本模型中，市场拥挤效应的存在是有前提的，只有当企业生产的规模报酬递增程度不够显著，并且贸易自由度较低时，导致产业分散的市场拥挤效应才能存在；当 $\sigma < \dfrac{1 + \sqrt{4\mu^3 - 4\mu^2 + 1}}{2(1-\mu)}$ 时，则有 $\phi^c < 0$，这意味着不管是什么样的贸易自由度，都有 $\dfrac{d\omega}{ds_n} > 0$，因此，如果企业生产的规模报酬递增程度足够显著，则市场拥挤效应将不复存在，经济系统的空间演化只能形成非对称的稳定结构，即对称结构不再是稳定结构。

同样的，我们可以讨论工业品支出份额对市场拥挤效应的影响。当 $\mu = \dfrac{\sigma^2 - \sqrt{\sigma^4 - 4\sigma^2 + 4\sigma}}{2}$ 时，$\phi^c = 0$。当 $\mu < \dfrac{\sigma^2 - \sqrt{\sigma^4 - 4\sigma^2 + 4\sigma}}{2}$ 时，$\phi^c > 0$，此时，如果 $\phi < \phi^c$，则有 $\dfrac{d\omega}{ds_n} < 0$，因此，如果工业品支出份额较低，并且贸易自由度也较低时，市场拥挤效应才能存在；当 $\mu > \dfrac{\sigma^2 - \sqrt{\sigma^4 - 4\sigma^2 + 4\sigma}}{2}$ 时，同样可以得出，不管是什么样的贸易自由度，$\dfrac{d\omega}{ds_n} > 0$ 始终成立，即市场拥挤效应消失了。

因此，市场拥挤效应存在的前提是企业生产工业品的规模报酬递增程度不够显著，工业品支出份额较低，并且贸易自由度较低。当企业生产工业品的规模报酬递增程度足够显著，或者工业品支出份额很高时，不管是什么样的贸易自由度，市场拥挤效应都将不复存在，也可以这么讲，在这种情况下，市场拥挤效应逆转为促进产业集聚的动力。因此，如果一个地方的经济足够发达（规模经济显著、工业品支出份额高），企业的集中只会产生向心力，而不是离心力，这表现为经济活动主体的实际收入水平在产业集聚区不断增加，而不会降低。

3.3 突破点、持续点、贸易自由度变化与经济地理均衡

新经济地理学研究的主要思路之一是寻找两个关键性贸易自由度，即突破点与持续点。随着贸易自由度的变化，当贸易自由度处在不同的取值范围内，决定不同的产业空间稳定结构。

3.3.1 突破点、持续点及其与 FE 模型的比较分析

当 EE 曲线与 nn 曲线在对称中心点具有相同的斜率时，对称均衡处于被打破的临界状态，也就是，此时对应的贸易自由度称为突破点，由此我们求得的突破点为：

$$\phi^B = \frac{(1-b)(1-a-\theta)}{(1+b)(1+a)+\theta(1-b)} \tag{3-24}$$

式（3-24）中，$a = \dfrac{\mu}{\sigma - 1}$。当 $a + \theta > 1$ 时，$\phi^B < 0$，这意味着，不管是什么样的贸易自由度，对称结构将不再保持稳定。可以证明，随着工业品支出份额的变大，或替代弹性的变小，对称结构保持稳定越来越困难。当工业品支出份额很大，或者工业企业生产产品规模收益递增程度非常大（σ 很小）时，则 $\phi^B < 0$ 始终成立，由此我们称相应的需要满足的条件（$a + \theta > 1$）为"黑洞条件"。FE 模型（Forslid and Ottaviano，2003）的突破点为：

$$\phi_{FE}^{B} = \frac{(1-b)(1-a)}{(1+b)(1+a)} \qquad (3-25)$$

显然，$\phi^B < \phi_{FE}^B$，从而，与 FE 模型相比较，企业家的流动引起普通劳动力的流动缩小了对称结构稳定的贸易自由度范围。当 $\phi = 1$ 时，中心—外围结构是稳定的，随着贸易自由度的降低，中心—外围结构逐渐变得不稳定，当贸易自由度取某一值时，中心—外围结构处于不稳定的临界的状态，由此，该贸易自由度值叫作持续点（ϕ^S）。图 3-15 与图 3-16 表明有 $\phi^S < \phi_{FE}^S$，其中，ϕ_{FE}^S 表示 FE 模型的持续点。因此，与 FE 模型相比较，企业家与普通劳动力的同时流动扩大了中心—外围结构稳定的贸易自由度范围。

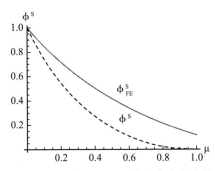

图 3-15 μ 变化与不同持续点变化比较

注：$\sigma = 3$。

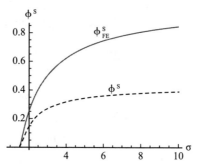

图 3 – 16　σ 变化与不同持续点变化比较

注：μ = 0. 4。

3.3.2　突破点、持续点变动与比较分析

图 3 – 17 显示，随着工业品支出份额的增加，突破点与持续点都在降低，但持续点始终大于突破点，当工业品支出份额增加到一定数值时，则 $\phi^B < 0$。图 3 – 18 显示，随着替代弹性的增加，突破点与持续点都在增加。当替代弹性数值很小时，$\phi^B < 0$，随着替代弹性的进一步增加，则有突破点大于持续点，然后随着替代弹性的再进一步增加，则出现持续点大于突破点。而在 FE 模型中（如图 3 – 19 与图 3 – 20 所示），则始终有持续点小于突破点，从而本章发展的多要素流动模型关于持续点与突破点的关系显示了与 FE 模型不同的结论，这就意味着随着贸易自由度的变化，本章的模型显示出不同的产业空间动态行为。

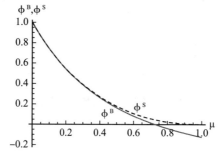

图 3 – 17　多要素流动：μ 变化与 ϕ^B、ϕ^S 变化比较

注：σ = 3。

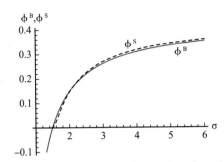

图 3 – 18　多要素流动：σ 变化与 φ^B、φ^S 变化比较

注：μ = 0.4。

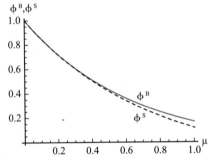

图 3 – 19　FE 模型：μ 变化与 φ^B、φ^S 变化比较

注：σ = 3。

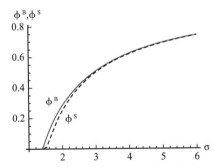

图 3 – 20　FE 模型：σ 变化与 φ^B、φ^S 变化比较

注：μ = 0.4。

3.3.3 FE 模型中外生变量取特殊值对 FE 模型结论构成的挑战

福斯里德和奥塔维诺（2003）提出的 FE 模型认为，突破点始终大于持续点，即始终有 $\phi^B > \phi^S$，这意味着，当 $\phi = \phi^B$ 时，如果这时有 $s_n = 1$（假设北部地区为核心地区），则一定有 $\Delta\omega = \omega - \omega^* > 0$，反之，在 $\phi = \phi^B$ 与 $s_n = 1$ 的条件下，如果有 $\Delta\omega < 0$，则意味着 $\phi^B > \phi^S$ 不成立。在 $\phi = \phi^B$ 与 $s_n = 1$ 的条件下，图 3-21 与图 3-22 表明，当 μ 取极小值或 σ 取极大值时，则 $\Delta\omega > 0$ 不一定恒成立（例如在图 3-21 中，当 $\mu = 0.0001$ 时，$\Delta\omega = -3.8813 \times 10^{-21}$，这时 $\phi^S = 0.9999100040514$，$\phi^B = 0.9999100040499$，$\phi^B < \phi^S$；在图 3-22 中，当 $\sigma = 6465$ 时，$\Delta\omega = -1.35525 \times 10^{-20}$，这时 $\phi^S = 0.9997525250182$，$\phi^B = 0.9997525250176$，$\phi^B < \phi^S$），由此，我们可以认为，FE 模型中突破点始终大于持续点的结论只适用于一般情况，当外生变量（μ 或 σ）取特殊值时，则这种结论不一定成立。

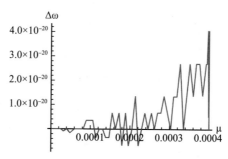

图 3-21 μ 特殊取值与 $\Delta\omega$ 变动的关系

注：$\phi = \phi^B$，$s_n = 1$，$\sigma = 5$。

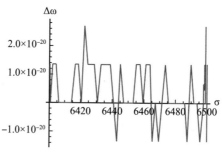

图 3-22 σ 特殊取值与 $\Delta\omega$ 变动的关系

注：$\phi = \phi^B$，$s_n = 1$，$\mu = 0.4$。

3.3.4　突破点、持续点、贸易自由度变化与产业空间的均衡分析

当 $\phi^S > \phi^B$，并且 $\phi^B < 0$ 时，例如，当 $\mu = 0.75$，$\sigma = 3$ 时，则有 $\phi^B = -0.0141$，$\phi^s = 0.0364$①，由此根据图 3-23，我们有如下结论：

结论（1）：$\phi^S > \phi^B$，$\phi^B < 0$。当 $\phi < \phi^S$ 时，内部非对称结构是唯一稳定均衡；当 $\phi > \phi^S$ 时，中心—外围结构是唯一的稳定均衡。

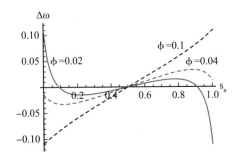

图 3-23　贸易自由度变化与产业空间均衡（1）

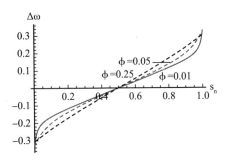

图 3-24　贸易自由度变化与产业空间均衡（2）

当 $\phi^B < 0$，ϕ^S 不存在时，例如，当 $\mu = 0.4$，$\sigma = 1.2$ 时，则有 $\phi^B = -0.1803 < 0$，持续点不存在，由此根据图 3-24，我们得出如下结论：

结论（2）：$\phi^B < 0$，ϕ^S 不存在。不管是什么样的贸易自由度，中心—外围结构都是唯一的稳定均衡结构。

---

① 关于突破点与持续点的计算，此处精确到 4 位有效小数，下同。

结论（1）与结论（2）表明，一旦产业空间结构演化的"黑洞条件"得到满足，则产业空间的稳定结构只能是内部非对称结构或中心—外围结构。

当 $\phi^S > \phi^B > 0$ 时，例如，当 $\mu = 0.65$，$\sigma = 3$ 时，则有 $\phi^B = 0.0466$，$\phi^S = 0.0789$，由此根据图 3 – 25，我们可以得到如下结论：

结论（3）：$\phi^S > \phi^B > 0$。当 $\phi < \phi^B$ 时，对称结构是唯一稳定均衡；当 $\phi^B < \phi < \phi^S$ 时，内部非对称结构是唯一稳定均衡；当 $\phi > \phi^S$ 时，中心—外围结构是唯一稳定均衡。

当 $\phi^S > \phi^B > 0$ 时，我们还有另外一种情况，例如，当 $\mu = 0.5$，$\sigma = 1.91$ 时，则有 $\phi^B = 0.043$，$\phi^S = 0.0468$，由此根据图 3 – 26，我们得出对结论（3）的拓展结论：

结论（4）：$\phi^S > \phi^B > 0$。当 $\phi < \phi^B$ 时，对称结构是唯一稳定均衡结构；当 $\phi^B < \phi < \phi^S$ 时，内部非对称结构是唯一稳定均衡结构；当 $\phi > \phi^S$ 时，内部非对称结构和中心—外围结构都是稳定的均衡结构，随着贸易自由度的进一步提高，中心—外围结构便成为唯一的稳定均衡结构。

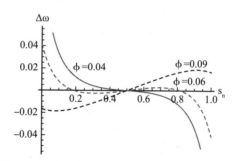

图 3 – 25　贸易自由度变化与产业空间均衡（3）

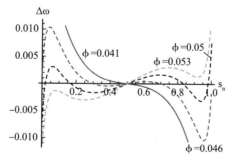

图 3 – 26　贸易自由度变化与产业空间均衡（4）

当 $\phi^B > \phi^S$ 时，例如，当 $\mu = 0.4$，$\sigma = 1.6$ 时，则有 $\phi^B = 0.0448$，$\phi^S = 0.0271$，由此根据图 3 - 27，我们得出如下结论，即 FE 模型（Forslid and Ottaviano，2003）得出的结论：

结论（5）：$\phi^B > \phi^S$。当 $\phi < \phi^S$ 时，对称结构是唯一稳定均衡结构；当 $\phi^S < \phi < \phi^B$ 时，对称结构和中心—外围结构都是稳定均衡结构，内部非对称结构均衡不稳定；当 $\phi > \phi^B$ 时，中心—外围结构成为唯一的稳定均衡结构。

当 $\phi^B = \phi^S$ 时，例如，当 $\mu = 0.4$，$\sigma = 2.1161$[①] 时，则有 $\phi^B = \phi^S = 0.1694$，由此根据图 3 - 28，我们有如下结论：

结论（6）：$\phi^B = \phi^S$。当 $\phi < \phi^S(\phi^B)$ 时，对称结构是唯一稳定均衡结构；当 $\phi > \phi^S(\phi^B)$ 时，内部非对称结构和中心—外围结构都是稳定的均衡结构，随着贸易自由度的进一步提高，中心—外围结构成为唯一的稳定均衡结构。

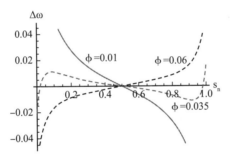

图 3 - 27　贸易自由度变化与产业空间均衡（5）

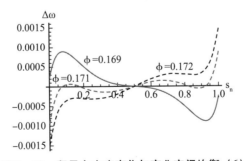

图 3 - 28　贸易自由度变化与产业空间均衡（6）

---

① 此处 σ 的取值精确到 4 位有效小数。

新经济地理学的经典模型（Krugman，1991；Martin and Rogers，1995；Forslid，1999；Baldwin，1999；Martin and Ottaviano，1999；Ottaviano，2001；Forslid and Ottaviano，2003）得出的研究结论认为，突破点大于或等于持续点，当贸易自由度小于持续点时，对称结构是稳定结构；当贸易自由度大于突破点时，中心—外围结构是稳定结构；当自由度介于持续点与突破点之间时，对称结构与中心—外围结构都是稳定结构，这时存在的非对称内部均衡结构不稳定。Robert-Nicoud（2005）对新经济地理的这些系列经典模型进行了总结，认为最多存在五种均衡状态（两种中心—外围结构、一种对称结构、两种内部非对称结构），其中，内部非对称结构是不稳定的。而本章的研究结论表明，突破点与持续点的大小关系是任意的，突破点既可以大于或等于持续点，也可以小于持续点。结论（3）及其结论（4）表明，一旦突破点小于持续点，当贸易自由度介于突破点与持续点之间时，则必将出现内部非对称结构为唯一的稳定均衡结构。在现实中，工业企业很难在发达地区完全集中，落后地区总有少量的工业企业分布，显然，本章得出的研究结论吻合了这一现实经济现象；反之，如果突破点大于持续点，当贸易自由度介于持续点与突破点之间时，则内部非对称结构不稳定，对称结构与中心—外围结构都是稳定结构，由此，本章的研究也验证了新经济地理学系列模型的经典结论；当突破点等于持续点时，如果贸易自由度低于突破点或持续点，则对称结构是稳定结构；另一方面，如果贸易自由度大于突破点或持续点时，则中心—外围结构是稳定结构（Martin and Rogers，1995；Baldwin，1999；Martin and Ottaviano，1999），而本章的研究表明，当贸易自由度大于突破点或持续点时，内部非对称结构和中心—外围结构都是稳定的均衡结构，随着贸易自由度的进一步提高，中心—外围结构成为唯一的稳定均衡结构。因此，本章的研究结论表明，随着贸易自由度的变化，产业空间均衡演化的稳态结果不仅可能出现内部非对称结构为稳定均衡的情形，也可能出现内部非对称结构与中心—外围结构稳定均衡共存的情形，从而，经济活动主体心理预期的改变，在一定的贸易自由度范围内，产业空间的稳态结构不仅可以在对称结构与中心—外围结构之间跳跃，而且也可以在内部非对称结构与中心—外围结构之间跳跃。

3.4　本 章 小 结

新经济地理学的研究将产业集聚或地方化经济现象作为区域发展的中心议题，认为区域发展不平衡的出现是由于规模经济、贸易成本与生产要素流动相互作用的结果，企业家或劳动者的收入水平的变动不仅跟企业的生产规模有关，同时也跟产业集聚程度有关，在产业集聚地区，由于本地生产的工业产品种类和数量比较多，这会降低消费者的生活成本，导致消费者的实际收入水平变高，因此，即使在名义收入水平相同的条件下，产业的集聚也会导致地区间实际收入水平差距的出现。

当经济活动不断增加市场规模的时候，就会导致产业集聚的产生。产业集聚的规模主要由市场规模来决定。引起产业集聚的力量主要包括本地市场效应和生活成本指数效应产生的前后向关联联系效应，而引起产业分散的力量主要是本地市场产生的拥挤力。本章在不改变新经济地理学集聚力与分散力基本构成的基础上，对新经济地理学的经典模型，即 FE 模型仅作微小改动，得出来的研究结论完善了新经济地理学的理论观点，增加了新经济地理学对区域经济发展现实的解释力度。本章发展的多要素流动的新经济地理学模型可以视为另一可解的中心—外围模型，这为促进新经济地理学理论的发展提供了另一基础模型。与 FE 模型相比较，本章研究得出的创新结论主要如下：突破点与持续点的大小比较存在三种关系，而不仅仅是突破点大于或等于持续点，还有可能是突破点小于持续点。随着贸易自由度的变化，产业空间的演化除了棒 – 棒均衡的结果外，不仅可能出现内部非对称结构为稳定均衡的情形，也可能出现内部非对称结构与中心—外围结构稳定均衡共存的情形，而不仅仅是对称结构与中心—外围结构稳定均衡共存的情形；随着贸易自由度的提高，工业品支出份额的增加，工业品间替代弹性的降低，会引起产业空间的稳定结构由对称结构向非对称结构转化；如果企业生产的规模报酬递增程度足够显著，或者工业品支出份额很高时，则市场拥挤效应将消失，从而不管是什么样的贸易自由度，对称结构将不再保持稳定；一旦产业空间结构演化的"黑洞条件"得到满足，则产业空间的稳定结构只能是内部非对称结构或中心—外围结构，而不仅仅是中心—外围的稳态结构。

第 4 章

贸易成本、技术溢出
与经济地理均衡

　　贸易成本、距离和位置在经济生活中扮演着重要角色，是决定经济活动集聚或分散的重要因素。克鲁格曼（1991）以不完全竞争和规模报酬递增为前提，同时结合迪克希特和斯蒂格利茨（1977）的 CES 模型与 "冰山型" 运输成本理论（Samuelson，1954），在一般均衡分析框架下发展了新经济地理学的原始模型，即中心—外围模型来解释区域经济发展不平衡的主要原因，认为贸易成本、工业产品支出份额与产品之间的替代弹性是引起区域发展分异的决定因素。布兰查德和卡茨（Blanchard and Katz，1992）发现劳动力流动作为一个重要的调整机制，其作用超过了就业创造或就业迁移，劳动力对失业变化的反应有可能比消费和工资更为敏感。同时，大城市的城市成本进一步构成了人口迁徙的分散力量，与克鲁格曼（1991）中心—外围模型相似的是，当聚集力相对于城市成本较弱时，稳定均衡的结果可能是两个同等规模的城市。克鲁格曼和维纳布尔斯（1995）认为世界贸易逐步增长的过程可能首先导致世界自发地分为高工资、工业化的 "北部" 和低工资、低工业化的 "南部"，然后，南方以北方为代价再次崛起。与之相对应地，赫尔普曼（1998）、田渊（1998）认为运输成本下降首先促进集聚和专业化，然后又产生了分散力，当运输成本变得足够低时，企业会被再次分散到周边地区，以节省在中心地区高昂的地租。因此，运输成本与产业集聚的变化关系呈现出 "哑铃" 的形状，在集聚过程中，部分地区可能首先受益于降低运输成本，然后再出现企业和人口流失的现象，从而形成产业均匀分布的状态。目前，随着产品分工的进一步细化，全球外包的兴起，许多资本密集型与技术密集型产业在其产品生产服务链的各个环节的分布出现了相对的扩散，而且不同的部门类型形成了独特的空间区位模式，如总部区位、研发区位、生产区位等（Wall et al.，2011），这似乎说明了在区域经济发展的过程中，经济一体化还是有可能的。鉴于空间的离散性，很难区分这种分散的趋势是否真的代表了区域间的分散或仅仅是都市圈内的郊区化。在集聚过程中，尽管提供更有效的运输基础设施可能有助于促进区域增长，但它并不是促进经济发展所提倡的万能药，当贸易成本降低到一定程度的时候，反而有可能引起一个地方经济的负增长（Stef and Thisse，2019）。工业集聚区往往与主要运输节点相联系，最明显的例子是城市中的节点通常出现在公路网或大型火车站的关键节点附近。产业集聚节点与交通节点的重合是二者相互强化的结果。产业集聚会带来运输需求的增加，进而提高运输节点的效率。这一基本机制来源于运输领域的规模经济。规模经济主要是通过使用集装箱船、子弹头列车和大型喷气式飞机等大型和高速的运输媒介来实现的。规模经济为集体运输提供了动力，同时也刺激了干线公路和轮辐式交通结构的发展。贝伦斯（2004）指出，新经济地理中的冰山运输成本本身隐含地假设了某种形式的运输收益递增，这往往会使企业和消费者在空间上产生集群的特征。高桥（Takahashi，2005）首次尝试在新经济地理的两地区分析框架中将运输成本内生化，认为运输成本跟经济密度有关。克里斯蒂安和卡尔（Kristian and Carl，2009）假设运输成本由运营厂商利润最大化条件所确定，由此研究了运输成本、产业区位和福利之间的关系，并得出在空间集聚程度较高时运营商对价格的控制力较强会导致消费者福利损失。

有关知识外部性的研究是从马歇尔（1890）开始的，雅各布斯（Jacobs，1969）、卢卡斯（Lucas，1988）、波特（Porter，1990）等学者从城市或产业集群的角度也对知识外部性给予了关注。在理论模型方面，约万诺维奇和尼亚科（Jovanovic & Rob，1989，1990）、约万诺维奇和尼亚科（Jovanovic and Nyarko，1996）、奥尔斯瓦尔德等（Auerswald et al.，2000）和柯利（Keely，2003）等学者发展了知识关联的微观模型。在大多数新经济地理模型中，集聚力仅仅是通过消费者和产业之间的联动效应产生的经济外部性，而忽略了所有其他可能的集聚经济来源，如知识外部性或技术溢出效应。近年来，一些学者将知识或技术外部性引入到新经济地理模型中。藤田和莫里（1998）将新经济地理理论和内生增长理论结合在一起，用于解释"亚洲奇迹"和其他外围区的经济发展。布雷切尔（1999）将内生增长理论、新经济地理学和传统区位理论的要素整合到一个模型中，该模型考虑了区域内和区域间知识扩散对区域增长轨迹的长期影响。普加（1999）认为，贸易成本下降会促进集聚，扩大技术溢出效应在空间范围的边界，促进创新，进一步增加集聚的可能。技术进步往往会加剧两个区域之间的差异，从而提高技术熟练工人向核心区域迁徙的积极性。奥塔维诺等（2002）认为，熟练技术工人比非熟练技术工人的流动性更高，研究表明由于个人技能和学习环境质量的相辅相成，熟练工人的集中放大了每个工人自身的生产力优势，并构成了城市的集聚力，因此核心区域可能容纳熟练技术工人。田渊等（2018）引进制造业的技术进步来改进克鲁格曼（1991）的中心—外围模型，得出了制造业的技术进步有利于产业集聚的结论。贝里安特和藤田（2007，2008）发展了动态的知识创新与扩散模型（two person model，TP 模型）。该模型描述了人与人以及区域之间的知识关联过程，分析了合作创新行为的时间、方式和效率，从而解释了知识创新和扩散如何进行及其产生的影响。何雄浪与曾道智（2018）发展的新经济地理模型引入了技术溢出效应，认为产业集聚产生的技术溢出效应会降低工业企业生产工业产品的可变投入，技术溢出效应不仅存在本地影响，同时也存在跨界影响。该模型得出的研究结果表明本地技术溢出效应有利于产业集聚，而跨界技术溢出效应有利于产业分散布局。

贸易成本的大小在新经济地理研究中起着核心作用，是影响产业空间均衡的关键变量，是新经济地理研究关注的焦点。然而，大多数贸易和经济地理研究文献假设区内贸易成本为零，从而把区域视为没有空间维度的点。厘清区域内和区域之间的差别是了解地区发展问题至关重要的一点，本章认为经济地理均衡结构是由区内外多种力量共同作用的结果，因此，本章的研究不再把区域视为没有空间维度的"点"，认为贸易成本不管是在区域内部，还是在区域之间都存在。另外，创新的发生和新的生产性知识更容易在同一区域内的主体之间流动，由此，本章认为技术溢出在地区内部和区域之间也是有差别的，同时，本章认为技术溢出作用于企业的固定投入，而不是作用于企业的边际投入。

4.1　模型的建立与短期均衡分析

假定经济系统由农业部门 A、工业部门 M 两个部门构成，有两种生产要素，即资本 K 和劳动力 L，存在南北两个地区，这两个地区在偏好、技术、开放度以及初始的要素禀赋方面都是对称的。农业部门在完全竞争和规模收益不变的条件下生产同质农产品，只使用劳动力一种生产要素。工业部门在垄断竞争和规模报酬递增的条件下使用资本和劳动力两种生产元素生产用于最终消费的工业产品。经济系统使用的资本数量是内生决定的，劳动[①]不仅在行业间可以流动，工业部门劳动也可以跨区域自由流动。

4.1.1 消费均衡

代表性经济主体的效用函数是两层嵌套的效用函数，外层为柯布—道格拉斯型形式，内层为不变替代弹性的形式，即：

$$U = C_M^\mu C_A^{1-\mu}, \quad C_M = \left[\int_{i=0}^{n^w} c(i)^{\frac{\sigma-1}{\sigma}} di \right]^{\frac{\sigma}{\sigma-1}}, \quad 0 < \mu < 1 < \sigma \quad (4-1)$$

其中，C_M 表示工业品集合体的消费量，C_A 表示农产品的消费量，n^w 表示经济系统工业产品种类数，$n^w = n + n^*$，其中 n 表示北部地区生产的工业产品的种类数，n^* 表示南部地区生产的工业产品的种类数[②]，μ 表示总支出中支付在工业品上的份额，σ 表示消费者消费不同工业品之间的替代弹性，$c(i)$ 表示消费者对第 i 种工业品的消费量。消费者预算约束条件为：

$$P_M C_M + P_A C_A = E, \quad P_M = \left[\int_{i=0}^{n^w} p(i)^{1-\sigma} di \right]^{1/(1-\sigma)} \quad (4-2)$$

式 $(4-2)$ 中，P_M 表示工业品价格指数，P_A 表示农产品的价格，$p(i)$ 表示第 i 种工业品的价格，E 表示代表性消费者的支出，假定 $P_A \equiv 1$，即以农产品作为计价基准单位。利用效用最大化条件，可以得到如下结果：

$$C_M = \mu E/P_M, \quad C_A = (1-\mu)E, \quad c(i) = \frac{\mu E p(i)^{-\sigma}}{P_M^{1-\sigma}} \quad (4-3)$$

4.1.2 生产均衡

工业企业的生产存在规模经济，而不存在范围经济，即一个企业只生产一种工业产品，而不存在多样化生产的情形。每个企业使用若干单位物

---

① 为了简化起见，我们认为一单位的劳动力拥有一单位的劳动，因此，本章认为劳动与劳动力的概念是相同的。

② 本章中，凡是加有"＊"的变量表示对应的南部的经济变量。

质资本作为固定投入，以及若干单位的劳动作为可变投入。因此，北部地区代表性企业 j 的成本函数可以写成：

$$C(j) = a\pi + a_m w_L x(j) \qquad (4-4)$$

其中，π 为单位物质资本的报酬，w_L 为劳动力的工资水平，$x(j)$ 为该企业的产出，a 代表以资本衡量的固定投入，a_m 代表以劳动衡量的边际投入。$a = \dfrac{1}{n^w[\lambda s_n + \bar{\lambda}(1 - s_n)]}$，其中，$s_n = n/n^w$ 与 $1 - s_n = n^*/n^w$ 分别表示北部、南部企业数量占总企业数量的比重，λ 是本地技术溢出效应大小（$\lambda > 0$），即企业在本地集聚对企业固定投入的影响，$\bar{\lambda}$ 是跨界技术溢出效应大小，即企业在区外集聚对本地企业固定投入的影响（$\lambda \geq \bar{\lambda} \geq 0$）。这反映出，随着本地企业集聚数量的增加、本地与跨界技术溢出效应的不断增强，a 越来越小，即企业生产工业品的固定投入越来越低。据作者到目前为止所能掌握的文献，只要新经济地理模型中采用非齐次的成本函数，都认为固定投入是不变的，如果存在技术溢出，则技术溢出发生在边际投入上。笔者认为，企业的技术进步，更多的是表现在固定投入上，与传统产业比较起来，大规模生产的现代化工业企业固定资产的使用效率显然更高。因此，本章主要考虑技术溢出效应对企业固定投入影响，显然这样的假设具有一定的合理性。北部企业生产的产品在北部市场的销售价格为 $p = \dfrac{\sigma a_m w_L}{\sigma - 1}$，不妨设 $a_m = \dfrac{\sigma - 1}{\sigma}$，则 $p = w_L = 1$。另外，显然，a_m 与 σ 成正向变动的关系，$a_m \in (0, 1)$，σ 越小，即企业工业品生产的规模报酬递增程度越显著（Dixit and Stiglitz，1977），这时 a_m 越小，从而企业生产工业品的劳动生产率就越高。工业产品在贸易过程中都会面临"冰山型"的运输成本，"冰山型"运输成本是一种巧妙的运输模式，可以自由运输货物，无须考虑具体的交通工具，但其中一部分产品在运输过程中"融化"了。假设不仅在区域之间存在"冰山型"运输成本，在区域内部也存在"冰山型"运输成本。由此，我们有 $P = \tau_0 p_0$，其中，τ_0 表示区域内部的"冰山型"运输成本（$\tau_0 \geq 1$），p_0 表示北部企业生产的产品的出厂价格，即 $p_0 = \dfrac{\sigma a_m w_L}{\tau_0(\sigma - 1)}$，北部企业生产的产品在南部市场的销售价格为 $p^* = \tau p_0 = \dfrac{\tau a_m w_L}{\tau_0(1 - 1/\sigma)}$，其中，$\tau$ 表示区域间的"冰山型"运输成本（$\tau \geq 1$），我们认为区域间的"冰山型"运输成本不低于区域内部的"冰山型"运输成本，即有 $\tau \geq \tau_0$。设北部企业在北部市场的销售量为 c，在南部市场的销售

量为 c^*，需求决定生产，则北部代表性企业的总产出为 $x = \tau_0 c + \tau c^*$，那么企业的销售收入 $R = p_0 x = p_0(\tau_0 c + \tau c^*) = pc + p^* c^*$，其中，$c = \mu E p^{-\sigma} P_M^{-(1-\sigma)}$，$c^* = \mu E^*(p^*)^{-\sigma}(P_M^*)^{-(1-\sigma)}$，$E$ 和 E^* 分别表示北部地区和南部地区的总支出。另外，我们有：

$$(P_M)^{1-\sigma} = \int_0^{n^w} p^{1-\sigma} di = n(\tau_0 p_0)^{1-\sigma} + n^*(\tau p_0)^{1-\sigma}$$
$$= n^w p_0^{1-\sigma}[\overline{\phi} s_n + \phi(1-s_n)]$$
$$(P_M^*)^{1-\sigma} = \int_0^{n^w} p^{1-\sigma} di = n(\tau p_0)^{1-\sigma} + n^*(\tau_0 p_0)^{1-\sigma}$$
$$= n^w p_0^{1-\sigma}[\phi s_n + \overline{\phi}(1-s_n)] \qquad (4-5)$$

式（4-5）中，$\overline{\phi} = \tau_0^{1-\sigma}$ 表示地区内部的贸易自由度，$\phi = \tau^{1-\sigma}$ 表示地区之间的贸易自由度，$1 \geqslant \overline{\phi} \geqslant \phi \geqslant 0$。在 D – S 垄断竞争分析框架下（Dixit and Stiglitz，1977），在厂商均衡时，企业的超额利润为零，即企业的销售收入和生产成本是相等的。令 $b = \mu / \sigma$，$B = \dfrac{\overline{\phi} s_E}{\Delta} + \dfrac{\phi(1 - s_E)}{\Delta^*}$，$B^* = \dfrac{\phi s_E}{\Delta} + \dfrac{\overline{\phi}(1 - s_E)}{\Delta^*}$，$\Delta = \overline{\phi} s_n + \phi(1 - s_n)$，$\Delta^* = \phi s_n + \overline{\phi}(1 - s_n)$，其中，$s_E = E/E^w$ 为北部支出所占比重，$1 - s_E = E^*/E^w$ 为南部支出所占比重，$E^w = E + E^*$，E^w 表示经济系统的总支出。由此，我们可以求得北部地区和南部地区的单位物质资本报酬分别为：

$$\pi = [\lambda s_n + \overline{\lambda}(1 - s_n)] b E^w B，\quad \pi^* = [\overline{\lambda} s_n + \lambda(1 - s_n)] b E^w B^* \qquad (4-6)$$

农业部门的生产具有规模报酬不变特征，仅使用劳动力一种要素作为投入要素生产同质产品，产品的销售面临完全竞争的市场需求结构。一单位农产品的产出需要 a_A 单位的劳动，故一单位农产品的成本是 $w_L a_A$。假设两个地区均存在农业品的生产，且农产品交易不存在运输成本，故农产品价格在各个地区都一样，设 $a_A = 1$，则不难得出 $w_L = 1$。假设从事农业生产的劳动力在地区间对称分布，则农业生产的非完全专业化条件为：

$$(1 - \mu) E^w > \frac{L^w(1 - \theta)}{2} \qquad (4-7)$$

L^w 表示经济系统劳动力的数量，θ 表示劳动力中从事工业生产所占的比例，则 θ 为：

$$\theta = \frac{L^w - (1 - \mu) E^w}{L^w} = \frac{\mu(\sigma - 1)}{\sigma - \mu} \qquad (4-8)$$

从式（4-8）可以看出，θ 不是一个固定不变的比例关系，其取值大

小跟 μ 和 σ 有关，显然，随着工业品支出份额的提高，或消费者消费工业品的替代弹性的提高，则普通劳动力中从事工业生产所占的比重越大。

4.1.3 资本数量的决定

北部与南部地区企业使用的资本数量分别为 $K = s_n n^w a$ 与 $K^* = (1-s_n)n^w a^*$，从而经济系统使用的资本数量总量 K^w 为：

$$K^w = K + K^* = \frac{s_n}{\lambda s_n + \bar{\lambda}(1-s_n)} + \frac{1-s_n}{\bar{\lambda}s_n + \lambda(1-s_n)} \qquad (4-9)$$

显然，经济系统使用的资本数量不是一个外生变量，它随着 s_n、λ 与 γ 的变化而变化。当 $s_n = 0.5$ 时，$K^w = \dfrac{2}{\lambda + \gamma}$；当 $s_n = 1$ 时，$K^w = \dfrac{1}{\lambda}$。我们进一步可以证明，在工业企业数量对称分布的条件下，经济系统使用的资本数量最多，相反，在工业企业数量分布呈中心—外围结构的条件下，经济系统使用的资本数量最少，图 4-1 清晰的反映了这一结论。显然，随着技术溢出效应的增加，经济系统使用的资本数量在减少，如图 4-2 与图 4-3 所示。北部地区使用的资本份额 $s_k = \dfrac{K}{K^w}$ 跟企业数量占比，以及本地和跨界技术溢出效应有关，显然，随着 s_n 的变大，s_k 也相应变大。另外，图 4-4 与图 4-5 表明，在企业数量空间分布既定的条件下，随着本地技术溢出效应的增强，北部地区使用的资本份额则会降低，反之，随着跨界技术溢出效应的增强，北部地区使用的资本份额则会相应提高。

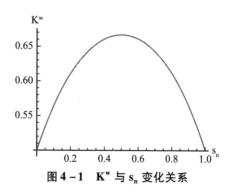

图 4-1　K^w 与 s_n 变化关系

注：$\lambda = 2$，$\bar{\lambda} = 1$。

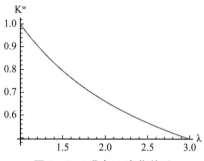

图 4 - 2　K^w 与 λ 变化关系

注：$s_n = 0.6$，$\bar{\lambda} = 1$。

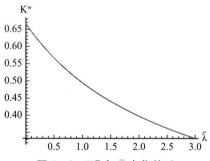

图 4 - 3　K^w 与 $\bar{\lambda}$ 变化关系

注：$s_n = 0.6$，$\lambda = 3$。

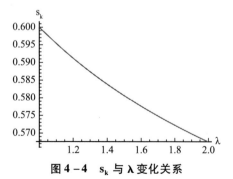

图 4 - 4　s_k 与 λ 变化关系

注：$s_n = 0.6$，$\bar{\lambda} = 1$。

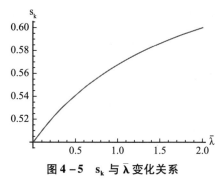

图 4 – 5 s_k 与 $\bar{\lambda}$ 变化关系

注：$s_n = 0.6$，$\lambda = 2$。

4.1.4 市场份额

由于本章模型不考虑储蓄，所以总支出等于总收入。总收入是由资本要素、劳动要素收入构成的，所以，经济系统的总支出 E^w 为：

$$E^w = w_L L^w + (na\pi + n^* a^* \pi^*) = w_L L^w + bE^w[s_n B + (1 - s_n)B^*]$$

$$(4 - 10)$$

为了简化起见，令 $L^w = 1 - b$，可以证明 $s_n B + (1 - s_n)B^* = 1$，因此，我们有：

$$E^w = \frac{L^w}{1 - b} = 1 \qquad (4 - 11)$$

将式（4 – 8）与式（4 – 11）代入不等式（4 – 7），整理后有 $\mu < 1$，显然，这个不等式恒成立。因此，工业品支出份额、替代弹性取值的大小并不构成两个地方都存在农业品生产的限制条件。假设工业工人在区域间可以自由流动，则北部的支出 E 可以表示为：

$$E = \frac{(1 - \theta)L^w}{2} + \eta\theta L^w + s_n n^w a\pi \qquad (4 - 12)$$

η 表示北部地区工业工人占经济系统工业工人的比重，设 $\eta = 0.5\gamma + \psi s_n$，当 $\gamma = 1$、$\psi = 0$，即 $\eta = 0.5$ 时，这意味着工业劳动力不流动，即劳动力在地区间总是呈对称分布的状态，我们认为，这只是一种特殊情形；当 $\gamma = 0$、$\psi = 1$，即 $\eta = s_n$ 时，则工业部门的劳动力在地区间并不总是对称分布，工业工人在地区间可以自由流动，工业工人集聚的份额与企业集聚的份额保持一致，由此，当 $s_n = 0.5$ 时，这表明当企业在地区间对称分布时，从而工业部门的劳动力在地区间也是对称分布的。则北部支出所占

的份额 s_E 为[①]：

$$s_E = \frac{E}{E^w} = \frac{(1 + \gamma\theta - \theta)L^w}{2} + \psi s_n \theta L^w + b B s_n \qquad (4-13)$$

因此，北部地区的相对市场规模受到工业品支出份额、替代弹性、区内与区际贸易自由度的共同影响，式（4-13）给出的 s_E 与 s_n 之间的变动轨迹我们称之为 EE 曲线。图 4-6 至图 4-8 表明，随着工业品支出份额、替代弹性、区际贸易自由度的增加，EE 曲线绕着中心对称点逆时针方向旋转；图 4-9 表明，随着区内贸易自由度的变大，EE 曲线绕着中心对称点顺时针方向旋转。

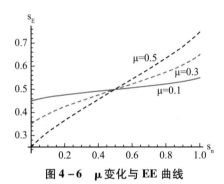

图 4-6　μ变化与 EE 曲线

注：$\sigma = 2$，$\bar{\lambda} = 1$，$\lambda = 2$，$\bar{\phi} = 0.8$，$\phi = 0.1$。

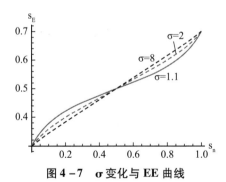

图 4-7　σ变化与 EE 曲线

注：$\mu = 0.4$，$\bar{\lambda} = 1$，$\lambda = 2$，$\bar{\phi} = 1$，$\phi = 0.1$。

---

① 由于本章考虑的是工业劳动力流动的情形，如果没有特别指出，本章均设定 $\gamma = 0$，$\psi = 1$，文中其他地方不再说明。

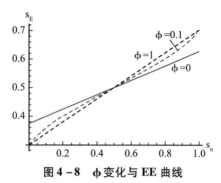

图4-8 φ变化与EE曲线

注：$\mu=0.4$，$\sigma=2$，$\bar{\lambda}=1$，$\lambda=2$，$\bar{\phi}=1$。

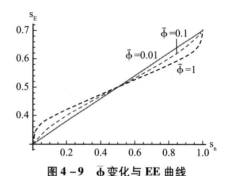

图4-9 $\bar{\phi}$变化与EE曲线

注：$\mu=0.4$，$\sigma=2$，$\bar{\lambda}=1$，$\lambda=2$，$\phi=0.01$。

4.2 长期均衡分析

在长期，可能产生两种均衡，一是所有企业都集中在一个区域形成中心—外围的均衡结构，二是两个区域的资本收益率相同所形成的产业空间分布的均衡状态。

4.2.1 长期均衡条件

在 $\pi=\pi^*$ 的情况下，根据式（4-6）我们可以得到：

$$s_E = \frac{\left[(1-s_n)\phi+s_n\bar{\phi}\right]\left[\bar{\lambda}\phi-\lambda\bar{\phi}+(\lambda-\bar{\lambda})(\phi+\bar{\phi})s_n\right]}{\left[2s_n(\bar{\lambda}-\lambda)+2s_n^2(\lambda-\bar{\lambda})-\bar{\lambda}\right](\bar{\phi}^2-\phi^2)} \quad (4-14)$$

式（4-13）就是 nn 曲线，它说明的是在 $0<s_n<1$ 范围内，两个区

域的资本收益率相等时，资本使用空间分布与支出份额的空间分布必须
满足的条件。图 4 – 10 与图 4 – 11 表明，随着区际贸易自由度、本地技
术溢出效应的增加，nn 曲线绕中心对称点顺时针方向转动；图 4 – 12 与
图 4 – 13 表明，随着区域内部贸易自由度、跨界技术溢出效应的增加，nn
曲线绕中心对称点逆时针方向转动；工业品支出份额以及替代弹性的变动
不会影响 nn 曲线的变动。将这些系列因素的变化对 nn 曲线与 EE 曲线变
动的影响结合在一起分析，我们可以认为，随着区际贸易自由度、工业品
支出份额、本地技术溢出效应的增加，将降低对称结构的稳定性，而提高
中心—外围结构的稳定性；反之，随着区内贸易自由度、替代弹性、跨界
技术溢出效应的增加，将提高对称结构的稳定性，而降低中心—外围结构
的稳定性。

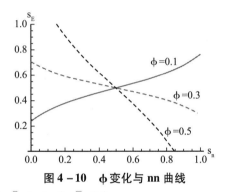

图 4 – 10　φ 变化与 nn 曲线

注：$\mu = 0.4$，$\sigma = 5$，$\bar{\lambda} = 1$，$\lambda = 2$，$\bar{\phi} = 0.8$。

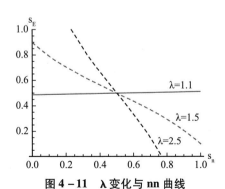

图 4 – 11　λ 变化与 nn 曲线

注：$\mu = 0.4$，$\sigma = 5$，$\bar{\lambda} = 1$，$\phi = 0.5$，$\bar{\phi} = 0.8$。

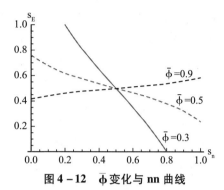

图4－12　$\bar{\phi}$ 变化与 nn 曲线

注：$\mu=0.4$，$\sigma=5$，$\bar{\lambda}=1$，$\lambda=2$，$\phi=0.2$。

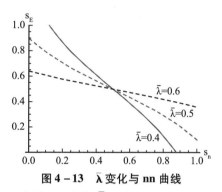

图4－13　$\bar{\lambda}$ 变化与 nn 曲线

注：$\mu=0.4$，$\sigma=5$，$\lambda=0.75$，$\phi=0.5$，$\bar{\phi}=0.8$。

4.2.2　区域资本收益率差异与产业空间分布的稳定性

图4－14至图4－16显示，随着本地技术溢出效应变大，跨界技术溢出效应与区内贸易自由度变小，产业空间分布的稳定结构依次经历对称结构稳定均衡、内部非对称结构稳定均衡、中心—外围结构稳定均衡三种状态。因此，本地技术溢出效应加强促进了产业集聚，而跨界技术溢出效应加强与区内贸易自由度提高促进了产业分散。由于工业品支出份额与替代弹性变化不会改变区域资本收益率差的变动方向，从而它们的变化不会改变既有的产业空间分布，但是，工业品支出份额的变大，替代弹性的变小，会强化既有的产业空间分布形式。

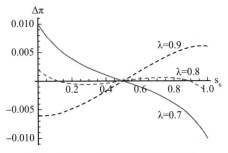

图 4-14　λ 变化与产业空间分布

注：$\mu = 0.4$，$\sigma = 5$，$\phi = 0.2$，$\bar{\phi} = 0.8$，$\bar{\lambda} = 0.6$。

纵轴表示地区间的资本收益率差异（$\pi - \pi^*$），横轴表示北部地区的企业数量份额，下同。

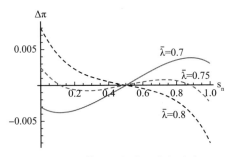

图 4-15　$\bar{\lambda}$ 变化与产业空间分布

注：$\mu = 0.4$，$\sigma = 5$，$\phi = 0.2$，$\bar{\phi} = 0.8$，$\lambda = 1$。

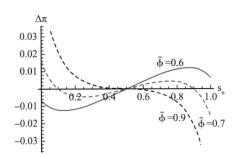

图 4-16　$\bar{\phi}$ 变化与产业空间分布

注：$\mu = 0.4$，$\sigma = 5$，$\phi = 0.1$，$\bar{\lambda} = 1$，$\lambda = 2$。

4.2.3　作用力与产业空间分布的关系

产业的空间分布受两股相反力量的支配，即集聚力和分散力，在本模型中，集聚力来自本地市场效应，而分散力来自市场拥挤效应。当集聚力大于分散力时，会导致产业集中，反之，则会导致产业的分散分布。

（1）集聚力：本地市场效应分析

以北部地区为例，如果当地市场份额发生外生扩大（打破初始的对称状态），将导致产业区位发生变化，如果产生经济活动进一步在北部集中的趋势，这就是市场规模变化引起的本地市场效应。由此，在对称条件下，仅考虑市场需求的变动对地区间资本报酬差异的影响，从而，整理后我们有：

$$\frac{d(\pi - \pi^*)}{ds_E} = \frac{2\mu(\lambda + \bar{\lambda})(\bar{\phi} - \phi)}{\sigma(\bar{\phi} + \phi)} \tag{4-15}$$

由于 $\bar{\phi} \geqslant \phi$，因此，在本模型中，存在本地市场效应。不难发现，随着本地与跨界市场效应的变大，区内贸易自由度变大，本地市场效应也越来越大，反之，随着区际贸易自由度的变大，本地市场效应越来越小。由于工业品支出份额与替代弹性变化不会改变区域资本收益率差的变动方向，因此，我们也就不分析工业品支出份额与替代弹性变化对本地市场效应的影响，同样的，也不分析对市场拥挤效应的影响。

（2）分散力：市场拥挤效应分析

当一个区域集聚的企业数量增加，企业之间的竞争会加剧，在市场规模不变的条件下，由此该地区企业的销售收入会降低，这引起资本报酬的降低，从而导致更多的资本份额在其他地方使用，即企业趋向于选择竞争者较少的区位从事产业经济活动，这就是由于本地企业数量增加导致的市场拥挤效应。由此，我们仅考虑北部企业份额的变动对地区间资本报酬差异的影响，整理后我们有：

$$\frac{d(\pi - \pi^*)}{ds_n} = -\frac{4\mu(\bar{\lambda}(\phi^2 + \bar{\phi}^2) - 2\lambda\phi\bar{\phi})}{\sigma(\phi + \bar{\phi})^2} \tag{4-16}$$

我们不难得到，当 $\lambda > \dfrac{\bar{\lambda}(\phi^2 + \bar{\phi}^2)}{2\phi\bar{\phi}}$，不存在市场拥挤效应；当 $\lambda < \dfrac{\bar{\lambda}(\phi^2 + \bar{\phi}^2)}{2\phi\bar{\phi}}$ 时，存在市场拥挤效应，并且随着本地技术溢出效应的增大，市场拥挤效应逐渐减弱。当 $\bar{\lambda} < \dfrac{2\lambda\phi\bar{\phi}}{\phi^2 + \bar{\phi}^2}$ 时，不存在市场拥挤效应；当 $\bar{\lambda} >$

$\dfrac{2\lambda\phi\overline{\phi}}{\phi^2+\overline{\phi}^2}$时，存在市场拥挤效应，并且随着跨界技术溢出效应的增大，市场拥挤效应逐渐增强。本地与跨界技术溢出效应与市场拥挤效应的变化关系可以分别如图 4-17、图 4-18 所示。

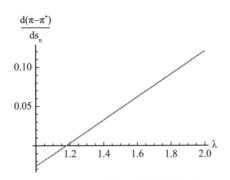

图 4-17   λ 变化与市场拥挤效应

注：$\mu=0.4$，$\sigma=5$，$\phi=0.5$，$\overline{\phi}=0.9$，$\overline{\lambda}=1$。

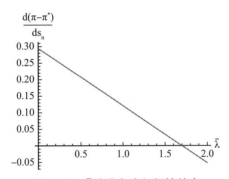

图 4-18 $\overline{\lambda}$ 变化与市场拥挤效应

注：$\mu=0.4$，$\sigma=5$，$\phi=0.5$，$\overline{\phi}=0.9$，$\lambda=2$。

另外，我们有，$\dfrac{\partial(\mathrm{d}(\pi-\pi^*)/\mathrm{ds}_n)}{\partial\phi}=\dfrac{8\mu\overline{\phi}(\lambda+\overline{\lambda})(\overline{\phi}-\phi)}{\sigma(\phi+\overline{\phi})^3}>0$，

$\dfrac{\partial(\mathrm{d}(\pi-\pi^*)/\mathrm{ds}_n)}{\partial\overline{\phi}}=\dfrac{8\mu\phi(\lambda+\overline{\lambda})(\phi-\overline{\phi})}{\sigma(\phi+\overline{\phi})^3}<0$，因此，在其他条件不变的情况下，区际贸易自由度的提升会弱化市场拥挤效应，反之，区内部贸易自由度的提升会增大市场拥挤效应。进一步地分析，我们有，当 $\phi<$

$\dfrac{\overline{\phi}(\lambda-\sqrt{\lambda^2-\overline{\lambda}^2})}{\overline{\lambda}}$，存在市场拥挤效应，并且随着区际贸易自由度的增大，

市场拥挤效应逐渐减弱；当 $\phi > \dfrac{\overline{\phi}(\lambda - \sqrt{\lambda^2 - \overline{\lambda}^2})}{\overline{\lambda}}$ 时，不存在市场拥挤效

应。当 $\overline{\phi} < \dfrac{\phi\overline{\lambda}}{\lambda - \sqrt{\lambda^2 - \overline{\lambda}^2}}$ 时，不存在市场拥挤效应；当 $\overline{\phi} > \dfrac{\phi\overline{\lambda}}{\lambda - \sqrt{\lambda^2 - \overline{\lambda}^2}}$

时，存在市场拥挤效应，并且随着区内贸易自由度的增大，市场拥挤效应逐渐增强。区际与区内贸易自由度与市场拥挤效应的变化关系可以分别如图 4-19、图 4-20 所示。

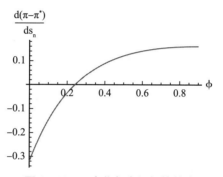

图 4-19　ϕ 变化与市场拥挤效应

注：$\mu = 0.4$，$\sigma = 5$，$\overline{\phi} = 0.9$，$\lambda = 2$，$\overline{\lambda} = 1$。

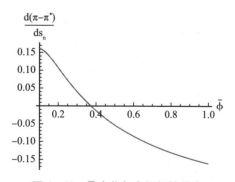

图 4-20　$\overline{\phi}$ 变化与市场拥挤效应

注：$\mu = 0.4$，$\sigma = 5$，$\phi = 0.1$，$\lambda = 2$，$\overline{\lambda} = 1$。

因此，市场拥挤效应的存在是有前提条件的，当本地技术溢出效应过大，或跨界技术溢出效应过小，或区际贸易自由度过大，或区内贸易自由度过小时，则将会导致市场拥挤效应的消失，从而这时企业的集中只会产

生向心力，而不是离心力，导致产业经济活动的不断集聚。

4.3　突破点、持续点与经济地理均衡

新经济地理学研究中，经济地理均衡是指集聚力与分散力两种相反的力量相互作用达到平衡的状态下，产业空间分布所呈现的态势。我们要确定经济地理均衡的状态，就要找到两个关键性贸易自由度，即突破点与持续点。突破点是维持对称结构稳定的最小的贸易自由度；持续点是维持中心—外围结构稳定的最小贸易自由度。当贸易自由度处在不同的范围内，会"颠覆"原有的经济的均衡状态，即产生不同的产业空间分布，从而对突破点、持续点的分析能让我们更加深刻理解产业空间结构的演化机理。

4.3.1　突破点、持续点及其比较

当 EE 曲线与 nn 曲线在对称中心点具有相同的斜率时，就是对称均衡处于被打破的临界状态，此时对应的贸易自由度被称为突破点。当区域间不存在工业劳动力流动，即 $\gamma = 1$、$\psi = 0$ 时，我们求得的突破点为：

$$\varphi^B = \frac{\lambda \sigma \overline{\phi} - \overline{\phi} \sqrt{\lambda^2 \sigma^2 + \overline{\lambda}^2 (\mu^2 - \sigma^2)}}{\overline{\lambda}(\mu + \sigma)} \tag{4-17}$$

当区域间存在工业劳动力流动，即当 $\gamma = 0$、$\psi = 1$ 时，我们求得的突破点为：

$$\phi^B = \frac{2\lambda\phi - \overline{\phi} \sqrt{\begin{array}{c} 2\mu^2 \lambda \overline{\lambda}(\sigma^2 - 1) + \lambda^2(\mu^2(\sigma-1)^2 + 4\sigma^2) \\ + \overline{\lambda}^2(\mu^2(\sigma+1)^2 - 4\sigma^2) \end{array}}}{\lambda\mu(\sigma-1) + \overline{\lambda}(\mu + \mu\sigma + 2\sigma)} \tag{4-18}$$

当 $s_n = 1$，EE 曲线与 nn 曲线的纵坐标相等时，此时对应的贸易自由度就是持续点。当区域间不存在工业劳动力流动，我们求得的持续点有 $\varphi^S = \varphi^B$，即工业劳动力不流动时，持续点与突破点相等。当区域间存在工业劳动力流动，则对应的持续点为：

$$\phi^S = \frac{\lambda \sigma \overline{\phi} - \sigma \overline{\phi} \sqrt{\lambda^2 - \overline{\lambda}^2 + \mu^2 \overline{\lambda}^2}}{\sigma \overline{\lambda}(\mu + 1)} \tag{4-19}$$

我们可以证明 $\varphi^B > \phi^B$，$\varphi^S(\varphi^B) > \phi^S$，因此，工业劳动力的流动缩小了对称结构稳定的贸易自由度范围，扩大了中心—外围结构稳定的贸易自由度范围。当 $\lambda = \bar{\lambda}$，即本地和跨界技术溢出效应相等时，在工业劳动力不流动的情况下，这时突破点（持续点）为 $\frac{\sigma - \mu}{\sigma + \mu}\bar{\phi}$，反之，在工业劳动力流动的情况下，突破点（持续点）则为 $\frac{1 - \mu}{1 + \mu}\bar{\phi}$。本章讨论更为一般的情况，即在工业劳动力流动的情况下，并且本地和跨界技术溢出效应不相等时，突破点（持续点）的变动趋势。

图4-21、图4-22表明，随着工业产品支出份额的提高，本地技术溢出效应的增强，突破点和持续点均呈下降趋势。图4-21、图4-22同时显示，当工业品支出份额很大，或者本地技术溢出效应很强时，则有 $\phi^B < 0$，这意味着不管是什么样的贸易自由度，对称结构都不会再保持稳定。图4-23表明，随着替代弹性的变大，突破点呈下降趋势，持续点保持不变。图4-24、图4-25表明，随着跨界技术溢出效应、区内贸易自由度的变大，突破点和持续点均呈上升趋势。突破点的下降意味着维持对称结构稳定的贸易自由度范围在变窄，即对称结构保持稳定均衡状态越来越困难，反之则反是。持续的下降意味着维持中心—外围结构稳定的贸易自由度范围在变宽，即中心—外围结构保持稳定均衡状态越来越容易，反之则反是。另外，本章的研究表明持续点始终大于突破点，这与克鲁格曼（1991）、福斯里德和奥塔维诺（2003）等的关于持续点始终小于突破点的研究结论不同，从而本章的模型必然显示出随着贸易自由度的变化会导致不同的产业空间演化形态。

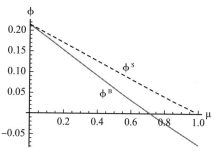

图4-21 ϕ^B、ϕ^S 与 μ 的变化关系

注：$\sigma = 5$，$\bar{\phi} = 0.8$，$\lambda = 2$，$\bar{\lambda} = 1$。

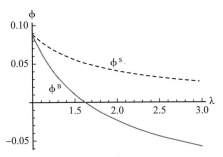

图 4 - 22　ϕ^B、ϕ^S 与 λ 变化关系

注：$\sigma = 5$，$\mu = 0.8$，$\bar{\lambda} = 1$，$\bar{\phi} = 0.8$。

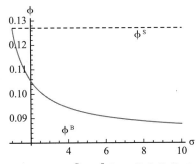

图 4 - 23　ϕ^B、ϕ^S 与 σ 的变化关系

注：$\bar{\phi} = 0.8$，$\mu = 0.4$，$\lambda = 2$，$\bar{\lambda} = 1$。

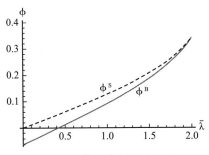

图 4 - 24　ϕ^B、ϕ^S 与 $\bar{\lambda}$ 变化关系

注：$\sigma = 5$，$\mu = 0.4$，$\lambda = 2$，$\bar{\phi} = 0.8$。

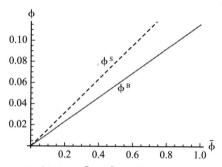

图 4 – 25　ϕ^B、ϕ^S 与 $\bar\phi$ 的变化关系

注：$\sigma = 5$，$\mu = 0.4$，$\lambda = 2$，$\bar\lambda = 1$。

4.3.2　贸易自由度变化与产业空间均衡分析

我们很容易验证，当本地和跨界技术溢出效应相等时，突破点和持续点相等，贸易自由度小于突破点（持续点）时，对称结构是唯一稳定均衡；贸易自由度大于突破点（持续点）时，中心—外围结构是唯一的稳定均衡结构。接下来我们讨论本地和跨界技术溢出效应不相等的情形。当 $\phi^S > \phi^B$，且 $\phi^B < 0$ 时，例如，当 $\sigma = 5$，$\mu = 0.4$，$\lambda = 2$，$\bar\lambda = 0.2$，$\bar\phi = 0.8$ 时，我们有 $\phi^B = -0.0334$，$\phi^S = 0.0241$[①]，由此根据图 4 – 26，可以有如下结论：

结论（1）：$\phi^S > \phi^B$，$\phi^B < 0$。当 $\phi < \phi^S$ 时，内部非对称结构是唯一的稳定均衡结构；当 $\phi > \phi^S$ 时，只有中心—外围结构是稳定均衡结构。

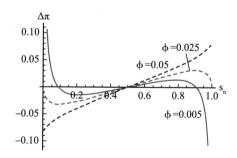

图 4 – 26　贸易自由度变化与产业空间均衡（1）

注：图 4 – 26、图 4 – 27 为一组图，因此我们用（1）（2）来表示该组图的序号，在同一组图中，外部参数取值相同。

①　关于突破点与持续点的计算，此处精确到 4 位有效小数，下同。

当 $\phi^S > \phi^B > 0$ 时，例如，当 $\sigma = 5$，$\mu = 0.4$，$\lambda = 2$，$\bar{\lambda} = 1$，$\bar{\phi} = 0.8$ 时，则有 $\phi^B = 0.0921$，$\phi^S = 0.1271$，由此根据图 4 – 27，我们可以得到如下结论：

结论（2）：$\phi^S > \phi^B > 0$。当 $\phi < \phi^B$ 时，对称结构是唯一稳定均衡；当 $\phi^B < \phi < \phi^S$ 时，内部非对称结构是唯一稳定均衡；当 $\phi > \phi^S$ 时，中心—外围结构是唯一稳定均衡。

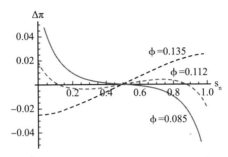

图 4 – 27　贸易自由度变化与产业空间均衡（2）

由此，根据结论（2），我们可以得到长期均衡的战斧图解，如图 4 – 28 所示。在战斧图解中，局部稳定的长期均衡用实线来表示，局部不稳定的长期均衡用长虚线来表示。战斧图解显示，对于不同的区际贸易自由度，产业空间依次形成三种长期稳定形态，即对称结构、内部非对称结构及中心—外围结构。对称结构只在区际贸易自由度满足 $0 < \phi < \phi^B$ 时是稳定的，中心—外围结构只有在 $\phi^S < \phi < 1$ 的时候是稳定的，弧形部分对应的区际贸易自由度范围内（$\phi^B < \phi < \phi^S$），存在两种稳定的内部非对称结构。

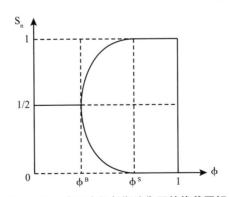

图 4 – 28　产业空间长期均衡下的战斧图解

4.4 本章小结

新经济地理学研究提醒我们，区域之间是相互联系的，不能把区域单独割裂开来分析一个地方的经济发展问题。新经济地理学为区域经济学的理论和实证研究提供了一套分析工具，在分析空间尺度上的区域差异方面取得巨大的成功，这为一直处于边缘状态的区域经济学融入主流经济学做出了显著的贡献。新经济地理学至今仍然是一个令人兴奋的研究领域，然而，我们必须认识到，新经济地理学关注的焦点需要转移到新的问题上，而不是止步不前。本章的研究不再把区域视为没有空间维度的"点"，认为区内外均存在贸易成本，技术溢出在区内外也是有差别的，同时，技术溢出作用于企业的固定投入，而不是企业的边际投入。在这些基础上，本章发展的新经济地理学模型得出的研究结论主要有：随着技术溢出效应的增加，经济系统使用的资本数量在减少。当工业企业数量对称分布时，经济系统使用的资本数量最多，反之，如果工业企业完全集聚，则经济系统使用的资本数量最少；本地技术溢出效应加强促进了产业集聚，而跨界技术溢出效应加强与区内贸易自由度提高促进了产业分散。市场拥挤效应的存在是有前提条件的，当本地技术溢出效应过大，或跨界技术溢出效应过小，或区际贸易自由度过大，或区内贸易自由度过小时，则将会导致市场拥挤效应的消失；工业劳动力的流动缩小了对称结构稳定的贸易自由度范围，扩大了中心—外围结构稳定的贸易自由度范围。持续点大于突破点，从而随着区际贸易自由度的变化，产业空间结构的演化表现出渐变的特征，而不是突变的特征。只有当本地和跨界技术溢出效应相等时，持续点等于突破点，这时产业空间分布模式的变化才表现出突变的特征，即棒－棒均衡（bang-bang equilibrium）结果的出现。

第 5 章

贸易成本、技术溢出与环境污染

贸易成本在新经济地理研究中起着重要的作用。马丁和罗杰斯（1995）研究公共基础设施对产业区位、贸易模式和福利的影响，并利用国内、国外基础设施的差异来解释产业转移的方向及其迁移的敏感性，认为提升基础设施质量会降低贸易成本，进而促进贸易增长和改善社会福利水平，另外，一个国家降低国际贸易成本时可能会使外围区的穷国越穷，并可能导致进一步的产业分化。赫尔普曼（1998）、田渊（1998）认为运输成本下降首先促进集聚和专业化，然后又产生了分散力，当运输成本变得足够低时，企业会被再次分散到周边地区，以节省在中心地区高昂的地租。因此，运输成本与产业集聚的变化关系呈现出"哑铃"的形状，在集聚过程中，部分地区可能首先受益于降低运输成本，然后再出现企业和人口流失的现象，从而形成产业均匀分布的状态。

在大多数新经济地理模型中，集聚力仅仅是通过消费者和产业之间的联动效应产生的经济外部性，而忽略了所有其他可能的集聚经济来源，如知识外部性或技术溢出效应。近年来，一些学者将知识或技术外部性引入到新经济地理模型中。诺科（2005）通过引入地区间存在技术水平差距拓展了新经济地理学模型，认为当初始的地区间技术水平差距不是很大且贸易成本低时，才有可能导致地区间技术溢出效应的发生，当贸易成本很低时，现代工业部门既可能集聚，也可能分散，而当贸易成本很高时，则导致现代工业部门在发达地区的完全集聚。田渊等（2018）引进制造业的技术进步来改进克鲁格曼（1991）的中心—外围模型，得出了制造业的技术进步有利于产业集聚的结论。耶普尔（Yeaple，2005）在考虑工人的异质性后表明，高技术企业具有大规模的内生性特征。梅里茨和奥塔维诺（Melitz & Ottaviano，2008）发现规模较大、生产率较高的企业受到当地市场规模影响力更强。埃尔利希和塞德尔（Ehrlich & Seidel，2013）认为，企业异质加强了经济活动的地理集聚。如果企业之间的劳动生产率趋同，这会降低每个企业的出口积极性，削弱了产业完全集聚的动力；反之，如果企业之间的劳动生产率趋异，劳动生产率最低的企业将会被市场淘汰，而存活下来企业的出口倾向将会得到提高。随着企业之间劳动生产率异质性的增强，集聚力和分散力都在降低，但是，分散力降得更快。从而，技术进步，或者说企业间更强烈的异质性加剧了经济活动的地理集聚。德斯梅特和罗西－汉斯伯格（2014）假设劳动力是自由流动的，企业和土地的产权是多元化的，创新冲击和空间有关，创新随着时间的推移而扩散，在一个完全竞争的分析框架中发展了动态空间发展理论，以此为基础来分析美国 20 世纪后半叶的经济空间演化特征。

当我们讨论导致经济活动集聚或分散的力量时，环境污染是不可忽视的重要因素之一。严格的环境政策可以还给我们一个清洁的天空，但与此同时，这会导致企业生产成本的增加，从而阻碍经济活动的进一步集聚。相反，宽松的环境政策至少在短期有利于当地的经济增长。一个地区的污染总量不仅取决于该地区的污染排放量，同时也取决于邻近地区的污染扩散，污染总量越大的地区，污染排放税越大，因此，企业或劳动者的区位选择，不仅跟污染外部性有关，也跟相应的环境政策有关。纳入环境污染的空间模型的文献并不多见。范思·马勒惠克（2005）、兰赫和夸斯（2007）研究了地方环境污染效应对产业集聚的影响。阿诺特（2008）考虑了不同水平的工人的城市通勤成本与环境污染外部性的相互作用对人口与产业空间分布的影响，认为为了达到全域最优，差别化的环境政策是必要的。曾道智和赵来勋（2009）利用两地区两部门空间经济模型研究了环境污染天堂效应，认为集聚力能够控制环境污染效应，从而污染天堂效应在市场规模大的地区并不会出现。康莱德（Conrad，2005）认为当地区间的要素生产率与要素价格差异较大时，严格的环境政策并不会导致企业区位的重新选择。凯瑞阿科波罗和扎佩佩蒂亚斯（Kyriakopoulou and Xepapadeas，2013）认为环境污染作为离心力与知识地方化溢出、自然资源成本优势作为向心力的相互作用决定了产业的空间分布，当考虑社会成本时，一个区域即使拥有固有的初始优势并不意味着它在空间竞争中一定就有比较优势，环境政策在空间上的最优选择产生了双中心的产业空间分布模式。

贸易成本的大小在新经济地理研究中起着核心作用，是影响产业空间均衡的关键变量，是新经济地理研究关注的焦点。然而，大多数贸易和经济地理研究文献假设区内贸易成本为零，从而把区域视为没有空间维度的点。贸易成本在现实生活中呈非线性特征，往往区内和区际的贸易成本是不同的，厘清区域内和区域之间的差别是了解地区发展问题至关重要的一点，本章认为经济地理均衡结构是由区内外多种力量共同作用的结果，因此，本章的研究不再把区域视为没有空间维度的"点"，认为贸易成本不管是在区域内部，还是在区域之间都存在。另外，创新的发生和新的生产性知识更容易在同一区域内的主体之间流动，一般认为它具有一定的空间属性，由此，本章认为技术溢出在地区内部和区域之间也是有差别的。产业集聚的过程也会产生负的外部性，例如环境污染问题，不考虑环境污染的产业空间均衡显然是有缺陷的。由此，本章也将环境污染引入到新经济地理模型中去。

5.1　模型的建立与短期均衡分析

假设经济系统存在南北两个地区，分别由农业部门 A、工业部门 M 两个部门构成，其中有两种生产要素，人力资本或企业家 H 和普通工人 L，南北两个地区在偏好、技术、开放度以及初始的要素禀赋方面都是对称的。企业家和普通工人在地区之间都可以流动，普通工人在行业间也可以流动，即既可以在农业部门就业，也可以在工业部门就业，不同行业的普通工人的工资没有差别。

5.1.1　消费均衡

代表性经济主体的效用函数是两层嵌套的效用函数，外层为柯布—道格拉斯型形式，内层为不变替代弹性的形式，即：

$$U = C_M^\mu C_A^{1-\mu}, \quad C_M = \left[\int_{i=0}^{n^w} c(i)^{\frac{\sigma-1}{\sigma}} di \right]^{\frac{\sigma}{\sigma-1}}, \quad 0 < \mu < 1 < \sigma \qquad (5-1)$$

其中，C_M 表示工业品集合体的消费量，C_A 表示农产品的消费量，n^w 表示经济系统工业产品种类数，$n^w = n + n^*$，其中 n 表示北部地区生产的工业产品的种类数，n^* 表示南部地区生产的工业产品的种类数[①]，μ 表示

---

① 本章中，凡是加有"＊"的变量表示对应的南部的经济变量。

总支出中支付在工业品上的份额，σ 表示消费者消费不同工业品之间的替代弹性，c(i) 表示消费者对第 i 种工业品的消费量。消费者的预算约束条件为：

$$P_M C_M + P_A C_A = E, \quad P_M = \left[\int_{i=0}^{n^w} p(i)^{1-\sigma} di \right]^{1/(1-\sigma)} \qquad (5-2)$$

式（5-2）中，P_M 表示工业品价格指数，P_A 表示农产品的价格，p(i) 表示第 i 种工业品的价格，E 表示代表性消费者的支出，假定 $P_A \equiv 1$，即以农产品作为计价基准单位。利用效用最大化条件，可以得到如下结果：

$$C_M = \mu E / P_M, \quad C_A = (1-\mu)E, \quad c(i) = \frac{\mu E p(i)^{-\sigma}}{P_M^{1-\sigma}} \qquad (5-3)$$

5.1.2　生产均衡

工业企业生产存在规模经济，而不存在范围经济，即一个企业只生产一种工业产品，而不进行多样化生产。每一企业只需要一单位人力资本作为固定投入，假设一个企业家拥有一单位的人力资本，可变投入是工人的劳动①。因此，北部地区代表性企业 j 的成本函数可以写成：

$$C(j) = w + a_m w_L x(j) \qquad (5-4)$$

其中，w 为企业家的名义收入，也表示单位人力资本的名义收益率，w_L 为普通工人的名义工资，x(j) 为该企业的产出，a_m 代表以劳动衡量的边际投入。本章认为，企业集聚对企业生产效率的影响，不仅存在积极的正向的外部影响，也存在消极的负面外部影响，即产业集聚既可以产生技术溢出效应，也可以产生环境污染效应。同时，产业集聚产生的技术溢出与环境污染外部效应，也存在跨界影响，即不仅对本地地区企业有影响，同时也对区外企业有影响。由此，我们可以设工业品生产的边际劳动投入为 $a_m = \dfrac{(\sigma-1)(\gamma s_n + \bar{\gamma}(1-s_n))}{\sigma(\lambda s_n + \bar{\lambda}(1-s_n))}$，其中，$s_n = n/n^w$ 与 $1-s_n = n^*/n^w$ 分别表示北部、南部企业数量占总企业数量的比重，λ 是本地技术溢出效应大小（λ>0），即企业在本地集聚对企业可变投入的影响，$\bar{\lambda}$ 是跨界技术溢出效应大小，即企业在区外集聚对本地企业可变投入的影响（$\lambda \geqslant \bar{\lambda} \geqslant 0$）；γ 反映本地污染影响系数，$\bar{\gamma}$ 反映跨界污染影响系数（$\gamma \geqslant \bar{\gamma} \geqslant 0$）。环境污

---

① 本章认为劳动与劳动力的概念是相同的，为了简化起见，我们认为一单位的劳动力拥有一单位的劳动。

染存在跨界影响是显然的，例如，刘晓瑞等（2019）的实证研究结果表明，不同的因素不仅在局部区域内对环境污染的直接影响上存在异质性，而且在相邻区域内的溢出效应也不同，从而增加了不同区域污染控制的复杂性。工业产品在贸易过程中都会面临"冰山型"的运输成本，假设不仅在区域之间存在"冰山型"运输成本，在区域内部也存在"冰山型"运输成本。由此，北部生产并在北部销售的产品价格为 $p = \tau_0 p_0$，其中，τ_0 表示区域内部的"冰山型"运输成本（$\tau_0 \geq 1$），p_0 表示北部企业生产的产品的出厂价格，则由企业利润最大化的条件不难得到 $p_0 = \dfrac{\sigma a_m w_L}{\tau_0 (\sigma - 1)}$。

北部企业生产的产品在南部市场的销售价格为 $p^* = \tau p_0 = \dfrac{\tau a_m w_L}{\tau_0 (1 - 1/\sigma)}$，其中，$\tau$ 表示区域间的"冰山型"运输成本（$\tau \geq 1$），假定区域间的"冰山型"运输成本不得低于区域内部的"冰山型"运输成本，即有 $\tau \geq \tau_0$。

农业部门的生产具有规模报酬不变的特征，仅使用劳动力作为唯一的投入要素生产同质产品，销售的产品面临完全竞争的市场需求结构。一单位农产品的产出需要 a_A 单位的劳动，成本为 $w_L a_A$。假设两个地区均存在农业品的生产，且农产品交易不存在运输成本，故农产品价格在各个地区都一样，设 $a_A = 1$，则不难得出普通工人的工资为 $w_L = 1$。假设从事农业生产的劳动力在地区间对称分布，则农业生产的非完全专业化条件为：

$$(1 - \mu) E^w > \frac{L^w (1 - \theta)}{2} \tag{5-5}$$

L^w 表示经济系统普通工人的数量，E^w 为经济系统的总支出，θ 表示普通工人中从事工业生产所占的比例，则 θ 为：

$$\theta = \frac{L^w - (1 - \mu) E^w}{L^w} = \frac{\mu (\sigma - 1)}{\sigma - \mu} \tag{5-6}$$

从式（5-6）可以看出，θ 不是一个固定不变的比例关系，其取值大小跟 μ 和 σ 有关，显然，随着工业品支出份额的提高，或消费者消费工业品的替代弹性的提高，则普通工人中从事工业生产所占的比重越大。将式（5-6）以及后面的式（5-10）代入式（5-5），整理后有 $\mu < 1$，显然，这个不等式恒成立。因此，工业品支出份额、替代弹性取值的大小并不构成两个地方都存在农业品生产的限制条件。

考虑一个北部企业，该企业在北部市场的销售量为 c，在南部市场的销售量为 c^*，则有 $c = \mu E p^{-\sigma} P_M^{-(1-\sigma)}$，$c^* = \mu E^* (p^*)^{-\sigma} (P_M^*)^{-(1-\sigma)}$，$E$ 和 E^* 分别表示北部地区和南部地区的总支出，并有：

$$(P_M)^{1-\sigma} = \int_0^{n^w} p^{1-\sigma} di = n(\tau_0 p_0)^{1-\sigma} + n^*(\tau p_0)^{1-\sigma}$$

$$= \left(\frac{\sigma}{\sigma-1}\right)^{1-\sigma} n^w [\bar{\phi} s_n + \phi(1-s_n)/\chi]$$

$$(P_M^*)^{1-\sigma} = \int_0^{n^w} p^{1-\sigma} di = n(\tau p_0)^{1-\sigma} + n^*(\tau_0 p_0)^{1-\sigma}$$

$$= \left(\frac{\sigma}{\sigma-1}\right)^{1-\sigma} n^w [\phi s_n + \bar{\phi}(1-s_n)/\chi] \qquad (5-7)$$

式（5-7）中，$\bar{\phi} = \tau_0^{1-\sigma}$ 表示地区内部的贸易自由度，$\phi = \tau^{1-\sigma}$ 表示地区之间的贸易自由度，并满足 $1 \geqslant \bar{\phi} \geqslant \phi \geqslant 0$，$\chi = \left(\dfrac{a_m}{a_m^*}\right)^{1-\sigma} = \left[\dfrac{(\gamma s_n + \bar{\gamma}(1-s_n))(\bar{\lambda} s_n + \lambda(1-s_n))}{(\lambda s_n + \bar{\lambda}(1-s_n))(\bar{\gamma} s_n + \gamma(1-s_n))}\right]^{1-\sigma}$。需求决定生产，则北部代表性企业的总产出为 $x = \tau_0 c + \tau c^*$，则企业的销售收入 $R = p_0 x = p_0(\tau_0 c + \tau c^*) = pc + p^* c^*$。根据企业的销售收入等于生产成本，我们可以求得企业家人力资本的报酬。北部地区和南部地区的企业家人力资本报酬分别为：

$$w = bBE^w/n^w, \quad w^* = bB^* E^w/n^w \qquad (5-8)$$

式（5-8）中，$b = \dfrac{\mu}{\sigma}$，$B = \left(\dfrac{\bar{\phi} s_E}{\Delta} + \dfrac{\phi(1-s_E)}{\Delta^*}\right)\chi$，$B^* = \dfrac{\phi s_E}{\Delta} + \dfrac{\bar{\phi}(1-s_E)}{\Delta^*}$，$\Delta = \chi \bar{\phi} s_n + \phi(1-s_n)$，$\Delta^* = \chi \phi s_n + \bar{\phi}(1-s_n)$，其中，$s_E = E/E^w$ 为北部支出所占比重，$1 - s_E = E^*/E^w$ 为南部支出所占比重，$E^w = E + E^*$，E^w 表示经济系统的总支出。

5.1.3 市场份额

经济系统的总支出等于总收入，即等于全体普通工人的收入加上全体企业家的收入。为方便起见，本章假设经济系统普通工人的数量 $L^w = 1 - b$，企业家的数量 $H^w = n^w = 1$，从而经济系统的总支出 E^w 为：

$$E^w = w_L L^w + H^w [s_n w + (1-s_n)w^*] = L^w + bE^w [s_n B + (1-s_n)B^*]$$

$$(5-9)$$

可以证明 $s_n B + (1-s_n)B^* = 1$，则 E^w 为：

$$E^w = \frac{L^w}{1-b} = 1 \qquad (5-10)$$

我们认为企业家的流动会带动普通工人的流动（何雄浪，2019，

2020），北部的支出 E 可以表示为：

$$E = \frac{(1-\theta)L^w}{2} + \eta\theta L^w + s_n H^w w \qquad (5-11)$$

η 表示北部地区普通工业工人占经济系统普通工业工人的比重，设 η = 0.5ξ + ψs_n，当 ξ = 1、ψ = 0 时，这意味着普通工人在地区间对称分布，即企业家的流动不会引起工业部门工人的流动，当 ξ = 0、ψ = 1 时，则工业部门的工人在地区间并不总是对称分布，企业家的流动会带动普通工人的流动，并且企业家的流动带动普通工人流动的份额保持一致，由此，当 s_n = 0.5 时，这表明企业家在两个地区对称分布，从而工业部门的工人在两个地区也是对称分布。北部支出所占的份额 s_E 为：

$$s_E = \frac{E}{E^w} = \frac{(1 + \xi\theta - \theta)L^w}{2} + (\psi\theta L^w + w)s_n \qquad (5-12)$$

式（5-12）给出的 s_E 与 s_n 之间的变动轨迹我们称之为 EE 曲线。EE 曲线反映的是企业空间分布决定市场分布的机理，它是经济地理空间均衡必须要满足的条件之一。

5.2　长期均衡分析

当人力资本不再流动时，经济系统的空间均衡就由短期均衡变成长期均衡，据此我们就可以考察经济系统的产业空间布局的稳定均衡等问题。

5.2.1　长期均衡条件

长期均衡有两种形态，要么形成内部的长期均衡，要么企业集聚在一个区域，形成中心—外围结构状态。因此，长期均衡的充分必要条件可以写成：

$$\omega = \omega^*，当 0 < s_n < 1 时，且 \frac{d(\omega - \omega^*)}{ds_n} \leqslant 0;$$

$$s_n = 0，当 \omega \leqslant \omega^* 时；s_n = 1，当 \omega \geqslant \omega^* 时 \qquad (5-13)$$

式（5-13）中，ω 与 ω* 分别表示北部地区与南部地区企业家人力资本的实际报酬，即有 $\omega = \frac{w}{P}$，$\omega^* = \frac{w^*}{P^*}$，其中，$P = P_A^{1-\mu}P_M^\mu$，$P^* = P_A^{*1-\mu}$ $(P_M^*)^\mu$。当存在内点解时，根据 ω = ω*，我们可以得到：

$$\frac{\omega}{\omega^*} = \frac{B}{B^*}\left(\frac{\Delta}{\Delta^*}\right)^{\frac{\mu}{\sigma-1}} = 1 \qquad (5-14)$$

即有：

$$\ln\frac{B}{B^*} + \frac{\mu}{\sigma-1}\ln\frac{\Delta}{\Delta^*} = 0 \qquad (5-15)$$

式（5-14）或式（5-15）给出了地区间的人力资本实际报酬相等时 s_n 与 s_E 之间的相互关系，二者之间的变动轨迹我们称之为 nn 曲线。它说明了在 $0 < s_n < 1$ 范围内，当人力资本在地区间不再流动时，企业数量份额的空间分布与支出份额的空间分布必须满足的条件。

将外生因素的变化对 nn 曲线与 EE 曲线变动的影响结合在一起分析，我们可以认为，随着工业品支出份额、区际贸易自由度、本地技术溢出效应、跨界环境污染效应的增加，将降低对称结构的稳定性，而提高中心—外围结构的稳定性；反之，随着区内贸易自由度、跨界技术溢出效应、本地环境污染效应的增加，将提高对称结构的稳定性，而降低中心—外围结构的稳定性；替代弹性的变化对产业空间分布稳态的影响则需要我们下文做进一步研究来判断。

5.2.2 实际工资差异与产业空间分布的稳定性

图 5-1 至图 5-6 反映，随着工业品支出份额、本地技术溢出效应、跨界环境污染效应的变大，或随着跨界技术溢出效应、本地环境污染效应、区内贸易自由度的变小，产业空间分布的稳定结构依次经历对称结构、对称结构与中心—外围结构并存、中心—外围结构三种稳定均衡状态。图 5-7 和图 5-8 显示，随着工业品替代弹性的提高，产业空间分布的稳定结构依次经历三种变化，即中心—外围结构、对称结构与中心—外围结构并存、对称结构三种状态，当工业品替代弹性进一步提高时，则经历对称结构、对称结构与中心—外围结构并存、中心—外围结构三种稳定均衡状态。因此，虽然工业企业生产规模报酬递增程度的增加是促进产业集聚的重要动力，但是在另一个极端，当工业企业生产的规模报酬递增程度减弱到一定程度时，也有可能导致产业的集聚，这是因为，随着工业品替代弹性的增加超出一定上限，这时工业企业生产的规模报酬递增程度很弱，人力资本的报酬很低，为了抵消规模报酬递增程度减弱带来的影响，通过企业的集聚产生的本地市场效应来弥补人力资本报酬的降低便成为一

种可能的选择。

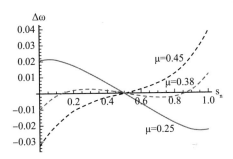

图 5 - 1　μ 变化与产业空间分布

注：$\sigma = 3$，$\lambda = 2$，$\bar{\lambda} = 1$，$\gamma = 0.8$，$\bar{\gamma} = 0.6$，$\phi = 0.05$，$\bar{\phi} = 0.5$。

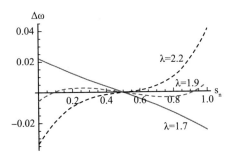

图 5 - 2　λ 变化与产业空间分布

注：$\mu = 0.4$，$\sigma = 3$，$\bar{\lambda} = 1$，$\gamma = 0.8$，$\bar{\gamma} = 0.6$，$\phi = 0.05$，$\bar{\phi} = 0.5$。

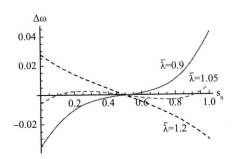

图 5 - 3　$\bar{\lambda}$ 变化与产业空间分布

注：$\mu = 0.4$，$\sigma = 3$，$\lambda = 2$，$\gamma = 0.8$，$\bar{\gamma} = 0.6$，$\phi = 0.05$，$\bar{\phi} = 0.5$。

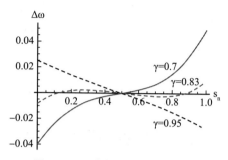

图 5 - 4　γ 变化与产业空间分布

注：$\mu = 0.4$，$\sigma = 3$，$\lambda = 2$，$\bar{\lambda} = 1$，$\bar{\gamma} = 0.6$，$\phi = 0.05$，$\bar{\phi} = 0.5$。

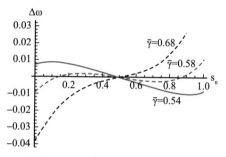

图 5 - 5　$\bar{\gamma}$ 变化与产业空间分布

注：$\mu = 0.4$，$\sigma = 3$，$\lambda = 2$，$\bar{\lambda} = 1$，$\gamma = 0.8$，$\phi = 0.05$，$\bar{\phi} = 0.5$。

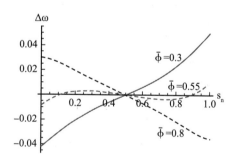

图 5 - 6　$\bar{\phi}$ 变化与产业空间分布

注：$\mu = 0.4$，$\sigma = 3$，$\lambda = 2$，$\bar{\lambda} = 1$，$\gamma = 0.8$，$\bar{\gamma} = 0.6$，$\phi = 0.05$。

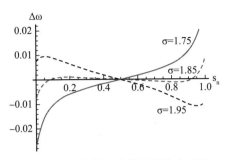

图 5-7　σ 变化与产业空间分布（1）

注：$\mu = 0.4$，$\lambda = 2$，$\bar{\lambda} = 1$，$\gamma = 0.8$，$\bar{\gamma} = 0.6$，$\phi = 0.03$，$\bar{\phi} = 0.5$。

图 5-7、图 5-8 为一组图，因此我们用（1）（2）来表示该组图的序号，在同一组图中，外部参数取值相同。本章中其他地方类似。

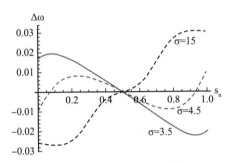

图 5-8　σ 变化与产业空间分布（2）

注：$\mu = 0.4$，$\lambda = 2$，$\bar{\lambda} = 1$，$\gamma = 0.8$，$\bar{\gamma} = 0.6$，$\phi = 0.03$，$\bar{\phi} = 0.5$。

5.3　突破点、持续点与经济地理均衡

新经济地理学研究中，我们要确定经济地理均衡的状态，就要找到两个关键性贸易自由度，即突破点与持续点。突破点是维持对称结构稳定的最小的贸易自由度；持续点是维持中心—外围结构稳定的最小贸易自由度。当贸易自由度从一个范围跳跃到另一个范围，就会改变原有的经济地理均衡状态，也即产生不同的产业空间分布。

5.3.1　突破点、持续点及其比较

当 EE 曲线与 nn 曲线在对称中心点具有相同的斜率时，就是对称均衡处于被打破的临界状态，此时对应的贸易自由度被称为突破点（ϕ^B），当

$s_n = 1$ 时，EE 曲线与 nn 曲线的纵坐标相等时的贸易自由度我们称之为持续点（ϕ^S）。如图 5-9 至图 5-16 所示，突破点与持续点之间大小的比较形成了复杂的关系，同时，突破点与持续点可能存在两个值，我们称之为低持续点（ϕ^{SB}）与高持续点（ϕ^{SH}）、低突破点（ϕ^{BB}）与高突破点（ϕ^{BH}），另外，显然也存在 $\phi^B < 0$ 的情形，从而本章模型也体现出新经济地理学所讲的"黑洞"状态。图 5-9、图 5-10、图 5-12、图 5-15 反映，随着工业品支出份额、本地技术溢出效应、跨界环境污染效应的变大，低突破点与低持续点都在下降，而高突破点与高持续点都在上升。图 5-11 反映，随着工业品替代弹性的弹性增加，突破点与持续点先上升后下降。图 5-13、图 5-14 反映，随着跨界技术溢出效应、本地环境污染效应的变大，低突破点与低持续点都在上升，而高突破点与高持续点都在下降。图 5-16 反映，随着区内贸易自由度的增加，突破点与持续点都在上升。突破点与持续点之间多样性的关系必然也就决定了产业空间均衡结构的复杂性。

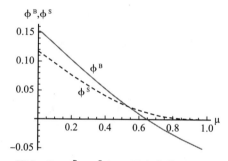

图 5-9　ϕ^B、ϕ^S 与 μ 的变化关系（1）

注：$\sigma = 3$，$\lambda = 2$，$\bar{\lambda} = 1$，$\gamma = 0.8$，$\bar{\gamma} = 0.6$，$\bar{\phi} = 0.5$。

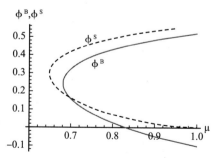

图 5-10　ϕ^B、ϕ^S 与 μ 的变化关系（2）

注：$\sigma = 4$，$\lambda = 0.8$，$\bar{\lambda} = 0.7$，$\gamma = 0.8$，$\bar{\gamma} = 0.6$，$\bar{\phi} = 0.8$。

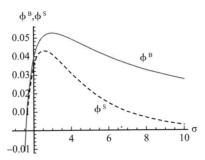

图 5 – 11　ϕ^B、ϕ^S 与 σ 的变化关系

注：$\mu = 0.4$，$\lambda = 2$，$\bar{\lambda} = 1$，$\gamma = 0.8$，$\bar{\gamma} = 0.6$，$\bar{\phi} = 0.5$。

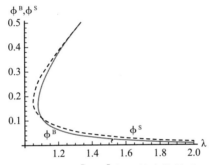

图 5 – 12　ϕ^B、ϕ^S 与 λ 的变化关系

注：$\sigma = 3$，$\mu = 0.6$，$\bar{\lambda} = 1$，$\gamma = 0.8$，$\bar{\gamma} = 0.6$，$\bar{\phi} = 0.5$。

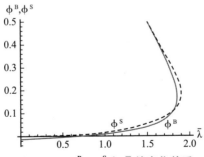

图 5 – 13　ϕ^B、ϕ^S 与 $\bar{\lambda}$ 的变化关系

注：$\sigma = 3$，$\mu = 0.6$，$\lambda = 2$，$\gamma = 0.8$，$\bar{\gamma} = 0.6$，$\bar{\phi} = 0.5$。

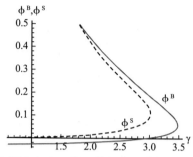

图 5 - 14　ϕ^B、ϕ^S 与 γ 的变化关系

注：$\sigma = 3$，$\mu = 0.8$，$\lambda = 3$，$\bar{\lambda} = 1$，$\bar{\gamma} = 0.6$，$\bar{\phi} = 0.5$。

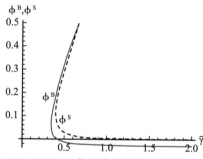

图 5 - 15　ϕ^B、ϕ^S 与 $\bar{\gamma}$ 的变化关系

注：$\sigma = 3$，$\mu = 0.8$，$\lambda = 3$，$\bar{\lambda} = 1$，$\gamma = 0.8$，$\bar{\phi} = 0.5$。

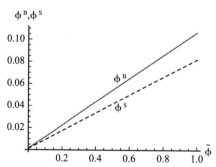

图 5 - 16　ϕ^B、ϕ^S 与 $\bar{\phi}$ 的变化关系

注：$\sigma = 3$，$\mu = 0.4$，$\lambda = 2$，$\bar{\lambda} = 1$，$\gamma = 0.8$，$\bar{\gamma} = 0.6$。

5.3.2　贸易自由度变化与产业空间均衡分析

当 $\phi^S > \phi^B$，且 $\phi^B < 0$ 时，例如，在图 5 – 9 中，当 $\mu = 0.7$ 时，有 $\phi^S = 0.0077$，$\phi^B = -0.0090$，由此根据图 5 – 17，我们可以得到以下结论：

结论（1）：$\phi^S > \phi^B$，且 $\phi^B < 0$。当 $\phi < \phi^S$ 时，内部非对称结构是唯一的稳定均衡结构；当 $\phi > \phi^S$ 时，中心—外围结构是唯一的稳定均衡结构。

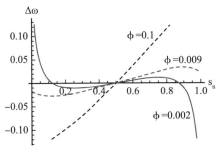

图 5 – 17　ϕ 变化与产业空间均衡（1）

$\phi^S > \phi^B > 0$ 时，例如，在图 5 – 9 中，当 $\mu = 0.6$ 时，有 $\phi^B = 0.0094$，$\phi^S = 0.0158$，由此根据图 5 – 18，我们可以得到结论（2）。

结论（2）：$\phi^S > \phi^B > 0$。当 $\phi < \phi^B$ 时，对称结构是唯一的稳定均衡结构；$\phi^B < \phi < \phi^S$ 时，内部非对称结构是唯一的稳定均衡结构；当 $\phi > \phi^S$ 时，中心—外围结构是唯一的稳定均衡结构。

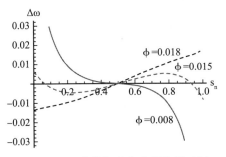

图 5 – 18　ϕ 变化与产业空间均衡（2）

$\phi^B > \phi^S > 0$ 时，例如，在图 5 – 9 中，当 $\mu = 0.2$ 时，有 $\phi^B = 0.1028$，$\phi^S = 0.0762$，由此根据图 5 – 19，我们可以得到结论（3）。

结论（3）：$\phi^B > \phi^S > 0$。当 $\phi < \phi^S$ 时，对称结构是唯一的稳定均衡结构；当 $\phi^S < \phi < \phi^B$ 时，对称结构与中心—外围结构都是稳定均衡结构；当 $\phi > \phi^B$ 时，中心—外围结构是唯一的稳定均衡结构。

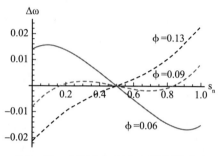

图 5 - 19　ϕ 变化与产业空间均衡（3）

$\phi^B = \phi^S$ 时，例如，在图 5 - 9 中，当 $\mu = 0.5336$ 时，有 $\phi^B = \phi^S = 0.0229$，由此根据图 5 - 20，我们可以得到结论（4）。

结论（4）：$\phi^B = \phi^S$。当 $\phi < \phi^B(\phi^S)$ 时，对称结构是唯一的稳定均衡结构；当 $\phi > \phi^B(\phi^S)$ 时，内部非对称结构和中心—外围结构都是稳定均衡结构，随着区际贸易自由度进一步增大，中心—外围结构成为唯一的稳定均衡结构。

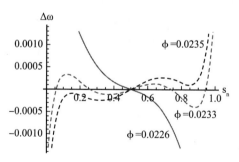

图 5 - 20　ϕ 变化与产业空间均衡（4）

仅存在低持续点与高持续点时，例如，在图 5 - 10 中，当 $\mu = 0.66$ 时，有 $\phi^{SB} = 0.2321$，$\phi^{SH} = 0.3587$，由此根据图 5 - 21，我们可以得到结论（5）。

结论（5）：$\phi^{SB} < \phi^{SH}$。当 $\phi < \phi^{SB}$ 时，对称结构是唯一的稳定均衡结构；当 $\phi^{SB} < \phi < \phi^{SH}$ 时，对称结构和中心—外围结构都是稳定均衡结构；当 $\phi > \phi^{SH}$ 时，对称结构重新成为唯一的稳定均衡结构。

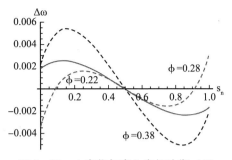

图 5－21　φ 变化与产业空间均衡（5）

如果低持续点与高持续点相互靠近，就会存在唯一的持续点，例如，在图 5－10 中，当 $\mu = 0.6474$ 时，有 $\phi^{SH} = \phi^{SB} = \phi^S = 0.2769$，由此根据图 5－22，我们可以得到结论（5）的特殊结论：

结论（5′）：$\phi^{SH} = \phi^{SB} = \phi^S$，无论贸易自由度如何变动，对称结构均为唯一的稳定均衡结构。

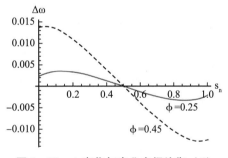

图 5－22　φ 变化与产业空间均衡（6）

$\phi^{SB} < \phi^{BB} < \phi^{BH} < \phi^{SH}$ 时，例如，在图 5－10 中，当 $\mu = 0.69$ 时，有 $\phi^{SB} = 0.1750$，$\phi^{BB} = 0.1834$，$\phi^{BH} = 0.3000$，$\phi^{SH} = 0.4085$，根据图 5－23、图 5－24，我们可以得到结论（6）。

结论（6）：$\phi^{SB} < \phi^{BB} < \phi^{BH} < \phi^{SH}$。当 $\phi < \phi^{SB}$ 时，对称结构是唯一的稳定均衡结构；当 $\phi^{SB} < \phi < \phi^{BB}$ 时，对称结构和中心—外围结构都是稳定均衡结构；当 $\phi^{BB} < \phi < \phi^{BH}$ 时，中心—外围结构是唯一的稳定均衡结构；当 $\phi^{BH} < \phi < \phi^{SH}$ 时，对称结构和中心—外围结构都是稳定均衡结构；当 $\phi > \phi^{SH}$ 时，对称结构重新成为唯一的稳定均衡结构。

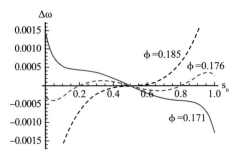

图 5 - 23　φ变化与产业空间均衡（7）

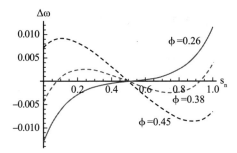

图 5 - 24　φ变化与产业空间均衡（8）

$\phi^{SB} < \phi^{B} < \phi^{SH}$时，例如，在图 5 - 10 中，当 $\mu = 0.6809$ 时，有 $\phi^{SB} = 0.1892$，$\phi^{B} = 0.2483$，$\phi^{SH} = 0.3966$，这便是结论（6）中 $\phi^{BB} = \phi^{BH} = \phi^{B}$ 的特殊情形，由此根据图 5 - 25、图 5 - 26，我们可以得到结论（6）的特殊结论。

结论（6′）：$\phi^{SB} < \phi^{B} < \phi^{SH}$。当 $\phi < \phi^{SB}$ 时，对称结构是唯一的稳定均衡结构；当 $\phi^{SB} < \phi < \phi^{SH}$ 时，对称结构和中心—外围结构是稳定均衡结构；当 $\phi > \phi^{SH}$时，对称结构重新成为唯一的稳定均衡结构。

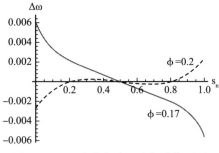

图 5 - 25　φ变化与产业空间均衡（9）

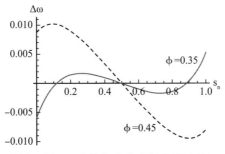

图 5 – 26　φ变化与产业空间均衡（10）

$\phi^{BB} < \phi^{SB} < \phi^{BH} < \phi^{SH}$ 时，例如，在图 5 – 10 中，当 $\mu = 0.8$ 时，有 $\phi^{BB} = 0.0257$，$\phi^{SB} = 0.0715$，$\phi^{BH} = 0.4308$，$\phi^{SH} = 0.4927$，由此根据图 5 – 27、图 5 – 28，我们可以得到结论（7）。

结论（7）：$\phi^{BB} < \phi^{SB} < \phi^{BH} < \phi^{SH}$。当 $\phi < \phi^{BB}$ 时，对称结构是唯一的稳定均衡结构；当 $\phi^{BB} < \phi < \phi^{SB}$ 时，内部非对称结构是唯一稳定均衡结构；当 $\phi^{SB} < \phi < \phi^{BH}$ 时，中心—外围结构是稳定均衡结构；当 $\phi^{BH} < \phi < \phi^{SH}$ 时，对称结构和中心—外围结构都是稳定均衡结构；当 $\phi > \phi^{SH}$ 时，对称结构重新成为唯一的稳定均衡结构。

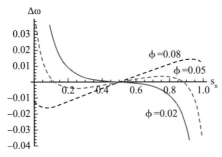

图 5 – 27　φ变化与产业空间均衡（11）

$\phi^{BB} < 0$，$\phi^{SB} < \phi^{BH} < \phi^{SH}$，例如，在图 5 – 10 中，当 $\mu = 0.9$ 时，有 $\phi^{BB} = -0.0481$，$\phi^{SB} = 0.0219$，$\phi^{BH} = 0.4840$，$\phi^{SH} = 0.5353$，由此根据图 5 – 29、图 5 – 30，我们可以得到结论（8）。

结论（8）：$\phi^{BB} < 0$，$\phi^{SB} < \phi^{BH} < \phi^{SH}$。当 $\phi < \phi^{SB}$ 时，内部非对称结构是唯一的稳定均衡结构；当 $\phi^{SB} < \phi < \phi^{BH}$ 时，中心—外围结构是唯一的稳定均衡结构；当 $\phi^{BH} < \phi < \phi^{SH}$ 时，对称结构和中心—外围结构都是稳定均

衡结构；当 $\phi > \phi^{SH}$ 时，对称结构是唯一的稳定均衡结构。

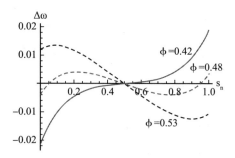

图 5 − 28　ϕ 变化与产业空间均衡（12）

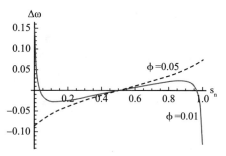

图 5 − 29　ϕ 变化与产业空间均衡（13）

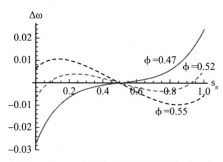

图 5 − 30　ϕ 变化与产业空间均衡（14）

　　仅存在高、低突破点，即 $\phi^{BB} < \phi^{BH}$ 时，例如，在图 5 − 14 中，当 $\gamma =$ 3.2 时，有 $\phi^{BB} = 0.0121$，$\phi^{BH} = 0.1438$，由此根据图 5 − 31，我们可以得到结论（9）。

　　结论（9）：仅存在高、低突破点，$\phi^{BB} < \phi^{BH}$。当 $\phi < \phi^{BB}$ 时，对称结

构是唯一的稳定均衡结构；当 $\phi^{BB}<\phi<\phi^{BH}$ 时，内部非对称结构是稳定均衡结构；当 $\phi>\phi^{BH}$ 时，对称结构重新成为唯一的稳定均衡结构。

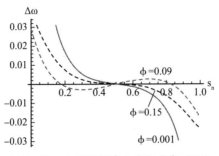

图 5 - 31　φ 变化与产业空间均衡（15）

$\phi^{BB}=\phi^{BH}$ 时，例如，在图 5 - 14 中，当 $\gamma=3.478$ 时，有 $\phi^{BB}=\phi^{BH}=\phi^{B}=0.0595$，由此根据图 5 - 32，我们可以得到结论（9）的特殊结论。

结论（9′）：$\phi^{BB}=\phi^{BH}=\phi^{B}$。无论贸易自由度如何变动，对称结构均为唯一的稳定均衡结构。

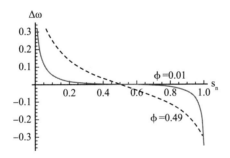

图 5 - 32　φ 变化与产业空间均衡（16）

$\phi^{BB}<\phi^{SB}<\phi^{SH}<\phi^{BH}$ 时，例如，在图 5 - 14 中，当 $\gamma=2.93$ 时，有 $\phi^{BB}=0.0003$，$\phi^{SB}=0.0735$，$\phi^{SH}=0.1561$，$\phi^{BH}=0.2013$，由此根据图 5 - 33、图 5 - 34，我们可以得到结论（10）。

结论（10）：$\phi^{BB}<\phi^{SB}<\phi^{SH}<\phi^{BH}$。当 $\phi<\phi^{BB}$ 时，对称结构是唯一的稳定均衡结构；当 $\phi^{BB}<\phi<\phi^{SB}$ 时，内部非对称结构是稳定均衡结构；当 $\phi^{SB}<\phi<\phi^{SH}$ 时，中心—外围结构是唯一的稳定均衡结构；当 $\phi^{SH}<\phi<\phi^{BH}$ 时，内部非对称结构是稳定均衡结构；当 $\phi>\phi^{BH}$ 时，对称结构重新成为唯一的稳定均衡结构。

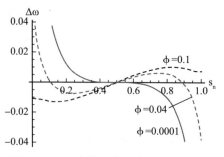

图 5 – 33　ϕ 变化与产业空间均衡（17）

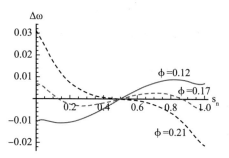

图 5 – 34　ϕ 变化与产业空间均衡（18）

$\phi^{BB} < \phi^{S} < \phi^{BH}$ 时，例如，在图 5 – 14 中，当 $\gamma = 3.02$ 时，有 $\phi^{BB} = 0.0035$，$\phi^{SB} = \phi^{SH} = 0.1090$，$\phi^{BH} = 0.1822$，由此根据图 5 – 35、图 5 – 36，我们可以得到结论（10）中 $\phi^{SB} = \phi^{SH} = \phi^{S}$ 的特殊情形：

结论（10′）：$\phi^{BB} < \phi^{S} < \phi^{BH}$。当 $\phi < \phi^{BB}$ 时，对称结构是唯一的稳定均衡结构；当 $\phi^{BB} < \phi < \phi^{BH}$ 时，内部非对称结构是唯一的稳定均衡结构；当 $\phi > \phi^{BH}$ 时，对称结构重新成为唯一的稳定均衡结构。

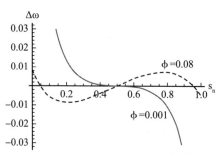

图 5 – 35　ϕ 变化与产业空间均衡（19）

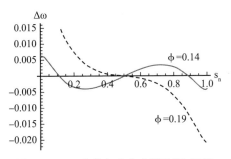

图 5 - 36　φ 变化与产业空间均衡（20）

当 $\phi^{BB} < 0$，$\phi^{SB} < \phi^{SH} < \phi^{BH}$ 时，例如，在图 5 - 14 中，当 $\gamma = 2.5$ 时，有 $\phi^{BB} = -0.0104$，$\phi^{SB} = 0.0345$，$\phi^{SH} = 0.2662$，$\phi^{BH} = 0.2982$，由此根据图 5 - 37、图 5 - 38，我们可以得到结论（11）。

结论（11）：$\phi^{BB} < 0$，$\phi^{SB} < \phi^{SH} < \phi^{BH}$。当 $\phi < \phi^{SB}$ 时，内部非对称结构是唯一的稳定均衡结构；当 $\phi^{SB} < \phi < \phi^{SH}$ 时，中心—外围结构是唯一的稳定均衡结构；当 $\phi^{SH} < \phi < \phi^{BH}$ 时，内部非对称结构是唯一的稳定均衡结构；当 $\phi > \phi^{BH}$ 时，对称结构是唯一的稳定均衡结构。

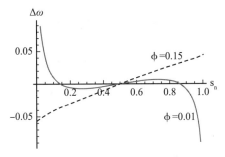

图 5 - 37　φ 变化与产业空间均衡（21）

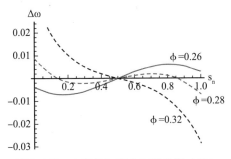

图 5 - 38　φ 变化与产业空间均衡（22）

当 $\phi^B < 0$，存在唯一的持续点 ϕ^S，例如，在图 5 – 14 中，当 $\gamma = 1.5$ 时，有 $\phi^B = -0.0231$，$\phi^S = 0.0059$，由此根据图 5 – 39，我们可以得到结论（12）。

结论（12）：$\phi^B < 0$，存在唯一的持续点 ϕ^S。当 $\phi < \phi^S$ 时，内部非对称结构是唯一的稳定均衡结构；当 $\phi > \phi^S$ 时，中心—外围结构是唯一的稳定均衡结构。

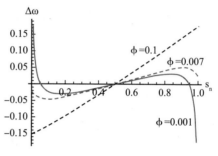

图 5 – 39　ϕ 变化与产业空间均衡（23）

当突破点与持续点都不存在的时候，例如，在图 5 – 14 中，当 $\gamma = 3.5$ 时，突破点与持续点均不存在，由此根据图 5 – 40，我们可以得到结论（13）。

结论（13）：突破点与持续点均不存在时，无论贸易自由度如何变动，对称结构均为唯一的稳定均衡结构。

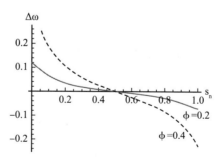

图 5 – 40　ϕ 变化与产业空间均衡（24）

总结结论（1）至结论（13），我们认为，随着贸易自由度的变动，产业的空间均衡结构是复杂的。随着贸易自由度的变化，不仅可能出现内部非对称结构为稳定均衡的情形，也可能出现内部非对称结构与中心—外围结构或对称结构与中心—外围结构稳定均衡共存的情形，因此，产业空间的稳态结构可以平滑的发生变化，重叠区存在的情形不是唯一的。这意味着在一定的贸易自由度范围内，经济活动主体心理预期的改变，产业空间的稳态结构不仅可以在对称结构与中心—外围结构之间跳跃，而且也可以在内部非对称结构与中心—外围结构之间跳跃。另外，当贸易自由度较低或较高时，对称结构都可能是稳定均衡结构，甚至只要满足一定的条件，无论贸易自由度如何变动，对称结构均为唯一的稳定均衡结构。因此，在经济一体化的过程中，实现区域的均衡发展是有可能的，并且路径也不是狭窄的。例如，作为我国国家发展战略的重要组成部分，高速铁路、高速公路的建设不仅提升了区内贸易，同时也加速了沿海与内地的交流，这不仅提升了我国经济的整体发展水平，同时也缩小了区域之间的发展差距。

5.4　本 章 小 结

自从马歇尔（Marshall，1890）认识到外部经济对产业空间分布的重要性后，这些思想在传统城市经济或区域经济学得到了很好的体现。然而直到 20 世纪 90 年代，关于地理外部性的研究一直游离于主流经济学之外。新经济地理学把自身的方法和传统区位理论和经济地理区分开来，认为厂商的生产存在收益递增和不可分性的特征。虽然新经济地理学的思想不能说全是新的，但新经济地理的典型模型第一次从一般均衡模型精巧论证了随着贸易成本的下降和生产要素的流动，均质空间如何变化为非均质空间的机理，为区域经济学的理论和实证研究提供了一套分析工具，在分析空间尺度上的区域差异方面取得一定的成就。

新经济地理理论对于交通基础设施在经济集聚中的作用认识，是围绕冰山交易成本假设（Samuelson，1954）展开的，其区别于传统经济理论回避空间对企业生产成本的直接影响，将空间距离与企业成本建立了直接的联系。所谓冰山交易成本，即企业产品在空间位移过程中，产品成本由于交通和交易费用导致的"融解"或"蒸发"而形成的损失，犹如运输的产品是冰块，其成本损失为到达目的地时冰块所融化的部分。可以说没有冰山交易成本假设就没有新经济地理理论模型的建立。本章研究的特征不仅考虑到区际贸易成本，同时也考虑到区内贸易成本，另外，也引入技术溢出、环境污染外部性这些非市场力量对产业空间均衡的影响。在这些新的假设的基础上，本章得出有特色或创新性的结论如下：第一，本地技术溢出效应或跨界环境污染效应的增加，有利于产业的集聚，反之，本地环境污染效应或跨界技术效应的增加，有利于产业的分散布局，区内贸易度的增加，也有利于产业的分散布局，另外，当工业品替代弹性过低或过高时，中心—外围结构都可能是稳定的均衡结构。第二，在一定的贸易自由度范围内，不仅可能出现内部非对称结构为稳定均衡的情形，也可能出现内部非对称结构与中心—外围结构或对称结构与中心—外围结构稳定均衡共存的情形。因此，产业空间的稳态结构可以平滑的发生变化，经济活动主体心理预期的改变，产业空间的稳态结构不仅可以在对称结构与中心—外围结构之间跳跃，而且也可以在内部非对称结构与中心—外围结构之间跳跃。第三，当贸易自由度较低或较高时，对称结构都可能是稳定均衡结构，甚至只要满足一定的条件，无论贸易自由度如何变动，对称结构均为唯一的稳定均衡结构。由此，在经济一体化的过程中，实现区域的均衡发展是有可能的，并且路径也不是狭窄的。

第 6 章

多要素流动、技术溢出与资本创造

　　克鲁格曼（1991）开山之作《规模报酬与经济地理》的发表宣告了新经济地理学的诞生，在这篇论文中克鲁格曼详细论证了规模报酬与运输成本间的相互作用对经济地理集聚产生的影响，阐明了经济活动走向集聚的内在理论机制，并为绝大多数新经济地理模型提供了一个基本的分析框架。随后，新经济地理学获得了越来越多主流经济学家的关注，但绝大多数的模型始终都没能突破克鲁格曼（1991）中心—外围模型（CP 模型）中的"Dixit–Stigliz–Cobb–Douglas–Iceberg"（DCI）分析框架，如自由资本模型，即 FC 模型（Martin，Rogers，1995）、自由企业家模型，即 FE 模型（Forslid and Ottaviano，2003）、资本创造模型，即 CC 模型（Baldwin，1999）等。随后，奥塔维诺等（2002）在引入消费偏好多样化和线性运输成本的基础上创造了一种全新的分析框架，即 OTT 分析框架，这一分析框架能很好解决 DCI 框架下模型不存在解析解的问题，同时所得的结论又能与新经济地理学一系列经典结论相吻合，从而为新经济地理学发展带来新的曙光。

　　总体上来讲，除少数学者能够在新经济地理学经典分析框架上实现大的突破外，更多的学者只能引入新的要素到经典的新经济地理学模型中，以期实现新经济地理学理论上的突破，如在模型中引入企业异质性（Jean，2002；Melitz，2003；Melitz and Ottaviano，2008）、环境规制（Lange and Quaas，2007；Rauscher，2009）、内生化运输成本（Matsuyama，2007；Behrens et al.，2009）、非对称化处理（Ago et al.，2006；Crozet and Soubeyran，2004）等方面。无论新经济地理模型设定形式如何变化，其经济活动的内在集聚机制大致都来源于生产要素流动（如 CP 模型，Krugman，1991）、投入产出联系（如 CPVL 模型，Venables，1996）和生产要素积累（如 CC 模型，Baldwin，1999）等方面。抛开新经济地理模型设定形式和经济活动内在集聚机制等方面存在的差异，新经济地理学所得的结论始终没能改变 CP 模型中的核心结论，即新经济地理学所得结论十分稳健。同时，新经济地理学也存在着较大的争议，尤其是在模型中忽视了社会和文化等历史因素（Hoare，1992；Johnston，1992；Martin and Sunley，1996）和缺乏相应的现实基础（Rodríguez – Pose，2011）等方面。

促进新经济地理学理论的发展，我们不仅要根据理论要求的逻辑完美性修改假设，更为重要的是，我们要根据空间经济发展的现实修改模型的假设条件（何雄浪，2019）。在众多经典的新经济地理模型中，多数学者都倾向于在 FE 模型（Forslid and Ottaviano，2003）的基础上进行适当地拓展和衍生，如在 FE 模型中考虑环境污染（van Marrewijk，2005；Lange and Quaas，2007）、技术外部性（Grazi et al.，2016）和城市空间成本（何雄浪，曾道智，2018）等因素。FE 模型中经济活动的集聚机制主要来源于资本家的流动。须知，在现实经济活动中地区资本积累对产业空间演化和人均收入差距变动同样重要。因此，根据空间经济发展现实对 CC 模型（Baldwin，1999）做出必要的合理拓展和修正，具有十分重要的理论和现实意义。CC 模型虽从资本积累角度重新阐释了 CP 模型（Krugman，1991）的集聚机制，但模型中无生产要素流动的假定在某种程度上限制了模型的现实解释力。因此，本章对 CC 模型中无生产要素流动的假定进行了突破，认为资本创造与资本流动始终伴随经济活动始终，并在此基础上进一步突破了大多数新经济地理学模型的单一要素流动假定。同时，考虑到资本积累对地区生产效率提升十分显著（jun，koo，2005），本章在多要素流动的基础上进一步考察了技术溢出对产业空间演化和人均收入差距造成的影响。总体来讲，本章建立的多要素流动与技术溢出下的资本创造模型较 CP 模型更为简化，较 CC 模型更加吻合经济发展现实，所得的结论与经典的新经济地理模型特征更加吻合。

6.1 模型的建立与短期均衡分析

假定经济系统由农业部门 A、工业部门 M 和资本创造部门 C 三个部门构成。存在南北两个地区，这两个地区在偏好、贸易开放程度和初始要素禀赋方面均是相同的，拥有资本 K 和劳动 L 两种生产要素。农业部门与资本创造部门均使用劳动作为投入要素，工业部门使用资本与劳动两种生产要素。资本在地区间可以自由流动，劳动力①不仅在行业间可以自由流动，工业部门劳动也可以跨区域流动。

6.1.1 消费均衡

代表性经济主体的效用函数是两层嵌套的效用函数，外层为柯布—道格拉斯型形式，内层为不变替代弹性的形式，即：

$$U = C_M^{\mu} C_A^{1-\mu}, \ C_M = \left[\int_{i=0}^{n^w} c(i)^{\frac{\sigma-1}{\sigma}} di \right]^{\frac{\sigma}{\sigma-1}}, 0 < \mu < 1 < \sigma \quad (6-1)$$

其中，C_M 表示工业品集合体的消费量，C_A 表示农产品的消费量，n^w 表示经济系统工业产品种类数，$n^w = n + n^*$，其中 n 表示北部地区生产的工业产品的种类数，则 n^* 表示南部地区生产的工业产品的种类数②，μ 表示总支出中支付在工业品上的份额，σ 表示消费者消费不同工业品之间的替代弹性，$c(i)$ 表示消费者对第 i 种工业品的消费量。消费者预算约束条件为：

$$P_M C_M + P_A C_A = E, \ P_M = \left[\int_{i=0}^{n^w} p(i)^{1-\sigma} di \right]^{1/(1-\sigma)} \quad (6-2)$$

式（6-2）中，P_M 表示工业品价格指数，P_A 表示农产品的价格，$p(i)$ 表示第 i 种工业品的价格，E 表示消费者的支出，假定 $P_A = 1$，即以农产品作为计价基准单位。利用效用最大化条件，可以得到如下结果：

$$C_M = \mu E/P_M, \ C_A = (1-\mu)E, \ c(i) = \frac{\mu E p(i)^{-\sigma}}{P_M^{1-\sigma}} \quad (6-3)$$

6.1.2 生产均衡

假设企业生产存在规模经济，不存在范围经济，即一个企业只生产一种工业产品，而不存在多样化生产的情形。每个企业只需要一单位物质资本作为固定投入，以及若干单位的劳动作为可变投入。因此，北部地区代

---

① 为了简化起见，我们认为一单位的劳动力拥有一单位的劳动，因此，本章认为劳动与劳动力的概念是相同的。

② 本章中，凡是加有"＊"的变量表示对应的南部的经济变量。

表性企业 j 的成本函数可以表示为：

$$C(j) = \pi + a_m w_L x(j) \qquad (6-4)$$

其中，π 为物质资本的收益率，w_L 为劳动力的工资收入，a_m 为生产一单位工业产品需要的劳动力的边际投入数量，$x(j)$ 为该企业的产出。假设 $a_m = (\lambda s_n K^w + \bar{\lambda}(1-s_n)K^w)^{1/(1-\sigma)}$，其中，$K^w$ 表示经济系统总的资本数量，s_n 表示北部地区工业企业数量所占比重；则 $1-s_n$ 表示南部地区工业企业数量所占比重。λ 是本地技术溢出效应大小（$\lambda > 0$），即资本在本地集聚对企业生产效率的影响，$\bar{\lambda}$ 是跨界技术溢出效应大小，即资本在区外集聚对本地企业生产效率的影响（$0 \leq \bar{\lambda} \leq 1$，且 $\bar{\lambda} \leq \lambda \leq 1$）。这反映出，随着本地企业集聚数量的增加、本地与跨界技术溢出效应的增强，从而降低企业生产工业品的边际投入，即提高企业生产工业品的劳动生产率。在企业利润最大化的条件下，北部企业生产的产品的出厂价格为 $p = \dfrac{w_L a_m}{1 - 1/\sigma}$，可以证明，随着 σ 的降低，则 p 变大，这意味着，σ 越低（消费者对工业品的多样性偏好越强烈），从而企业对市场的垄断力量就越强，企业生产的工业产品的市场销售价格就越高。工业产品运输成本为冰山型运输成本 $\tau(\tau \geq 1)$，则北部企业生产的产品在南部地区销售的价格为 $p^* = \tau p$。

假设物资资本的折旧率为 δ，则期初一单位资本在 t 时刻仍可利用的部分为 $e^{-\delta t}$。在资本形成过程中，资本创造部门只使用劳动力一种要素，单位资本形成需要耗费的劳动量为 a_I，并假定 $a_I = 1$。资本部门具有完全竞争的市场结构，并且规模报酬不变，单位资本形成成本无地域差别，均为 $F_I = w_L a_I$。农业部门与资本创造部门具有相同的市场特征，以北部地区为例，单位农产品的产出需要 a_A 单位的劳动，单位农产品的成本为 $w_L a_A$。在两个地区均存在农业品生产且农产品贸易不存在运输成本的条件下，消费者面临的农产品价格始终保持一致，即 $P_A = P_A^*$。设 $a_A = a_A^* = 1$，则不难得出 $w_L = w_L^* = 1$。假定从事农业生产的劳动力在地区间服从对称分布，为了保证两个地区均存在农业品的生产，则须满足农业生产的非完全专业化条件：

$$(1-\mu)E^w > \frac{L^w(1-\theta) - \delta K^w}{2} \qquad (6-5)$$

其中，E^w、L^w、δK^w 分别表示经济系统的总支出、总劳动力数量和资本创造部门需要的劳动力数量，θ 表示在工业部门就业的工人数量占经济系统劳动力数量的比重，则 θ 为：

$$\theta = \frac{L^w - (1-\mu)E^w - \delta K^w}{L^w} = \frac{\mu - b}{1-\beta} \qquad (6-6)$$

从而，θ 不是一个固定不变的比例关系，这意味着劳动力在行业间可以自由流动。θ 的大小跟 μ、σ 和 β 有关，其中 β 表示资本净收益与经济总支出的比率，β 的大小又跟 μ、σ 有关（关于 β 具体的计算公式将在文后说明）。可以证明，随着工业产品支出份额提高、工业品间的替代弹性变大，劳动力中从事工业生产所占的比重就越大。将式（6 - 6）以及后面的式（6 - 14）代入式（6 - 5），整理后有 μ < 1，显然，农业非完全专业化生产的条件始终可以得到满足，即工业品支出份额、替代弹性取值及资本净收益与经济总支出比率并不构成两个地方都存在农业品生产的限制条件。从事农业部门和资本创造部门的劳动力不具有跨区域流动的特性，则这两部门跨区域交流通过农产品贸易和资本的自由流动而得到实现。因此，地区间非工业部门劳动力数量始终相等，即两个地区各为 (1 - θ)L^w/2。

我们假设工业部门劳动力会跟随资本跨区域流动而一起跨区域流动。在现实经济活动中，企业集中的地区劳动力也相对比较集中，另外，在本章模型中，在生活成本效应的作用下，工业部门劳动力向资本集聚地区集中也具有主动性。由此，本章这样的假设显然具有合理性。设 $\eta = 0.5\gamma + \psi s_n$，其中，η 表示北部地区工业部门工人数量占经济系统工业部门工人数量的比重。当 γ = 1、ψ = 0 时，这意味着工业部门工人不具备跨区域流动的能力，资本的流动不会引起工业部门劳动力的流动，我们认为，这只是一种特殊的情形。当 γ = 0、ψ = 1 时，这意味着资本的流动会带动工业部门劳动力跨区域流动，并且资本流动带动工业部门劳动流动的份额保持不变①，从而保证满足当资本在地区间对称分布时，工业部门的劳动力在地区间也是对称分布的，因此总的劳动力在地区间也是对称分布的，即资本的对称分布会导致劳动的对称分布。CC 模型注重对资本要素的分析而不考虑劳动力在不同部门及不同地区间流动的情形，从而出现了这样的尴尬现象：繁荣区域通过创造更多的资本来增加地区资本容量，从而使得工业企业使用的资本在一个地区集中，而工业企业所需的可变要素（劳动力）却不集中，以便迎合这样尴尬的假设：保持工人居住的区位选择在两

---

① 本章考虑多要素流动情形，如无特殊说明，文中均设定 γ = 0，ψ = 0。

个地区所占比重始终处于均匀分布的状态。

以北部地区代表性企业为例，北部消费者对该工业产品的需求为 c，企业销售价格为 p；南部消费者对该工业产品的需求为 c^*，企业销售价格为 τp。企业总产出为 $x = c + \tau c^*$，销售收益为 $R = p(c + \tau c^*) = px$，在生产均衡的条件下，企业销售收益正好弥补生产成本，即满足 $px = \pi + w_L a_m x$ 这一条件，由此可得资本收益率为 $\pi = px/\sigma$。另外，$c = \mu E \dfrac{p^{-\sigma}}{p_M^{1-\sigma}}$，

$c^* = \mu E^* \dfrac{(p^*)^{-\sigma}}{(p_M^*)^{1-\sigma}}$，$P_M^{1-\sigma} = n^w p^{1-\sigma} [s_n + \phi(1-s_n)/\chi]$，$(P_M^*)^{1-\sigma} = n^w p^{1-\sigma}$

$[\phi s_n + (1-s_n)/\chi]$，$\chi = \left(\dfrac{a_m}{a_m^*}\right)^{1-\sigma} \dfrac{\lambda s_n + \bar{\lambda}(1-s_n)}{\bar{\lambda} s_n + \lambda(1-s_n)}$，经过整理后，我们有：

$$\pi = \frac{px}{\sigma} = \frac{\mu}{\sigma} \frac{E^w}{K^w} \left[\frac{s_E}{\chi s_n + \phi(1-s_n)} + \phi \frac{1-s_E}{\chi \phi s_n + (1-s_n)} \right] \chi \qquad (6-7)$$

式（6-7）中，$\phi = \tau^{1-\sigma}$ 表示地区间的贸易自由度，$\phi \in [0, 1]$；当 $\tau = 1$ 时，$\phi = 1$；当 $\tau \to \infty$ 时，$\phi = 0$。$s_E = E/E^w$ 为北部支出所占的份额，$1 - s_E = E^*/E^w$ 为南部支出所占份额。设 $B = \left(\dfrac{s_E}{\Delta} + \dfrac{\phi(1-s_E)}{\Delta^*}\right) \chi$，$B^* = \dfrac{\phi s_E}{\Delta} + \dfrac{1-s_E}{\Delta^*}$，$\Delta = \chi s_n + \phi(1-s_n)$，$\Delta^* = \phi \chi s_n + (1-s_n)$，$b = \dfrac{\mu}{\sigma}$，则北部与南部资本收益率可以重写为：

$$\pi = bB \frac{E^w}{K^w}, \quad \pi^* = bB^* \frac{E^w}{K^w} \qquad (6-8)$$

6.1.3　市场份额

经济系统总支出等于总收入，我们不难求得经济系统总支出（总收入）为 $E^w = \dfrac{w_L L^w - \delta K^w a_I w_L}{1-b}$。由于资本是同质的，我们不妨假设北部与南部拥有的资本在世界范围内的使用服从两点分布，即在北部的使用概率为 s_n，在南部使用的概率为 $1 - s_n$，则北部资本 K 中留存在北部的资本总量为 $s_n K$，流入南部的资本总量为 $(1-s_n)K$，南部反之亦然。资本所有者与资本使用分离的情况下（资本流动，资本所有者不流动），则资本收益所得重新回到资本所有者所在地消费，则北部资本所有者拥有的资本禀赋

K 所获得的资本总收益为 $\pi s_n K + \pi^* (1 - s_n) K = bK \dfrac{E^w}{K^w}$①，则北部地区总支出（总收入）为：

$$E = \frac{(1 - \theta) L^w w_L}{2} + \eta \theta L^w w_L + bK \frac{E^w}{K^w} - \delta s_k K^w a_I \qquad (6 - 9)$$

式（6 - 9）中，s_k 表示北部资本禀赋所占的比重，我们可以假设资本禀赋对称分布，即令 $s_k = \dfrac{1}{2}$，则北部的相对市场规模为：

$$s_E = \frac{E}{E^w} = \frac{\dfrac{(1 - \theta) L^w w_L}{2} + \eta \theta L^w w_L + bK \dfrac{E^w}{K^w} - \delta s_k K^w a_I}{\dfrac{w_L L^w - \delta K^w a_i w_L}{1 - b}} \qquad (6 - 10)$$

由式（6 - 10）可知，相对市场规模 s_E 既取决于资本空间分布 s_n，又取决于总资本存量 K^w，而这两个变量在长期条件下都是内生变量，其他的参数都是外生变量。

6.2　长期均衡分析

在长期，总资本存量与资本空间分布调整最终会使得资本价值与资本成本趋于相等。当资本价值与资本成本不等时，地区间的资本收益率也必然不相同，在无资本流动约束障碍的条件下，必然存在着资本的跨地区流动。当资本价值与资本成本相等时，资本停止创造的同时资本也停止流动，此时，经济系统达到长期均衡状态。

6.2.1　长期均衡条件

在长期均衡的条件下，基期 1 单位资本的价值可以表示为：

$$v = \int_0^\infty \pi e^{-(\delta + \rho)} dt = \frac{\pi}{\delta + \rho}, \ v^* = \int_0^\infty \pi^* e^{-(\delta + \rho)} dt = \frac{\pi^*}{\delta + \rho} \qquad (6 - 11)$$

其中，v、v^* 分别表示北部地区和南部地区的资本价值，ρ 为单位资本的贴现率。资本创造成本无地域差别，北部地区与南部地区资本创造成

---

① 由 $B s_n + (1 - s_n) B^* = 1$ 可以证明该结果。

本均为 $F = F^* = w_L a_I$。在市场充分竞争的前提下，资本创造价值与资本创造成本最终会趋于相等。设 $q = \dfrac{v}{F}$，$q^* = \dfrac{v^*}{F^*}$，在两地均存在资本创造活动的前提下，资本创造的长期均衡的条件为 $q = q^* = 1$，即满足 $\pi = \pi^*$；当所有的资本都集中在一个区域，例如，集中在北部地区时（$s_n = 1$），资本创造的长期均衡的条件为 $q = 1$，$q^* < 1$。地区间资本收益率差异会使得资本向收益率较高的地区流动，资本的转移必然也伴随着生产活动的转移。当资本创造停止时，由于北部地区与南部地区资本创造成本相同，则资本收益率也必然相等，这时资本停止跨区域的流动。因此，资本创造停止或资本不再流动的长期均衡条件为：

$$\pi = \pi^*,\ 0 < s_n < 1;\ q = 1,\ q^* < 1,\ s_n = 1;\ q^* = 1,\ q < 1,\ s_n = 0$$

$$(6 - 12)$$

从式（6 - 12）可以看出，当两个区域都存在工业生产（即都使用一定的资本）时，必然有 $\pi = \pi^*$，也就是说，此时两个区域的资本收益率相同。同样，在中心—外围结构下，即所有资本都集中在一个区域的时候，资本收益率也是相同的。因此不管资本的空间分布模式如何，单位资本的收益率都相同，这意味着在长期均衡条件下，资本必然得到一个平均的收益率，即 $\pi = \pi^* = bE^w / K^w$，由此，根据公式（6 - 8），在长期均衡时我们可以得到：

$$B = B^* = 1 \qquad (6 - 13)$$

6.2.2　nn 曲线与 EE 曲线分析

在长期均衡中，资本的充分流动必然使得地区间资本收益率趋于相等，此时资本丧失流动动力，同时资本创造活动也趋于停止。根据 $\pi = \pi^*$，我们可以得到资本使用与市场规模之间的关系，二者的变化轨迹我们称为 nn 曲线①。nn 曲线是一条满足产业空间分布长期均衡的理想曲线，其表达式为：

$$s_E = \frac{\lambda(s_n\phi + s_n - 1) - \bar{\lambda}(s_n\phi + s_n - \phi)(\lambda\phi + s_n^2(\lambda - \bar{\lambda})(1 + \phi) + s_n(\bar{\lambda} - 2\lambda\phi + \bar{\lambda}\phi))}{(\phi^2 - 1)(s_n^2(\lambda - \bar{\lambda})^2 - s_n(\lambda - \bar{\lambda})^2 - \lambda\bar{\lambda})}$$

$$(6 - 14)$$

---

① 为便于展示，nn 曲线的关系用 s_E 来表示 s_n。

在长期均衡中，地区间资本创造活动使得资本成本与资本价值趋于相等，即满足 $v = F$，同时利用公式（6-13），我们不难得到：

$$K^w = \frac{bL^w w_L}{(\rho(1-b)+\delta)a_I} = \frac{\beta L^w w_L}{(1-\beta)\rho a_I}, \quad E^w = \frac{L^w w_L}{1-\beta} \quad (6-15)$$

其中，β[1] 为资本净收益与经济总支出的比率。把式（6-15）代入式（6-10）可得到 EE 曲线，其表达式为：

$$s_E = \frac{1}{2}\left[1 - \theta(1-\gamma) + 2\psi\theta s_n\right](1-\beta) + \beta s_k \quad (6-16)$$

EE 曲线反映短期均衡时 s_E 与 s_n 之间的关系。无论短期均衡，还是长期均衡所决定的支出分布与产业空间分布的关系都必须在 EE 曲线上，而长期均衡的内点解在 nn 曲线上，短期均衡则偏离 nn 曲线。当 $\gamma=1$、$\psi=0$，即资本流动，劳动力不流动时，EE 曲线是一条过中心对称点并垂直于 s_E 轴的垂线；当 $\gamma=0$、$\psi=1$，即当资本流动并且驱使工业部门劳动力跨区域流动时，EE 曲线为一条斜率为正的直线（见图 6-1）。图 6-2 和图 6-3 显示，随着工业品支出份额的增大以及消费者消费工业品的替代弹性增强，EE 曲线绕着中心对称点逆时针方向旋转[2]。贴现率 ρ 和资本折旧率 δ 并不影响 EE 曲线斜率的变化。随着贸易自由度的增加以及本地技术溢出效应的增强，nn 曲线会绕着中心对称点顺时针方向旋转（见图 6-4、图 6-5），跨界技术溢出效应的增强则会使得 nn 曲线绕着中心对称点逆时针方向旋转（见图 6-6）。

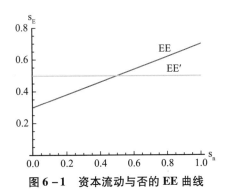

图 6-1 资本流动与否的 EE 曲线

---

[1]　$\beta = \dfrac{\pi s_n K^w + \pi^* (1-s_n) K^w - \delta a_I K^w}{E^w} = \dfrac{bE^w - \delta a_I K^w}{E^w} = \dfrac{b\rho}{\rho+\delta}$。

[2]　为了图示方便，本章 EE 曲线纵坐标为 s_E，横坐标为 s_n，下同。

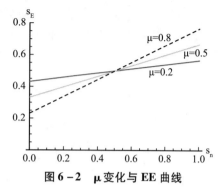

图 6 - 2　μ 变化与 EE 曲线

注：$\sigma = 3$，$\rho = 0.2$，$\delta = 0.3$。

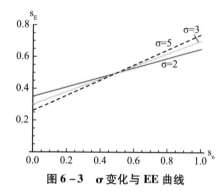

图 6 - 3　σ 变化与 EE 曲线

注：$\mu = 0.6$，$\rho = 0.2$，$\delta = 0.3$。

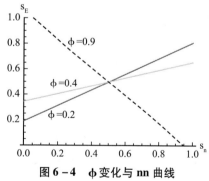

图 6 - 4　φ 变化与 nn 曲线

注：$\lambda = 0.9$，$\bar{\lambda} = 0.8$。

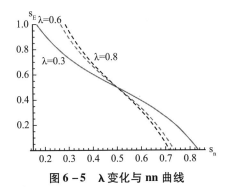

图 6 – 5　λ 变化与 nn 曲线

注：φ = 0.5，$\bar{\lambda}$ = 0.1。

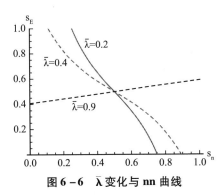

图 6 – 6　$\bar{\lambda}$ 变化与 nn 曲线

注：φ = 0.5，λ = 1。

6.2.3　资本收益率差异与产业空间分布的稳定性

图 6 – 7、图 6 – 8、图 6 – 9 与图 6 – 10 反映，随着贸易自由度的提高、工业品支出份额的增加、本地技术效应的增强以及跨界技术溢出效应的减弱，产业空间分布的稳态结构依次经历三种变化：对称结构、对称结构与中心—外围结构并存、中心—外围结构。当对称结构与中心—外围结构并存，这时两个内部非对称结构是不稳定的，这与 CP 模型（Krugman，1991）、FE 模型（Forslid，Ottaviano，2003）等一系列经典模型得出的结论吻合。图 6 – 11 显示，随着工业品替代弹性的降低，产业空间分布的稳态结构依次经历三种变化，即中心—外围结构、对称结构与中心—外围结构并存、对称结构三种状态，从而本章的研究结论表明，工业企业生产的规模报酬递增程度的增强并不必然是导致产业集聚的力量，从某种意义上讲，这也是一种产业分散的力量，因为 σ 的降低，增强了企业获利的能

力，从而在一定的条件下，导致产业的分散布局。

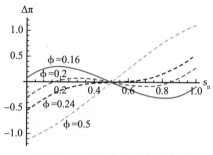

图 6 - 7 φ 变化与产业空间分布

注：$\mu = 0.3$，$\rho = 0.2$，$\delta = 0.3$，$\sigma = 3$，$\bar{\lambda} = 0.2$。

纵轴表示地区间资本收益率差额（$\Delta \pi = \pi - \pi^*$），横轴表示北部地区企业的数量份额，下同。

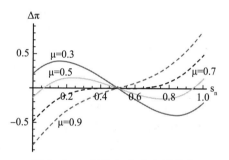

图 6 - 8 μ 变化与产业空间分布

注：$\phi = 0.15$，$\rho = 0.2$，$\delta = 0.3$，$\sigma = 3$，$\lambda = 0.5$，$\bar{\lambda} = 0.2$。

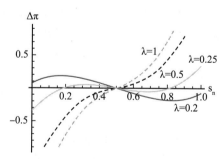

图 6 - 9 λ 变化与产业空间分布

注：$\mu = 0.5$，$\rho = 0.2$，$\delta = 0.3$，$\sigma = 3$，$\bar{\lambda} = 0.1$，$\phi = 0.17$。

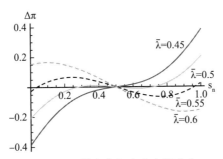

图 6 - 10　$\bar{\lambda}$ 变化与产业空间分布

注：$\mu = 0.2$，$\rho = 0.2$，$\delta = 0.3$，$\sigma = 3$，$\lambda = 0.9$，$\phi = 0.3$。

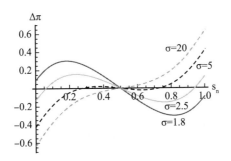

图 6 - 11　σ 变化与产业空间分布

注：$\phi = 0.15$，$\rho = 0.2$，$\delta = 0.3$，$\mu = 0.55$，$\lambda = 0.5$，$\bar{\lambda} = 0.2$。

6.2.4　作用力与空间分布的关系

劳动力在不同部门间的流动使得不同部门中劳动力的名义工资趋于相等，但工业工人会主动向资本集聚的地方流动从而使得不同地区间的工人实际工资水平发生变化。工业工人流动在一定程度上有利于产业集聚，但产业集聚并不取决于工业工人的分布状况，而取决于集聚力与分散力相互作用的结果，若集聚力大于分散力，产业趋于向某个地区集中，反之则反是。

（1）工业工人流动的动力：生活成本效应

由于本地生产的产品在本地出售，消费者无须支付产品的运输成本，从而工业工人即使在名义工资相同的情况下，也倾向于向产品种类丰富的地区（资本集聚地）流动，因为这会降低工业工人的生活成本，提高工业工人的实际工资水平（生活成本效应）。以北部地区为例，消费者面对的全部消费品的完全价格指数为 $P = P_A^{1-\mu} P_M^\mu = P_M^\mu = (\Delta/\chi)^{\frac{\mu}{1-\sigma}}$，已知工业劳动者名义收入为 $w_L = 1$，实际收入可表示为 $\omega = 1/P$。在对称均衡下有：

$$\left.\frac{\mathrm{d}\omega}{\omega}\right|_{\mathrm{Sym}} = -\frac{\mathrm{d}P}{P} = -\frac{\mu}{1-\sigma}\frac{\mathrm{d}(\Delta/\chi)}{\Delta/\chi}$$

$$= -\frac{\mu}{1-\sigma}\frac{2(\lambda+\bar\lambda-3\lambda\phi+\bar\lambda\phi)}{(1+\phi)(\lambda+\bar\lambda)} > \frac{\mu}{\sigma-1}\frac{2(1-\phi)}{(1+\phi)} > 0 \qquad (6-17)$$

从式（6-17）可以看出工业部门劳动力的生活成本效应始终存在，即随着北部地区工业企业数量的增加，北部地区工业工人实际工资水平趋于上升，这说明工业工人流动具有主动性而非被动适应资本流动而流动。随着贸易自由度的增加，中心—外围结构成为稳定结构，即使中心区和外围区的工业工人名义工资相等，在生活成本效应下中心区工业工人的实际工资水平也会高于外围区，这会促使外围区工业工人向中心区迁移，最终使得中心区成为资本和工业劳动的集聚区；当贸易自由度充分大时（运输成本趋于零），中心区和外围区工业工人实际工资水平相等，空间因素对于企业区位选择和工业工人空间流动无影响（见图6-12）。

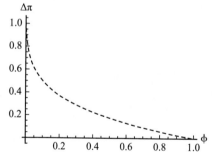

图6-12　ϕ 变化与企业、工业工人区位选择

注：$\mu = 0.3$，$\sigma = 1.5$，$\lambda = 0.9$，$\bar\lambda = 0.2$，$s_n = 1$。

（2）集聚力、分散力与产业空间分布

贸易自由度的变化最终会反映在集聚力与分散力的相互作用上，若集聚力小于分散力，对称均衡趋于稳定；若集聚力大于分散力，中心—外围结构趋于稳定。当产业空间分布结构处于对称状态时，如果发生从南部到北部的资本流动，资本流动也将带动工业工人的流动，由于工人把自己的收入花费在工作地点，这将使得北部的市场规模变大而南部的市场规模变小，在存在交易成本，且其他条件都相同的情况下，市场规模的扩大将导致企业销售收入的增加，进而增加企业的利润。同时，南部资本向北部流动会进一步强化北部地区的本地技术溢出效应，使北部企业生产成本的降低，即生产效率的提升，进而使得北部企业利润进一步增加。因此，任何企业都选择在市场规模大的区位开展生产活动。企业和工业工人的转移导致消费支出转移和高效率生产的产生，从而使得生产活动的进一步转移，上述过程是自我强化的，这种机制被称为需求关联的循环因果效应。在多要素流动的情况下，CC 模型（Baldwin, 1999）中的需求关联的循环累积因果效应不仅可以来源于资本积累，而且还可以来源于要素的流动，从而本章发展的模型进一步丰富和拓展了 CC 模型的研究结论。在需求关联的循环因果效应机制作用下，资本和企业很容易向某个地区集中。但是，资本和企业在集中过程中会使得地区市场规模趋于饱和从而使得企业利润受损，即形成"市场拥挤效应"，拥挤效应的存在会使得企业和资本布局重新调整。在对称条件下，我们有：

$$d\Delta\pi \big|_{\text{sym}} = 4(\rho + \delta)\left[\frac{1 - \phi}{1 + \phi}ds_E - \frac{\bar{\lambda}(1 + \phi)^2 + \lambda(1 - 6\phi + \phi^2)}{(1 + \phi)^2(\lambda + \bar{\lambda})}ds_n\right]$$

$$(6 - 18)$$

从式（6 - 18）可以看出，ds_E 前面的系数始终为正，从而存在本地市场效应，这与 CC 模型中的本地市场效应系数保持一致，这意味着支出份额的增大势必会使得资本收益率差额扩大，即经济系统中存在着正反馈机制。在这种机制的作用下，所有对称分布的冲击将得到自我强化，对称分布就会变得不稳定。ds_n 前面的系数始终为负[①]，这意味着生产份额的增加对资本收益率差额将产生一个负向的增量，即经济系统中存在负反馈机制，这种力量是维持对称均衡稳定的力量。为进一步区分技术溢出对市场拥挤效应产生的影响，在式（6 - 18）的基础上分别对 λ 和 $\bar{\lambda}$ 求偏导，可得：

$$\frac{\partial(d\Delta\pi/ds_n)}{\partial\lambda}\bigg|_{\text{Sym}} = \frac{32\bar{\lambda}(\rho + \delta)\phi}{(\lambda + \bar{\lambda})^2(1 + \phi)^2} > 0, \frac{\partial(d\Delta\pi/ds_n)}{\partial\bar{\lambda}}\bigg|_{\text{Sym}}$$

$$= -\frac{32\lambda(\rho + \delta)\phi}{(\lambda + \bar{\lambda})^2(1 + \phi)^2} < 0 \qquad (6 - 19)$$

由此可知，在其他条件不变的情况下，本地技术溢出效应的加强会弱

---

① 当 $\lambda \geqslant \bar{\lambda}$，$0 < \phi < 1$ 时，始终存在 $\frac{\bar{\lambda}(1 + \phi)^2 + \lambda(1 - 6\phi + \phi^2)}{(1 + \phi)^2(\lambda + \bar{\lambda})} > \frac{2\bar{\lambda}(\phi - 1)^2}{(1 + \phi)^2(\lambda + \bar{\lambda})} > 0$。

化市场拥挤效应，而跨界技术溢出的加强则会使得市场拥挤效应变大。

6.3 突破点、持续点与经济地理均衡

新经济地理学研究的主要思路之一是寻找两个关键性贸易自由度，即突破点与持续点。当贸易自由度处在不同的取值范围内，形成不同的产业空间稳定结构。

6.3.1 突破点、持续点变动与比较分析

当 EE 曲线与 nn 曲线在对称中心点具有相同的斜率时，对称结构均衡处于被打破的临界状态，此时，对应的贸易自由度我们称之为突破点（ϕ^B）。在本章模型中，我们求得的突破点为[①]：

$$\phi^B = \frac{-3\lambda + \bar{\lambda} + \sqrt{\lambda^2(b-\mu)^2 + 2\bar{\lambda}\lambda(b^2 - 2b\mu + \mu^2 - 4) + \lambda^2(b^2 - 2b\mu + \mu^2 + 8)}}{(\lambda + \bar{\lambda})(b - \mu - 1)}$$

$$(6-20)$$

当 $\phi = 1$ 时，中心—外围结构是稳定的，随着贸易自由度的降低，中心—外围结构逐渐变得不稳定，当贸易自由度取某一值时，中心—外围结构处于不稳定的临界状态，由此，该贸易自由度叫作持续点（ϕ^S），由此，我们求得的持续点为[②]：

$$\phi^S = \frac{\sigma\left[\lambda - \sqrt{\lambda^2 + \frac{\bar{\lambda}^2(\mu^2(\sigma-1)^2 + \sigma^2)}{\sigma^2}}\right]}{\bar{\lambda}[\mu(\sigma-1) + \sigma]} \qquad (6-21)$$

图 6-13 至图 6-16 表明，无论工业产品支出份额、工业品间的替代弹性、本地和跨界技术溢出效应如何变动，始终存在突破点大于或等于持

---

① 突破点有两个，由于 $\lambda \geq \bar{\lambda}$，

$$\phi^B = \frac{-3\lambda + \bar{\lambda} - \sqrt{\lambda^2(b-\mu)^2 + 2\bar{\lambda}\lambda(b^2 - 2b\mu + \mu^2 - 4) + \lambda^2(b^2 - 2b\mu + \mu^2 + 8)}}{(\lambda + \bar{\lambda})(b - \mu - 1)} > 1$$ 被舍弃。

② 持续点也两个，由于 $\lambda \geq \bar{\lambda}$，$\phi^S = \frac{\sigma\left[\lambda + \sqrt{\lambda^2 + \frac{\bar{\lambda}^2(\mu^2(\sigma-1)^2 + \sigma^2)}{\sigma^2}}\right]}{\bar{\lambda}[\mu(\sigma-1) + \sigma]} > 1$ 被舍弃。

续点。这与新经济地理学一系列经典模型（Krugman，1991；Martin，Rogers，1995；Forslid，Ottaviano，2003；Baldwin，1999；Martin，Ottaviano，1999；Ottaviano，2001）得出的结论相同。随着工业产品支出份额的提高、工业品间的替代弹性增大以及本地技术溢出效应的增强，突破点与持续点大小均呈下降趋势，即产业集中趋势变得更加明显；跨界技术溢出效应的增强使得突破点与持续点不断增大且二者逐渐趋于相等，即产业分散布局趋势变得更加明显。

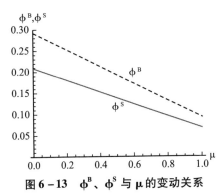

图 6-13 ϕ^B、ϕ^S 与 μ 的变动关系

注：$\sigma=3$，$\lambda=0.5$，$\bar{\lambda}=0.2$。

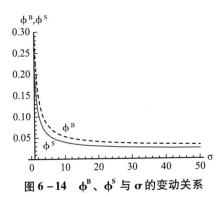

图 6-14 ϕ^B、ϕ^S 与 σ 的变动关系

注：$\mu=0.3$，$\lambda=0.5$，$\bar{\lambda}=0.2$。

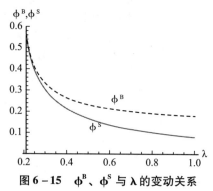

图 6 – 15　ϕ^B、ϕ^S 与 λ 的变动关系

注：$\mu = 0.3$，$\lambda = 0.5$，$\bar{\lambda} = 0.2$。

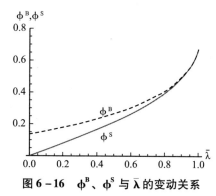

图 6 – 16　ϕ^B、ϕ^S 与 $\bar{\lambda}$ 的变动关系

注：$\mu = 0.3$，$\sigma = 3$，$\lambda = 1$。

6.3.2　突破点、持续点与产业空间均衡分析

图 6 – 17 表明①，当 $\phi < \phi^S$ 时，对称结构是唯一稳定均衡；当 $\phi^S < \phi < \phi^B$ 时，对称结构和中心—外围结构都是稳定均衡结构，两个内部非对称结构不稳定，即当贸易自由度介于持续点与突破点之间时，我们称之为产业空间分布的重叠区，这意味着当资本所有者预期突然发生改变时，资本所有者将根据变化后的预期，任意选择对称结构或中心—外围结构作为投资区域；当 $\phi > \phi^B$ 时，中心—外围结构成为唯一稳定均衡结构。根据贸易自由度变化和产业空间稳定均衡形成的关系，我们可以得到如下战斧图

---

①　$\mu = 0.6$，$\sigma = 3$，$\lambda = 0.5$，$\bar{\lambda} = 0.2$，$\rho = 0.3$，$\delta = 0.25$。突破点与持续点的计算，精确到 4 位有效小数，则 $\phi^S = 0.1243$，$\phi^B = 0.1728$。

解（见图6－18）。战斧图解结果显示，随着经济开放程度的提高，产业空间依次形成三种长期稳定形态，即中心对称结构、对称结构与中心—外围结构并存及中心—外围结构，这与新经济地理学绝大多数的模型所得结果相一致。

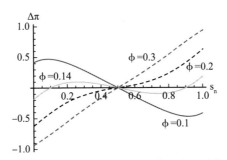

图6－17　贸易自由度变化与产业空间均衡

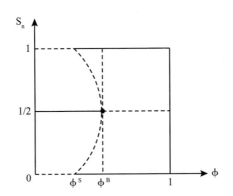

图6－18　产业空间长期均衡下的战斧图解

6.3.3　驼峰状集聚租金

在完全集聚的情况下，如北部为集聚中心（$s_n = 1$），此时有 $q = 1$，$q^* < 1$，则企业在北部地区获得的集聚租金为：

$$q - q^* = 1 - \frac{\bar{\lambda}\left[1 + \phi^2 + (b - \mu)(1 + \phi^2)\right]}{2\lambda\phi} \tag{6-22}$$

由式（6－22）可知，在 $\lambda = \bar{\lambda}$ 的情况下，当 $\phi = 1$ 和 $\phi = \phi^S$ 时，有 $q - q^* = 0$，即没有集聚租金；当 $\phi^S < \phi < 1$ 时，$q - q^* > 0$，即存在集聚租金，

且在 $\phi = \sqrt{\phi^B}$ 时，$q - q^*$ 取得最大值（见图 6 - 19）；在 $\lambda > \bar{\lambda}$ 的情况下，仅当 $\phi = \phi^S$ 时，有 $q - q^* = 0$，在 $\phi = 1$ 时，有 $q - q^* > 0$，即集聚租金不消失，这是由于本地技术溢出效应的增强使得本地企业利润增加，从而使得企业获得集聚收益（见图 6 - 20）。总之，随着贸易自由度的提高（从 ϕ^S 提高到 1），租金曲线先升后降，显示出驼峰状。此时，当经济处于稳定的中心—外围结构时，经济政策的细微变动不会带来产业结构大的调整。

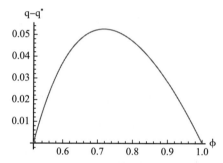

图 6 - 19　技术溢出效应相等时驼峰状集聚租金

注：$\mu = 0.4$，$\sigma = 5$，$\rho = 0.4$，$\delta = 0.2$，$\lambda = \bar{\lambda} = 0.3$。

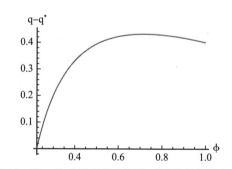

图 6 - 20　技术溢出效应不等时驼峰状集聚租金

注：$\mu = 0.4$，$\sigma = 5$，$\rho = 0.4$，$\delta = 0.2$，$\lambda = 0.5$，$\bar{\lambda} = 0.3$。

6.3.4　地区收入差距比较分析

在 CC 模型（Baldwin，1999）中，随着贸易自由度的提高，繁荣区域通过更多的资本创造，使得初始对称的区域变成非对称的区域，最终形成中心—外围的产业空间分布结构。此时，中心区和外围区居民的名义收入不相同，当然实际收入也不相同，即使在不存在贸易成本的情况下地区间实际收入差距同样存在（见图 6 – 21）。在自由资本的 CC 模型中，资本的自由流动使得地区间名义收入趋于相等，当地区间经济开放程度足够大时，地区间的实际收入差距趋于消失（见图 6 – 22）。

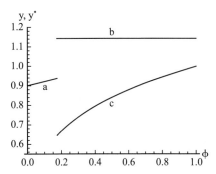

图 6 – 21　对称的 CC 模型中地区实际收入差距

$\mu = 0.5$，$\sigma = 3$，$\rho = 0.2$，$\delta = 0.3$，$y(y^*)$ 表示北（南）部人均实际收入，曲线 a 表示对称分布下人均实际收入（南北无差异），曲线 b 表示中心区人均实际收入，曲线 c 表示外围区的人均实际收入，曲线间断点为 $\phi = \phi^B$，下同。

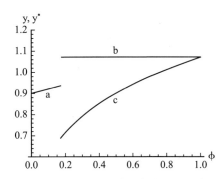

图 6 – 22　自由资本 CC 模型中地区实际收入差距

在本章模型中，资本向资本收益率较高的地区流动，并且资本流动会带动工业工人的流动，从而改变对称分布的工业人口结构。我们认为资本收益最终归当地居民所有，则当地居民不仅拥有工资性收入，还拥有资本收益的财产收入，从而资本的流动带工业工人的流动必然会对地区间人均名义（实际）收入产生影响。如果已经形成了中心—外围的产业空间分布结构，这时中心区的人均收入为 $\dfrac{\beta}{(1+\theta)(1-\beta)}$，外围区的人均收入为

$\dfrac{\beta}{(1-\theta)(1-\beta)}$，由此可见，外围区的人均收入高于中心区的人均收入。

然而，即使外围区的人均名义收入高于中心区，中心区与外围区的人均实际收入差异也可能存在（见图 6-23）。图 6-23 表明，当经济开放程度较低时，在生活成本效应下中心区人均实际收入可能高于外围区，但随着经济开放程度的进一步增强，中心区与外围区人均实际收入差距主要取决于工业工人流动导致的人均名义收入差距扩大和经济开放程度提高导致的人均实际收入缩小这两种相反力量相互作用的结果。当贸易自由度较高并且工业工人数量所占比重较高时，才能出现外围区人均实际收入高于中心区人均实际收入的情形。技术溢出对地区间人均名义收入无影响，但是对地区间人均实际收入差距有影响。在中心—外围结构中，中心区本地技术溢出效应达到最大，这会降低本地价格指数，从而使得中心区和外围区实际收入差距扩大。图 6-24 说明，本地技术溢出效应增强会扩大地区间人均实际收入差距，跨界技术溢出效应增强则会缩小这一差距。从而，在本章模型中，地区间收入差异的大小具有不确定性，这主要取决于工业工人流动状况、经济开放程度、本地和跨界技术溢出等几种力量相互作用的结果。

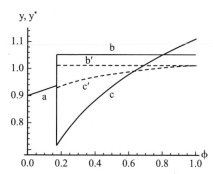

图 6-23　多要素流动与地区实际收入差距

注：曲线 b、c 中工业工人份额为 $\theta=0.3571$，而曲线 b′、c′ 中工业工人份额为 $\theta=0.0675$。

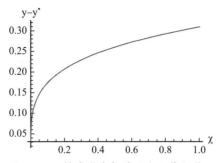

图 6 – 24　技术溢出与地区实际收入差距

注：$\mu = 0.9$，$\sigma = 3$，$\rho = 0.2$，$\delta = 0.3$，$\phi = 0.2$，$\chi = \dfrac{\lambda}{\lambda}$。

6.4　本章小结

CC 模型（Baldwin，1999）试图引入资本形成与资本折旧两种新因素对产业空间分布进行重新阐释，但模型中忽视了要素流动对产业空间分布的进一步影响。由此，本章不仅假设资本在地区间可以自由流动，而且还假设工业工人在地区间也可以流动，认为资本流动将导致工业工人流动，从而弥补了资本创造模型中无要素流动的局限性。同时，与 CC 模型相比，本章得出的创新性结论如下：首先，工业工人流动将打破人口服从对称分布的条件，从而对地区间人均名义（实际）收入产生影响。随着贸易自由度的提高，外围区人均收入水平不仅会赶上甚至还有可能会超过中心区的人均收入水平，这在某种程度上反映了外围区能在"投资全球化"和"产业空心化"过程中获益。其次，进一步考察了技术溢出对产业空间演化和地区人均收入差距的影响，发现本地技术溢出效应会强化市场集聚力，扩大地区间的实际收入差距，跨界技术溢出效应则刚好相反。最后，在多要素流动下，生产要素的流动会加强需求关联的循环因果效应，从而进一步丰富和完善了 CC 模型中所得的结论。考虑多要素流动与技术溢出的资本创造模型囊括了 CP 模型（Krugman，1991）所有的特征，即本地市场放大效应、累积因果关系、内生非对称、突发性集聚、区位的粘性、驼峰状集聚租金、重叠区和预期的自我实现，并且与 CP 模型相比模型更为简化而且还具有更为丰富的经济学含义。

第 7 章

工业劳动力流动、资本创造
与经济地理空间均衡

克鲁格曼（1991）等学者的贡献实现了将空间经济学从经济学理论的边缘引向经济学的中心地位，从而使新经济地理学成为空间经济学家分析工具箱的重要组成部分。新经济地理学研究的主要内容是运输成本、企业的规模收益递增以及供求关系之间的相互作用是如何影响和决定经济活动的空间区位的。藤田和克鲁格曼（2004）认为新经济地理学区别于其他学科的创新性假设有以下几点：首先是整个空间经济的一般均衡模型，这使它的方法与传统的区位理论和经济地理学的方法不同；其次是单个厂商的生产规模收益递增和不可分割性，导致垄断竞争的市场结构的产生，防止了"后院资本主义"（每个家庭或小团体都为自己生产大部分商品）生产方式的发生；再次是存在冰山交易成本，这使得区位选择很重要；最后，模型所分析的生产要素和消费者的区位选择其实就是集聚发生的过程。为了更好地解释空间经济发展不平衡的现象，一些学者对新经济地理学原始的中心—外围模型（CP 模型，克鲁格曼，1991）进行了拓展，例如，鲍德温（1999）发展的资本创造模型（CC 模型）引入了资本形成与资本折旧这两种变量，代替了 CP 模型中的要素流动，认为产业重新布局的关键在于资本的损耗与创造，繁荣区域通过更多的资本创造，从而增加资本存量，区域市场规模（总支出）也随之扩大，反之，衰退区域通过损耗更多的资本，从而减少资本存量，区域市场规模（总支出）也随之萎缩。CC模型虽然从资本积累角度重新阐释了 CP 模型的集聚机制，但模型中无生产要素流动的假定在某种程度上限制了模型的现实解释力。因此，本章对 CC 模型中无生产要素流动的假定进行了突破，认为资本集聚的过程必然伴随着劳动力的流动过程，另外，本章认为，在价格指数效应的作用下，是资本的实际收益而不是名义收益决定资本是否创造。

7.1 模型建立与短期均衡分析

假定经济系统由农业部门、工业部门和资本创造部门三个部门构成。存在南北两个地区，这两个地区在偏好、技术、开放度以及初始的要素禀赋方面都是对称的，每个地区拥有资本和劳动两种生产要素。农业部门与资本创造部门均使用劳动作为投入要素，工业部门使用资本与劳动两种生产要素。资本在区域间不流动，但是存在资本创造与折旧，资本在空间分布上的变化会引起工业劳动力在区域间的流动。

7.1.1 消费均衡

代表性经济主体的效用函数是两层嵌套的效用函数，其中，外层是柯布—道格拉斯型形式，用来表示消费农产品和多样化工业品的效用函数，内层是不变替代弹性形式，用来表示消费多样化工业品的效用函数，即有：

$$U = C_M^{\mu} C_A^{1-\mu}, \quad C_M = \left[\int_{i=0}^{n^w} c(i)^{\frac{\sigma-1}{\sigma}} di \right]^{\frac{\sigma}{\sigma-1}}, \quad 0 < \mu < 1 < \sigma \quad (7-1)$$

其中，C_M 表示工业品集合体的消费量，C_A 表示农产品的消费量，n^w 表示经济系统工业产品种类数，$n^w = n + n^*$，其中，n 表示北部地区生产的工业产品的种类数，则 n^* 表示南部地区生产的工业产品的种类数，μ 表示总支出中支付在工业品上的份额，σ 表示消费者消费不同工业品之间的替代弹性，$c(i)$ 表示消费者对第 i 种工业品的消费量。消费者预算约束条件为：

$$P_M C_M + P_A C_A = E, \quad P_M = \left[\int_{i=0}^{n^w} p(i)^{1-\sigma} di \right]^{1/(1-\sigma)} \quad (7-2)$$

式 $(7-2)$ 中，P_M 表示工业品集合体的价格，P_A 表示农产品的价格，$p(i)$ 表示第 i 种工业品的价格，E 表示消费者的支出，假定 $P_A = 1$，即农产品作为计价基准单位。利用效用最大化条件，可以得到如下结果：

$$C_M = \mu E / P_M, \quad C_A = (1-\mu)E, \quad c(i) = \frac{\mu E p(i)^{-\sigma}}{P_M^{1-\sigma}} \quad (7-3)$$

7.1.2　生产均衡

假设物资资本的折旧率为 δ，则期初一单位资本在 t 时刻仍可利用的部分为 $e^{-\delta t}$。资本创造部门遵循瓦尔拉斯一般均衡，即具有完全竞争的市场结构与生产规模报酬不变的特征。在资本形成过程中，资本创造部门只使用劳动力一种要素，单位资本形成需要耗费的劳动量为 a_I，单位资本形成成本无地域差别，即有 $F = F^* = w_L a_I$，其中，w_L 表示劳动者的工资水平。农业部门同样遵循瓦尔拉斯一般均衡，只投入劳动力一种生产要素，生产同质农产品。单位农产品的生产需要 a_A 单位的劳动力投入，因此单位农产品的生产成本是 $w_L a_A$。农产品区域间交易不存在交易成本，因此农产品的市场销售价格在任何地方都相等，即有 $P_A = P_A^* = 1$。不妨设 $a_A = a_A^* = 1$，其中，a_A^* 表示对应的南部地区农业部门生产单位农产品的劳动投入，我们不难得出 $w_L = w_L^* = 1$。两个地方都存在农业品的生产，从事农业生产的劳动力在地区间对称分布，则农业生产的非完全专业化条件为：

$$(1 - \mu)E^w > \frac{L^w(1 - \theta) - \delta K^w a_I}{2} \qquad (7 - 4)$$

E^w 为经济系统工农业部门的总支出，K^w 为总资本存量，L^w 是外生变量，表示经济系统劳动力的数量，为了简化起见，令 $L^w = 1$，θ 表示劳动力中从事工业生产所占的比例，结合后面式（7 - 17），则 θ 为：

$$\theta = \frac{L^w - (1 - \mu)E^w - \delta K^w a_I}{L^w} = \frac{\mu\rho - \beta(\delta + \rho)}{(1 - \beta)\rho} = \frac{\mu(\delta + \rho)(\sigma - 1)}{\sigma(\delta + \rho) - \mu\rho} \quad (7 - 5)$$

其中，β 表示资本净收益与经济总支出的比率（关于 β 具体的计算公式将在文后说明），ρ 为资本的贴现率。由式（7 - 5）可知，θ 的大小不是固定不变的比例关系，随着工业品支出份额、替代弹性、资本贴现率的变大，θ 也相应变大，反之，随着资本折旧率的增加，θ 相应变小。将式（7 - 5）以及后面的式（7 - 17）代入不等式（7 - 4），可以证明不等式（7 - 4）恒成立，即工业品支出份额、替代弹性、资本贴现率以及资本折旧率取值大小并不构成两个地方都存在农业品生产的限制条件。

工业生产需要资本作为固定投入，工人的劳动作为可变投入。企业的生产存在规模经济，而不存在范围经济，一个企业只生产一种工业产品，每一企业只需要一单位资本作为固定投入。在垄断竞争的条件下，均衡时企业的利润用来弥补固定成本，即利润与固定成本相等，因此，北部地区代表性企业 j 的成本函数可以写成：

$$C(j) = \pi + a_m w_L x(j) \tag{7-6}$$

其中，π 为资本收益率，a_m 代表以劳动衡量的边际投入，$x(j)$ 为该企业的产出。本地企业生产的产品在本地市场的销售价格为 $p = \dfrac{\sigma a_m w_L}{\sigma - 1}$，不妨设 $a_m = \dfrac{\sigma - 1}{\sigma}$，则 $p = w_L = 1$。a_m 与 σ 显然是正向相关的，$a_m \in (0, 1)$。σ 越小，意味着企业工业品生产的规模报酬递增程度越显著（迪克西特和斯蒂格利茨，1977），这时 a_m 越小，即企业生产工业品的工人劳动生产率越高。工业产品在地区间的交易存在冰山型运输成本，从而本地企业生产的产品在外地市场的销售价格为 $p^* = \tau p$，$\tau \geqslant 1$。生产均衡时北部代表性企业单位资本的收益为：

$$\pi = px/\sigma = \frac{\mu E^w}{\sigma}\left[\frac{s_E}{s_n + \phi(1 - s_n)} + \frac{\phi(1 - s_E)}{\phi s_n + (1 - s_n)}\right] \tag{7-7}$$

式（7-7）中，$\phi = \tau^{1-\sigma}$ 表示地区间的贸易自由度，$\phi \in [0, 1]$；当 $\tau = 1$ 时，$\phi = 1$；当 $\tau \to \infty$ 时，$\phi = 0$。$s_E = E/E^w$ 为北部支出所占的份额，$1 - s_E = E^*/E^w$ 为南部支出所占份额，其中，E 和 E^* 分别表示北部和南部的支出额，$s_n = n/n^w$ 为北部企业所占份额，$1 - s_n = n^*/n^w$ 为南部企业所占份额。令 $\Delta = s_n + \phi(1 - s_n)$，$\Delta^* = \phi s_n + (1 - s_n)$，$B = \dfrac{s_E}{\Delta} + \dfrac{\phi(1 - s_E)}{\Delta^*}$，$B^* = \dfrac{\phi s_E}{\Delta} + \dfrac{1 - s_E}{\Delta^*}$，$b = \dfrac{\mu}{\sigma}$，则北部和南部单位资本收益可以分别表示为：

$$\pi = bBE^w/K^w, \quad \pi^* = bB^*E^w/K^w \tag{7-8}$$

7.1.3 市场份额

经济系统中不存在储蓄，即收入与支出相等。工业与农业部门的总收入或总支出为：

$$E^w = w_L L^w + \pi s_n K^w + \pi^*(1 - s_n)K^w - \delta K^w a_I w_L = L^w + bE^w - \delta K^w a_I \tag{7-9}$$

整理得：

$$E^w = \frac{L^w - \delta K^w a_I}{1 - b} \tag{7-10}$$

假设资本份额在空间上的变化会带动工业工人的流动（何雄浪，2019），则北部支出 E 可以表示为：

$$E = \frac{(1-\theta)L^w}{2} + \eta\theta L^w + \pi s_n K^w - \delta s_n K^w a_I = \frac{(1-\theta)L^w}{2} + \eta\theta L^w + s_n bBE^w - \delta s_n K^w a_I$$

$$(7-11)$$

其中，η 表示北部地区工业工人占经济系统总的工业工人的比重，设 $\eta = 0.5\gamma + \psi s_n$，当 $\gamma = 1$、$\psi = 0$ 时，此时 $\eta = 0.5$，这意味着劳动力在地区间对称分布，不受资本空间分布的影响，我们认为这只是一种特殊情形。当 $\gamma = 0$、$\psi = 1$ 时，$\eta = s_n$，此时工业部门的劳动力在地区间并不总是对称分布，劳动力随着资本空间分布的变化而流动，并且工业工人流动的份额变化与资本空间分布的变化份额保持一致，这保证当 $s_n = 0.5$ 时，资本和劳动力在两个地区间都对称分布。在现实中，我们可以发现，像北京、上海、深圳等这些资本和技术密集的一线城市，往往是劳动力大量流入的地区。甚至在日本东京、美国纽约等人口集聚程度已经很高的地区，因为其资本和技术的高度集聚依然在吸附劳动力，因此，劳动向资本集聚的地方集中的假设具有一定的合理性。基于此，本章也只考虑资本集聚带动劳动流动的情形，即 $\gamma = 0$ 与 $\psi = 1$ 这种情形。结合后面式（7-17），我们求得北部支出所占的份额 s_E 为：

$$s_E = \frac{E}{E^w} = \frac{(1-\theta)(1-\beta)\rho + 2\eta\theta(1-\beta)\rho + 2b\rho Bs_n - 2\beta\delta s_n}{2\rho} \quad (7-12)$$

式（7-12）给出的 s_E 与 s_n 之间的变动轨迹，我们称之为 EE 曲线。图 7-1 至图 7-4 显示，随着贸易自由度、工业品支出份额、替代弹性以及资本贴现率的变大，EE 曲线绕着中心对称点逆时针方向旋转。图 7-5 则显示，随着资本折旧率的变大，EE 曲线绕着中心对称点顺时针方向旋转。

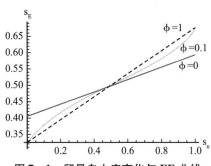

图 7-1 贸易自由度变化与 EE 曲线

注：$\mu = 0.4$，$\sigma = 2$，$\gamma = 0$，$\psi = 1$，$\delta = 0.1$，$\rho = 0.2$。
在一般的情形下，如果没有作特别的说明，本文后续部分均设定 $\gamma = 0$，$\psi = 1$。

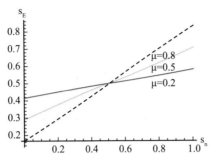

图 7 - 2　工业品支出份额变化与 EE 曲线

注：$\phi = 0.3$，$\sigma = 2$，$\delta = 0.1$，$\rho = 0.2$。

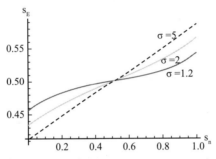

图 7 - 3　替代弹性变化与 EE 曲线

注：$\phi = 0.3$，$\mu = 0.2$，$\delta = 0.15$，$\rho = 0.07$。

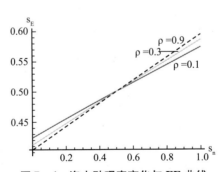

图 7 - 4　资本贴现率变化与 EE 曲线

注：$\phi = 0.5$，$\mu = 0.2$，$\sigma = 2$，$\delta = 0.1$。

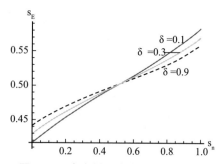

图7-5 资本折旧率变化与EE曲线

注：$\phi=0.3$，$\mu=0.2$，$\sigma=2$，$\rho=0.2$。

7.2 长期均衡分析

长期均衡是指资本的空间分布不再发生变化的一种状态，据此我们可以考察经济系统的产业空间布局等问题。

7.2.1 长期均衡的条件

资本价值表现为资本长期收益流的现值，长期单位资本的价值可以表示为：

$$v = \int_0^\infty \pi e^{-(\rho+\delta)t}dt = \frac{\pi}{\rho+\delta}, \quad v^* = \int_0^\infty \pi^* e^{-(\rho+\delta)t}dt = \frac{\pi^*}{\rho+\delta} \quad (7-13)$$

当资本价值与创造资本的成本相等时，就达到了长期均衡。在 CC 模型（鲍德温，1999）中，长期均衡的条件为：

$$v = F = v^* = F^* = a_I, \quad s_n \in (0,1);$$
$$v = F, \quad v^* < F^*, \quad s_n = 1; \quad\quad\quad (7-14)$$
$$v^* = F^*, \quad v < F, \quad s_n = 0$$

因此，在 CC 模型（鲍德温，1999）中，当两个区域的资本收益相同，即 $\pi=\pi^*$ 时，达到长期均衡的内点解条件。我们认为，在现实生活中，往往是资本的实际收益而不是名义收益决定了资本所有者的区位选择，因此，与 CC 模型不同的是，我们考虑资本的实际收益相等，即 $\omega=\omega^*$ 作为长期均衡的内点解条件。其中，ω 与 ω^* 分别为：

$$\omega = \frac{\pi}{P}, \quad \omega^* = \frac{\pi^*}{P^*} \tag{7-15}$$

其中，$P = P_A^{1-\mu} P_M^{\mu} = P_M^{\mu}$，$P^* = P_A^{1-\mu} (P_M^*)^{\mu} = (P_M^*)^{\mu}$。根据式（7-15），我们可以得到长期均衡时 s_E 与 s_n 之间的关系，即 nn 曲线：

$$s_E = \frac{\Delta(\Delta^a - \phi(\Delta^*)^a)}{((\Delta^*)^a - \Delta^a)s_n - (1-\phi^2)(-\Delta^*)^a}, \quad a = \frac{\mu}{1-\sigma} \tag{7-16}$$

nn 曲线说明在 $0 < s_n < 1$ 范围内，资本空间份额保持稳定时，资本使用空间分布与支出份额的空间分布必须满足的条件。图 7-6 至图 7-8 显示，随着贸易自由度、工业品支出份额的变大以及替代弹性的变小，nn 曲线绕着中心对称点顺时针方向旋转。将这些系列因素的变化对 nn 曲线与 EE 曲线变动的影响结合在一起分析，我们可以认为，随着贸易自由度、工业品支出份额、资本贴现率的变大，资本折旧率的变小，将降低对称结构的稳定性，而提高中心—外围结构的稳定性。替代弹性的变化对产业空间分布稳态的影响则需要我们下文做进一步研究来判断。

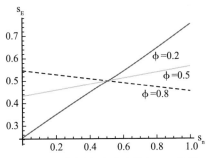

图 7-6　贸易自由度变化与 nn 曲线

注：$\mu = 0.4$，$\sigma = 3$。

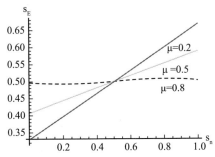

图 7-7　工业品支出份额变化与 nn 曲线

注：$\phi = 0.4$，$\sigma = 3$。

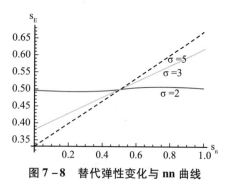

图 7 - 8　替代弹性变化与 nn 曲线

注：$\phi = 0.4$，$\mu = 0.4$。

根据资本创造的长期均衡条件，我们可以得到 $\dfrac{\pi}{\rho + \delta} = a_I$，即有 $\dfrac{bE^w}{(\rho + \delta)K^w} = a_I$，结合式（7 - 10），整理后我们可以得到长期均衡时的 K^w 与 E^w 分别为：

$$K^w = \frac{\beta L^w}{(1 - \beta)\rho a_I}, \quad E^w = \frac{L^w}{1 - \beta} \tag{7 - 17}$$

其中，β 是长期均衡时资本的净收益（即扣除折旧后的收益）与经济的总支出的比率，即有 $\beta = b\rho / (\rho + \delta)$。

7.2.2　实际资本报酬差异与产业空间分布的稳定性

图 7 - 9、图 7 - 10 显示，随着工业品支出份额的变大，替代弹性的变小，产业空间分布的稳定结构依次经历对称结构稳定均衡、内部非对称结构稳定均衡、中心—外围结构稳定均衡三种状态。图 7 - 11、图 7 - 12 显示，随着资本贴现率的变大，资本折旧率的变小，产业空间分布的稳定结构依次经历对称结构、对称结构与中心—外围结构共存、中心—外围结构三种稳定均衡状态。图 7 - 13 同时显示，当其他外生参数取值不同时，随着资本折旧率的变小，产业空间分布的稳定结构也可依次经历对称结构、内部非对称结构、中心—外围结构三种稳定均衡状态。

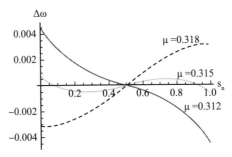

图7-9 工业品支出份额变化与产业空间分布

注：$\phi = 0.4$，$\sigma = 3$，$\delta = 0.1$，$\rho = 0.2$，$\gamma = 0$，$\psi = 1$。
纵轴表示地区间的实际资本报酬差异（$\omega - \omega^*$），横轴表示北部地区的企业数量份额，下同。

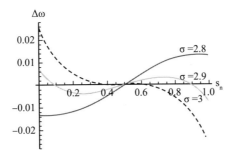

图7-10 替代弹性变化与产业空间分布

注：$\phi = 0.2$，$\mu = 0.5$，$\delta = 0.1$，$\rho = 0.2$。

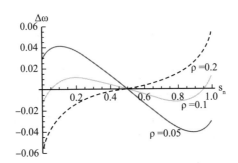

图7-11 资本贴现率变化与产业空间分布

注：$\phi = 0.2$，$\mu = 0.4$，$\sigma = 2$，$\delta = 0.1$。

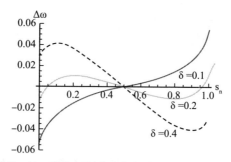

图 7 – 12   资本折旧率变化与产业空间分布（1）

注：$\phi = 0.2$，$\mu = 0.4$，$\sigma = 2$，$\rho = 0.2$。

图 7 – 12、图 7 – 13 为一组图，因此，我们用（1）（2）来表示该组图个数序号。在同一组图中，外部参数取值相同本章中其他地方类似。

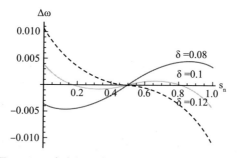

图 7 – 13   资本折旧率变化与产业空间分布（2）

注：$\phi = 0.3$，$\mu = 0.4$，$\sigma = 3$，$\rho = 0.2$。

7.2.3   作用力与产业空间分布的关系

影响产业空间分布的作用力有两个，即集聚力（本地市场效应和生活成本效应）和分散力（市场拥挤效应）。产业的空间分布均衡是由集聚力和分散力相互作用的结果，当集聚力大于分散力时，则会导致经济活动的集中，反之，则导致经济活动的分散布局。

（1）产业的集聚力：本地市场效应

本地市场效应是指本地市场规模大小的变动对经济活动空间分布的影响，由此，在对称条件下，仅考虑市场需求的变动对资本实际价值的影响，从而，整理后我们有：

$$\frac{\mathrm{d}\omega}{\mathrm{d}s_E} = \frac{2(0.5 + 0.5\phi)^{\frac{\mu}{\sigma-1}}(1 - \phi)}{1 + \phi} \tag{7 - 18}$$

式 (7-18) 反映，在本模型中，始终存在需求关联的循环累积因果自我强化机制。显然随着工业品支出份额的增加，本地市场效应的自我强化机制越来越强。接下来我们考虑运输成本对本地市场效应的影响：

$$\frac{\partial\left(\dfrac{\mathrm{d}\omega}{\mathrm{d}s_E}\right)}{\partial\tau}=\frac{2(0.5+0.5\tau^{1-\sigma})^{\frac{\mu}{\sigma-1}}(\mu(\tau-\tau^{\sigma})+2\tau^{\sigma}(\sigma-1))}{(\tau+\tau^{\sigma})^2} \qquad (7-19)$$

式 (7-19) 反映，随着 τ 的增大，$\dfrac{\mathrm{d}\omega}{\mathrm{d}s_E}$ 呈现出先上升后下降的趋势，说明本地市场的自我强化效应随着运输成本的增加表现出先增强后减弱的

趋势，如图 7-14 所示。当 $\tau \leqslant \tau_h = \left(\dfrac{\mu}{2+\mu-2\sigma}\right)^{\frac{1}{\sigma-1}}$ 时①，$\dfrac{\partial\left(\dfrac{\mathrm{d}\omega}{\mathrm{d}s_E}\right)}{\partial\tau}\geqslant 0$，因

此，只要运输成本不超过某一值时，随着运输成本的增加，本地市场效应

的自我强化机制不断加强；但是当 $\tau > \tau_h$ 时，这时便有 $\dfrac{\partial\left(\dfrac{\mathrm{d}\omega}{\mathrm{d}s_E}\right)}{\partial\tau}<0$，因此，

一旦运输成本大于某一值时，本地市场效应的自我强化机制随着运输成本

的增加不断减弱。当 $\sigma > \dfrac{2+\mu}{2}$ 时，则 $\dfrac{\partial\left(\dfrac{\mathrm{d}\omega}{\mathrm{d}s_E}\right)}{\partial\tau}>0$ 始终成立，因此，一旦消

费者的偏好不足够多样化，则随着运输成本的增加，本地市场效应的自我强化机制会越来越强，如图 7-15 所示，这是因为，相当于随着地区间贸易自由度的降低，加强了本地的市场保护，从而增强了本地市场效应。

$\dfrac{\partial\left(\dfrac{\mathrm{d}\omega}{\mathrm{d}s_E}\right)}{\partial\sigma}$ 的表达式太过复杂，在此不做展示。我们通过图 7-16 来反映工业

品间替代弹性的变动与本地市场效应自我强化机制间的关系。图 7-16 显

示，无论 σ 取何值时都有 $\dfrac{\partial\left(\dfrac{\mathrm{d}\omega}{\mathrm{d}s_E}\right)}{\partial\sigma}>0$。但是随着 σ 的值逐渐增大，$\dfrac{\partial\left(\dfrac{\mathrm{d}\omega}{\mathrm{d}s_E}\right)}{\partial\sigma}$

的值逐渐减小最后趋近于零，也就是说随着工业品间的替代弹性变大，本地市场效应的自我强化机制一直加强但是增强速度越来越小。

---

① $\sigma < \dfrac{\mu+2}{2}$，保证 $\tau_h > 0$。

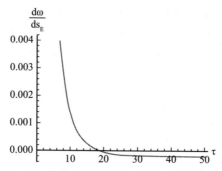

图 7 - 14 运输成本与本地市场效应变化的关系

注：$\mu = 0.9$，$\sigma = 1.2$。

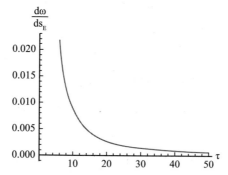

图 7 - 15 运输成本与本地市场效应变化的关系

注：$\mu = 0.8$，$\sigma = 1.5$。

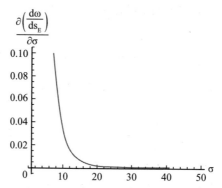

图 7 - 16 替代弹性与本地市场效应变化的关系

注：$\mu = 0.6$，$\tau = 1.6$。

（2）产业的集聚力：生活成本效应分析

在对称条件下，我们仅考虑价格指数对当地居民收入的影响，整理后，我们有：

$$\frac{d\omega}{\omega} = \frac{(\phi - 1)a ds_n}{s_n + \phi(1 - s_n)} > 0 \qquad (7-20)$$

因此，随着工业品支出份额的增大，工业品替代弹性的下降，北部地区生活成本效应在逐渐增强；随着贸易自由度的提高，生活成本效应在逐渐减弱，即消费者对本地市场的依赖性在减小。

（3）产业的分散力：市场拥挤效应分析

随着本地集聚的企业数量增加，会引起企业间争夺消费者的竞争，由此产生"市场拥挤效应"。据此，我们仅考虑北部企业份额变动对资本实际收益的影响，整理后我们有：

$$\frac{d\omega}{ds_n} = \frac{2(0.5 + 0.5\phi)^{-a}(1 - \phi)((1 - \phi)(1 - \sigma) + \mu(1 + \phi))}{(\sigma - 1)(1 + \phi)^2} \qquad (7-21)$$

我们讨论贸易自由度对市场拥挤效应的影响。当 $\phi = \phi^c = \dfrac{\sigma - \mu - 1}{\sigma + \mu - 1}$ 时（$\phi = 1$ 舍去），$\dfrac{d\omega}{ds_n} = 0$。可以证明，当 $\phi < \phi^c$ 时，有 $\dfrac{d\omega}{ds_n} < 0$，当贸易自由度不超过一定值时，市场拥挤效应存在；反之，当 $\phi > \phi^c$ 时，则有 $\dfrac{d\omega}{ds_n} > 0$，也就是说随着贸易自由度的增加，市场拥挤效应将消失。

我们讨论工业品间的替代弹性对市场拥挤效应的影响。当 $\sigma = 1 + \mu$ 时，$\phi^c = 0$。当 $\sigma > 1 + \mu$ 时，$\phi^c > 0$，此时，如果 $\phi < \phi^c$ 时，有 $\dfrac{d\omega}{ds_n} < 0$，存在市场拥挤效应；$\phi > \phi^c$ 时，有 $\dfrac{d\omega}{ds_n} > 0$，市场拥挤效应消失。所以，在本章模型中市场拥挤效应的存在是有条件的，只有当工业品间的替代弹性足够大（也就是企业生产的规模报酬递增程度不够显著），并且贸易自由度低于一定值时，才存在市场拥挤效应。相反的，当 $\sigma < 1 + \mu$ 时，$\phi^c < 0$，此时无论取什么样的贸易自由度，都有 $\dfrac{d\omega}{ds_n} > 0$，即市场拥挤效应不存在。所以，如果工业品间的替代弹性不够大（也就是企业生产的规模报酬递增程度足够显著），市场拥挤效应将彻底消失，此时只剩下集聚力，从而对称结构将不再是一种稳定均衡。

同样的我们讨论工业品支出份额对市场拥挤效应的影响。当 $\mu = \sigma - 1$

时，$\phi^c = 0$。当 $\mu < \sigma - 1$ 时，$\phi^c > 0$，此时，如果有 $\phi < \phi^c$ 时，则 $\dfrac{d\omega}{ds_n} < 0$，存在市场拥挤效应。所以，市场拥挤效应存在的前提条件是工业品支出份额较低，并且贸易自由度也较低，当 $\mu > \sigma - 1$ 时，$\dfrac{d\omega}{ds_n} > 0$，市场拥挤效应彻底消失了。

因此，市场拥挤效应存在是有前提条件的，即企业生产工业品的规模报酬递增程度不够显著，工业品支出份额较低，同时贸易自由度也较低。当企业生产工业品的规模报酬递增程度足够显著，或者工业品支出份额很高时，市场拥挤效应将彻底消失，并转化成为促进产业集聚的动力。例如全国经济中心城市深圳，经济高度发达，是国际科技创新中心，是企业不断创新和劳动力大量流入的地区，就像一块象征着财富和机遇的吸铁石，巨大的吸附力让企业和人才在这里不断集聚。

7.3 突破点、持续点、贸易自由度变化与经济地理均衡

新经济地理研究中，我们要确定经济地理均衡的状态，就要找到两个关键性贸易自由度，即突破点与持续点。突破点是维持对称结构稳定的最小的贸易自由度；持续点是维持中心—外围结构稳定的最小贸易自由度。当贸易自由度的取值范围不同时，产业空间的稳定结构也就不相同。

7.3.1 突破点、持续点及其比较

当 EE 曲线与 nn 曲线在对称中心点具有相同的斜率时，就是打破对称均衡的临界点，此时对应的贸易自由度就是突破点（ϕ^B），据此我们求得的突破点为：

$$\phi^B = \frac{(a(b-1) + b + \theta - 1)\rho - (\delta + \theta\rho)\beta}{(a(b+1) - b - \theta - 1)\rho + (\delta + \theta\rho)\beta} \qquad (7-22)$$

图 7 - 17、图 7 - 18 反映，随着工业品支出份额、资本贴现率的变大，突破点越来越小，这意味着维持对称结构稳定的贸易自由度范围在变窄，即对称结构保持稳定均衡状态越来越困难。图 7 - 19、图 7 - 20 反映，随着替代弹性、资本折旧率的变大，突破点越来越大，即维持对称结构稳定

的贸易自由度范围在变宽。图7－17、图7－19同时显示，当工业品支出份额很大，或者工业企业生产产品规模收益递增程度非常大（σ 很小）时，则有 $\phi^B < 0$，这意味着不管是什么样的贸易自由度，对称结构都不会再保持稳定。

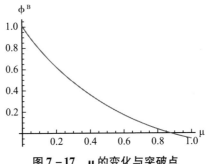

图7－17 μ 的变化与突破点

注：$\sigma = 4$，$\rho = 0.1$，$\delta = 0.1$。

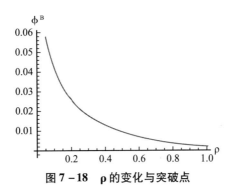

图7－18 ρ 的变化与突破点

注：$\mu = 0.6$，$\sigma = 4$，$\delta = 0.1$。

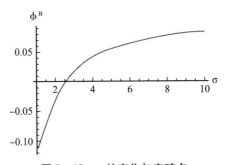

图7－19 σ 的变化与突破点

注：$\mu = 0.8$，$\rho = 0.1$，$\delta = 0.1$。

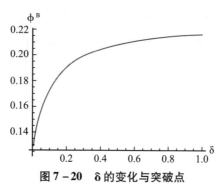

图7-20　δ的变化与突破点

注：$\mu = 0.6$，$\sigma = 4$，$\rho = 0.1$。

当 $s_n = 1$，EE 曲线与 nn 曲线的纵坐标相等时，即有：

$$\frac{(1+\mu)\rho\sigma + \delta(\sigma + \mu(\sigma-1))}{2(\rho+\delta)\sigma} = \frac{1-\phi^{1+a}}{1-\phi^2} \qquad (7-23)$$

由此，求得的贸易自由度我们称之为持续点（ϕ^S）。图7-21、图7-22 显示，随着工业品支出份额、资本贴现率的变大，突破点与持续点均在变小。图7-23、图7-24 显示，随着替代弹性、资本折旧率的变大，突破点与持续点均在变大。突破点变小意味着维持对称结构稳定的贸易自由度范围在变窄，即对称结构保持稳定均衡状态越来越困难，反之则反是；持续点变小意味着维持中心—外围结构稳定的贸易自由度范围在变宽，即中心—外围结构保持稳定均衡状态越来越容易，反之则反是。图7-21 至图7-24 同时显示，只要满足合适的外生条件，则存在着 $\phi^B < 0$ 的状态。一旦突破点小于零，这意味着不管是什么样的贸易自由度，对称结构都不会再保持稳定。同时，我们也可以发现，随着工业品支出份额、资本贴现率、替代弹性、资本折旧率的变动，突破点与持续点的大小比较可以形成三种关系，即突破点大于持续点、突破点等于持续点或突破点小于持续点。在 CC 模型中，始终有持续点等于突破点。从而本章发展的新的 CC 模型关于持续点与突破点大小比较显示了与原 CC 模型不同的结论，这就意味着随着贸易自由度的变化，本章的模型显示出多样化的产业空间动态演化行为。

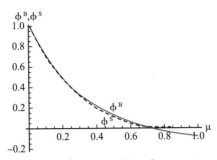

图 7 - 21   μ 变化与 ϕ^B、ϕ^S 变化比较

注：$\sigma = 2$，$\rho = 0.1$，$\delta = 0.1$。

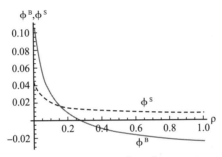

图 7 - 22   ρ 变化与 ϕ^B、ϕ^S 变化比较

注：$\mu = 0.6$，$\sigma = 4$，$\delta = 0.1$。

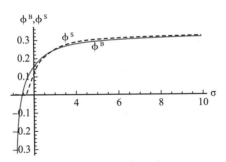

图 7 - 23   σ 变化与 ϕ^B、ϕ^S 变化比较

注：$\mu = 0.5$，$\rho = 0.1$，$\delta = 0.3$。

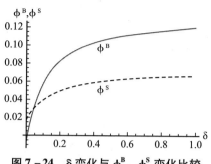

图 7-24　δ变化与ϕ^B、ϕ^S变化比较

注：$\mu=0.6$，$\sigma=4$，$\rho=0.1$。

7.3.2　贸易自由度变化与产业空间的均衡分析

当 $\phi^S>\phi^B$，并且 $\phi^B<0$ 时，例如，当 $\mu=0.8$，$\sigma=2.2$，$\rho=0.1$，$\delta=0.1$ 时，我们有 $\phi^B=-0.1677$，$\phi^S=0.0070$[①]，由此根据图 7-25，我们有如下结论：

结论（1）：$\phi^S>\phi^B$，$\phi^B<0$。当 $\phi<\phi^S$ 时，只有内部非对称结构是稳定均衡结构；当 $\phi>\phi^S$ 时，内部非对称结构和中心—外围结构都是稳定均衡结构，随着贸易自由度的继续变大，中心—外围结构成为唯一的稳定均衡结构。

当 $\phi^S>\phi^B>0$ 时，例如，当 $\sigma=5$，$\mu=0.5$，$\rho=0.1$，$\delta=0.3$ 时，则有 $\phi^B=0.296$，$\phi^S=0.3050$，由此根据图 7-26，我们可以得到如下结论：

结论（2）：$\phi^S>\phi^B>0$。当 $\phi<\phi^B$ 时，对称结构是唯一稳定均衡；当 $\phi^B<\phi<\phi^S$ 时，内部非对称结构是唯一稳定均衡；当 $\phi>\phi^S$ 时，中心—外围结构是唯一稳定均衡。

当 $\phi^B>\phi^S$ 时，例如，当 $\sigma=2$，$\mu=0.5$，$\rho=0.1$，$\delta=0.3$ 时，则有 $\phi^B=0.1613$，$\phi^S=0.1254$，由此根据图 7-27，我们得出如下结论：

结论（3）：$\phi^B>\phi^S$。当 $\phi<\phi^S$ 时，对称结构是唯一稳定均衡结构；当 $\phi^S<\phi<\phi^B$ 时，对称结构和中心—外围结构都是稳定均衡结构，内部非对称结构均衡不稳定；当 $\phi>\phi^B$ 时，中心—外围结构是唯一稳定均衡结构。

---

① 关于突破点与持续点的计算，此处精确到 4 位有效小数，下同。

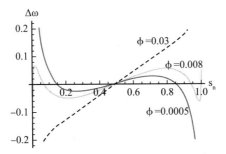

图 7 - 25　贸易自由度变化与产业空间均衡（1）

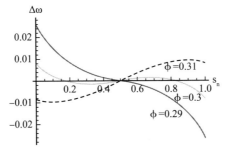

图 7 - 26　贸易自由度变化与产业空间均衡（2）

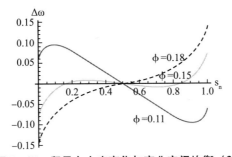

图 7 - 27　贸易自由度变化与产业空间均衡（3）

当 $\phi^B = \phi^S$ 时，例如，当 $\sigma = 2.805$①，$\mu = 0.5$，$\rho = 0.1$，$\delta = 0.3$ 时，有 $\phi^B = \phi^S = 0.2399$，由此根据图 7 - 28，我们有如下结论：

结论（4）：$\phi^B = \phi^S$。当 $\phi < \phi^B(\phi^S)$ 时，对称结构是唯一稳定均衡结构；当 $\phi > \phi^B(\phi^S)$ 时，内部非对称结构和中心—外围结构都是稳定均衡结构，随着贸易自由度的继续变大，中心—外围结构成为唯一的稳定均衡结构。

---

① 此处 σ 的取值精确到 4 位有效小数。

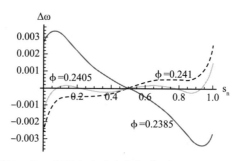

图 7-28　贸易自由度变化与产业空间均衡（4）

新经济地理学的经典模型（克鲁格曼，1991；马丁和罗杰斯，1995；鲍德温，1999；马丁和奥塔维诺，1999；奥塔维诺，2001；福斯里德和奥塔维诺，2003）得出的研究结论认为，突破点大于或等于持续点，当贸易自由小于持续点时，对称结构是稳定结构；当贸易自由度大于突破点时，中心—外围结构是稳定结构；当自由度介于持续点与突破点之间时，对称结构与中心—外围结构都是稳定均衡结构，这时存在的非对称内部均衡结构不稳定。本章的研究结论表明，突破点并非总是大于或等于持续点，突破点也可以小于持续点。如果突破点小于持续点时，当贸易自由度介于突破点与持续点之间，则必将出现内部非对称结构的稳定均衡结构。当突破点大于持续点时，如果贸易自由度介于持续点与突破点之间，内部非对称结构不稳定，而对称结构与中心—外围结构都是稳定均衡结构，因此，本章的研究也验证了新经济地理学模型的经典结论。当突破点等于持续点或持续点存在、突破点小于零时，如果贸易自由度大于持续点，则内部非对称结构和中心—外围结构都是稳定均衡结构；而随着贸易自由度的继续变大，中心—外围结构将成为唯一的稳定均衡结构。

7.4　本章小结

本章对新经济地理学的 CC 模型中无生产要素流动的假定进行了突破，认为资本集聚的过程必然伴随着劳动力的流动过程，另外，本章认为，是资本的实际收益而不是名义收益决定资本是否创造。显然，这样的假设更加符合现实，由此，在这些新的假设的基础上，本章发展了新的资本创造模型，与 CC 模型相比，本章得出结论如下：第一，随着贸易自由度、工业品支出份额及资本贴现率的变大，替代弹性及资本折旧率的变小，将降低对称结构的稳定性，而提高中心—外围结构的稳定性；第二，产业的空间分布均衡是集聚力和分散力相互作用的结果。当企业生产工业品的规模报酬递增程度足够显著，或者工业品支出份额很大时，市场拥挤效应将彻底消失，并转化成为促进产业集聚的动力；第三，随着工业品支出份额、资本贴现率、替代弹性、资本折旧率的变动，突破点与持续点的大小比较可以形成不同的关系，从而随着贸易自由度的变化，本章发展的模型可以体现出多样化的产业空间动态演化行为。

第 8 章

技术溢出、环境污染与经济增长

在某种程度上，由于河流、港口、矿藏等自然特征的不同，经济活动在空间上是集中的，这些自然资源禀赋对经济活动空间分布的影响被称为"第一自然力"。第一自然力对经济活动空间分布的影响机理在基于竞争模型的传统经济理论上并不难解释。然而，第一自然力不能解释这样的经济活动现象，例如，在法国，为什么有那么多人生活在法兰西岛，为什么有那么多人不生活在那里；或者，在纽约市区，为什么有那么多人在曼哈顿工作，为什么还有那么多人不在曼哈顿工作。同样的，它也不能解释两个在自然条件方面非常相近的地方却可能在经济发展方面有非常不同的表现，例如，我国的广东与广西。因此，人类活动可以使部分区位劣势的地区变为具有区位优势的地区，这可以归纳为"第二自然力"作用的结果。

经济学家对于"第二自然力"的关注，可谓历史悠久，最早可追溯到马歇尔的外部经济。马歇尔（1890）认为在劳动力池蓄水池、非贸易投入和知识溢出的作用下同类型企业的集聚可以使得企业获得某种专利优势，这种观点很好地阐述了某些专业化生产的小规模企业集聚的动因。与马歇尔外部经济不同，俄林（Ohlin，1933）和胡佛（1948）认为企业即使在不具有外部优势的条件下，专业化和集聚化生产趋势同样不可避免。此外，循环因果（赫希曼，1963）、回流效应（缪尔达尔，1957）和"中心—外围"（弗里德曼和阿隆索，1963）等思想从不同部门间相互作用关系探讨了第二自然力在塑造经济地理景观方面的作用。早期的经济学家虽然强调了前后向联系效应、地方化知识溢出在区域发展中的作用，但是，他们并没有将"第二自然力"纳入一般均衡的分析框架中（何雄浪，2019）。空间不可能定理（斯塔雷特，1978）从理论上证明了那些试图将相互依赖的市场融入到阿罗—德布鲁模型中的不可能性。随后，藤田（1988）、克鲁格曼（1991）、维纳布尔斯（1996）等将规模报酬、垄断竞争和冰山型运输成本相结合，提出了新经济地理学的一般均衡分析框架。总体来说，新经济地理模型拥有以下四个明显特征：一是强调第二自然力在经济地理景观塑造方面的作用；二是整个经济走向集聚的过程就是一般均衡实现的过程；三是产业空间分布状况取决于集聚力与分散力相互作用的结果；四是运输成本、规模报酬和要素流动是经济地理均衡形成的重要机制。

自克鲁格曼（1991）的经典著作发表以来，越来越多的学者将空间因素融入到一般均衡分析框架中。在新经济地理模型中，诸如贸易壁垒、运输成本、要素流动等问题得到了较多的关注（藤田等，1999；藤田和蒂斯，2002），但对环境污染问题的探讨相对较少（格拉兹等，2016）。大多数学者认为环境污染与拥挤效应一样是一种导致产业分散化布局的力量（布雷克曼等，1996；胡索和内藤，2006；卡尔梅特和佩舒，2007）。菲戈（Pfluger，2001）在克鲁格曼（1991）中心—外围模型的基础上构建了一个包含环境污染的可解的新经济地理模型，但却忽视了污染与劳动力的跨地区流动对产业空间布局产生的影响。劳希尔（2003）在准线性偏好（奥塔维诺等，2002）假设上构建了一个包含环境污染的可解的新经济地理模型，但是这种方法不具有一般性只能实现部分均衡。曾道智和赵来勋（2009）在新经济地理学自由资本模型（马丁和罗杰斯，1995）基础之上引入环境污染以验证"污染避难所假说"，但模型解析能力的实现是以忽视环境污染对家庭效用的负面影响为代价的。关于知识或技术溢出，许多学者认为知识或技术溢出是经济理论研究的核心（赛奇，2016），例如，在内生增长模型中，不同企业间的溢出是产生规模经济的重要因素（罗默，1986）；在城市经济学中，地理空间溢出效应常用以解释不同经济活动走向集中的动因（格莱赛，1999）。在新经济地理学中，知识或技术溢出常常用以解释外部规模经济对企业生产成本带来的影响，这恰好是企业选址决策的重要影响因素（克鲁格曼，2011；格莱赛和戈特利布，2009）。凯瑞阿科波罗和扎佩佩蒂亚斯（2013）认为作为"离心力"的环境污染与作为"向心力"的地方化知识溢出和自然资源成本优势之间的相互作用共同决定了产业空间的分布形态。

经典的新经济地理模型，如中心—外围模型（克鲁格曼，1991）、自由资本模型（马丁和罗杰斯，1995）、自由企业家模型（福斯里德和奥塔维诺，2003）等，主要关注产业空间分布的长期均衡问题，然而，对于欠发达地区的政策制定者而言，最关心的是如何实现该地区经济增长的问题。全域溢出模型（马丁和奥塔维诺，1999）、局部溢出模型（鲍德温等，2001）将内生经济增长融入资本创造模型（鲍德温，1999）中，认为资本存量产生的溢出效应会影响新资本形成成本，从而促进资本进一步积累。随后，曹骥赟（2007）提出的知识溢出双增长模型假定制造业部门与资本创造部门均能从资本积累的外部性中获益，这一假设降低了模型的分散力而强化了模型的集聚力，使得经济集聚特征更为明显。在大多数新经济地理模型中，显著的规模报酬、低廉的交易成本和充分的要素流动是产业空间发生非对称演变的必要条件，但是这一条件会随着企业外部环境的变化而变化。

本章将内生经济增长理论融入新经济地理模型中，考虑技术溢出与环境污染对企业固定生产成本的影响，探讨技术溢出和环境污染对产业空间演化和经济长期增长的影响。在此基础上进一步突破新经济地理学模型中单一生产要素流动假设的局限性，认为资本与劳动力在地区间都可以流动，并且，劳动者在行业间也可以自由流动。从这些新的假设条件出发，本章发展的新经济地理模型克服了模型的分析解析能力和其经济含义的阐释一直很难兼顾的矛盾，得出的研究结论更加丰富和完善。

8.1 模型的建立与短期均衡分析

假设存在南部和北部两个地区，这两个地区在偏好、贸易开放程度和初始要素禀赋等方面均是相同的。经济系统由农业部门、工业部门和资本创造部门三个生产部门构成，其中，农业部门和资本创造部门使用劳动一种生产要素，工业部门使用劳动和资本两种生产要素。

8.1.1 消费均衡

假设代表性消费者的效用函数为两层嵌套函数，其中，外层为柯布—道格拉斯函数，内层为不变替代弹性函数。消费者跨时期的效用函数为：

$$U = \int_{t=0}^{\infty} e^{-t\rho} \ln C d_t, \quad C = C_M^\mu C_A^{1-\mu}, \quad C_M = \left[\int_{i=0}^{n^w} c(i)^{\frac{\sigma-1}{\sigma}} di \right]^{\frac{\sigma}{\sigma-1}}, \quad 0 < \mu < 1 < \sigma$$

$$(8-1)$$

其中，ρ 表示消费者的时间偏好率，即消费者的效用折现率；C_M 表示工业品集合体的消费量，C_A 表示农产品的消费量；n^w 表示经济系统工业产品种类数，$n^w = n + n^*$，其中 n 表示北部地区生产的工业产品的种类数，则 n^* 表示南部地区生产的工业产品的种类数[①]，μ 表示总支出中支付在工业品上的份额，σ 表示消费者消费不同工业品之间的替代弹性，$c(i)$ 表示消费者对第 i 种工业品的消费量。消费者预算约束条件为：

$$P_M C_M + P_A C_A = E, \quad P_M = \left[\int_{i=0}^{n^w} p(i)^{1-\sigma} di \right]^{1/(1-\sigma)} \tag{8-2}$$

式（8-2）中，P_M 表示工业品价格指数，P_A 表示农产品的价格，$p(i)$ 表示第 i 种工业品的价格，E 表示代表性消费者的支出，假定 $P_A \equiv 1$，即以农产品作为计价基准单位。利用效用最大化条件，可以得到如下结果：

$$C_M = \mu E / P_M, \quad C_A = (1-\mu)E, \quad c(i) = \frac{\mu E p(i)^{-\sigma}}{P_M^{1-\sigma}} \tag{8-3}$$

消费者最优的消费支出必须使消费者任何支出的重新分配都不会使消费者效用受损，即满足延期支付的边际成本（MC）与延期支付的边际收益（MR）相等。其中，MC 为边际效用随时间递减速率 ρ 与该期边际效用的减少量 $\dot{E}/E$ 的总和，MR 以证券市场上无风险利率 r 来衡量。则消费者消费均衡的欧拉方程可以表示为：

$$\dot{E}/E = r - \rho \tag{8-4}$$

8.1.2　生产均衡

农业部门具有完全竞争的市场结构，北部和南部均生产无差异的农产品，地区间农产品贸易不存在交易成本。农产品生产仅需劳动作为投入要素，假设生产单位农产品所需投入的劳动为 $a_A = 1$。根据 $p_A = w_L a_A = 1$ 可知，从事农业生产的劳动力付出一单位劳动[②]获得的劳动报酬或劳动力的工资水平为 $w_L = 1$。根据对称性假设，我们有 $p_A = p_A^* = 1$，$w_L = w_L^* = 1$，$a_A = a_A^* = 1$。两个地方都存在农业品生产，从事农业生产的劳动力在地区间对称分布，要保证两个地方都存在农业品的生产，则农业生产的非完全专业化条件为：

$$(1-\mu)E^w > \frac{L^w(1-\theta) - (\delta+g)K^w a_I}{2} \tag{8-5}$$

式（8-5）中没有说明的符号含义将在文后给出相应的说明，同时结

---

① 本章中，凡是加有"＊"的变量表示对应的南部的经济变量。

② 为了简化起见，我们认为一单位的劳动力拥有一单位的劳动，因此，本章认为劳动与劳动力的概念是相同的。

合式（8－11），我们可以证明该不等式是一个恒等式，因此，各个变量在定义范围内的取值并不构成农业生产的非完全专业化的限制条件。与农业部门一样，资本创造部门同样具有完全竞争的市场结构，使用劳动一种要素进行生产。不同部门劳动力的工资水平相等，北部地区单位资本的创造成本为 $F = w_L a_I$，其中，a_I 为北部地区创造单位资本所需劳动；南部地区单位资本的创造成本为 $F^* = w_L^* a_I^*$，其中，a_I^* 为南部地区创造单位资本所需劳动。与农业部门不同，在资本创造的过程中，我们认为劳动者往往具有"学习效应"（罗默，1990），因此我们可以假定随着总资本存量（K^w）的不断增加，新资本的创造成本会逐渐降低，即有 $a_I(a_I^*)$ 可以设为：$a_I(a_I^*) = 1/K^w$。

工业企业的生产存在规模经济，而不存在范围经济，即一个企业只生产一种工业产品，而不存在多样化生产的情形。每个企业使用若干单位物质资本作为固定投入，以及若干单位的劳动作为可变投入。同时，企业生产具有一定的外部性，我们认为企业生产活动中产生的环境污染与企业之间的相互模仿和学习中引发的技术溢出会使企业的固定投入发生改变，我们可以认为技术溢出会使企业的固定投入降低，环境污染会使企业的固定投入增加。据作者到目前为止所能掌握的文献，只要新经济地理模型中采用非齐次的成本函数，都认为固定投入是不变的，如果存在技术溢出，则技术溢出发生在边际投入上。作者认为，企业的技术进步，更多的是表现在固定投入上，现代化的工业企业显然固定资产的使用效率更高。此外，在现实生产中，企业为达到环保生产标准往往会购置大量固定资产，例如，购置污染净化设备、安装过滤装置和购进无污染生产线等，总体上来讲，污染治理对企业固定成本影响较大而对可变成本影响较小。鉴于此，本章主要考虑技术溢出和环境污染对企业固定投入产生的影响，显然这样的假设具有一定的合理性。将技术溢出和环境污染引入成本函数，以北部地区为例，代表性企业 j 的成本函数可以表示为：

$$C(j) = a_F \pi + a_m w_L x(j) \tag{8－6}$$

在全域溢出模型（马丁和奥塔维诺，1999）中，企业固定投入为一单位资本，而在本模型中，企业固定投入受技术溢出和环境污染的双重影响，每家企业的固定投入不再是一单位资本，而是 a_F 单位的资本。$a_F = \dfrac{\gamma s_n + \bar{\gamma}(1 - s_n)}{\lambda s_n + \bar{\lambda}(1 - s_n)}$[①]，$\lambda$ 为本地技术溢出效应（$\lambda > 0$），$\bar{\lambda}$ 为跨界技术溢出效

---

① 当 $\dfrac{\lambda}{\bar{\lambda}} = \dfrac{\gamma}{\bar{\gamma}}$ 时，$a_F = \dfrac{\bar{\gamma}}{\bar{\lambda}}$，$a_F$ 是一个常数与 s_n 无关；当 $\dfrac{\lambda}{\bar{\lambda}} \neq \dfrac{\gamma}{\bar{\gamma}}$ 时，a_F 与 s_n 有关。

应（$0 \leqslant \bar{\lambda} \leqslant \lambda$），$\gamma$ 为本地环境污染系数（$\gamma > 0$），$\bar{\gamma}$ 为环境污染扩散系数（$0 \leqslant \bar{\gamma} \leqslant \gamma$），$s_n = n/n^w$ 为北部企业数量所占份额，$1 - s_n = n^*/n^w$ 为南部企业数量所占份额，π 为单位资本报酬或资本收益率，a_m 为生产一单位工业产品需要的劳动数量，$x(j)$ 为该企业的产出。显然，随着本地与跨界技术溢出效应的增强、本地与跨界环境污染效应的减弱，企业生产工业品所需的固定投入越来越低。在利润最大化条件下，代表性企业生产的工业品的出厂价格为 $p = \dfrac{w_L a_m}{1 - \frac{1}{\sigma}}$，设 $a_m = \dfrac{\sigma - 1}{\sigma}$，则有 $p = w_L$。显然，a_m 与 σ 成正比，$a_m \in (0, 1)$，即 σ 越小，a_m 也越小。σ 越小，企业生产的规模报酬递增程度越显著（迪克西特和斯蒂格利茨，1977），从而企业生产工业品的劳动生产率就越高。工业产品运输成本为冰山型运输成本 τ（萨缪尔森，1952），北部企业生产的工业品在南部地区的销售价格为 $p^* = \tau p$。

以北部地区为例，代表性企业生产的产品在本地市场所面临的需求量为 c，在南部市场所面临的需求量为 c^*，企业产出量等于需求量，即有 $x = c + \tau c^*$，销售收入为 $R = p(c + \tau c^*) = px$。在垄断竞争下，企业获得零超额利润，销售收入正好弥补生产成本，由此获得的资本收益率为 $\pi = \dfrac{px}{a_F \sigma}$。另外，$c = \mu E \dfrac{p^{-\sigma}}{P_M^{1-\sigma}}$，$c^* = \mu E^* \dfrac{(p^*)^{-\sigma}}{(p_M^*)^{1-\sigma}}$，$P_M^{1-\sigma} = n^w p^{1-\sigma}[s_n + \phi(1 - s_n)]$，$P_M^{*1-\sigma} = n^w p^{1-\sigma}[\phi s_n + (1 - s_n)]$，经过整理后，我们有：

$$\pi = \frac{\mu}{\sigma} \frac{E^w}{a_F n^w}\left[\frac{s_E}{s_n + \phi(1 - s_n)} + \frac{\phi(1 - s_E)}{\phi s_n + (1 - s_n)}\right] \qquad (8-7)$$

式（8-7）中，$\phi = \tau^{1-\sigma}$ 表示地区间的贸易自由度，$\phi \in [0, 1]$；当 $\tau = 1$ 时，$\phi = 1$；当 $\tau \to \infty$ 时，$\phi = 0$。$s_E = E/E^w$ 为北部支出所占的份额，$1 - s_E = E^*/E^w$ 为南部支出所占份额。设 $B = \dfrac{s_E}{\Delta} + \dfrac{\phi(1 - s_E)}{\Delta^*}$，$B^* = \dfrac{\phi s_E}{\Delta} + \dfrac{1 - s_E}{\Delta^*}$，$\Delta = s_n + \phi(1 - s_n)$，$\Delta^* = \phi s_n + (1 - s_n)$，$b = \dfrac{\mu}{\sigma}$，则北部与南部资本收益率分别可以写为：

$$\pi = bB\frac{E^w}{a_F n^w}, \quad \pi^* = bB^*\frac{E^w}{a_F^* n^w} \qquad (8-8)$$

易知，在其他条件不变的情况下，本地技术溢出和跨界技术溢出的增强会使单位资本收益率提高，本地环境污染和跨界环境污染效应的增强会使单位资本收益率降低。

8.1.3 市场份额

北部与南部地区企业使用的资本数量分别为 $K = s_n n^w a_F$ 与 $K^* = n^w s_n^* a_F^*$，整个世界的总支出等于总要素收入减去在新资本上的支出，即满足：

$$E^w = w_L L^w + n^w (a_F s_n \pi + a_F^* s_n^* \pi^*) - (\delta + g) K^w a_I = \frac{w_L L^w - (\delta + g)}{1 - b}$$

$$(8 - 9)$$

其中，δ 为折旧率，g 为资本增长率，L^w 为经济系统劳动总量，为讨论方便，我们令 $L^w = 1$。假设资本能够充分流动，资本流动会带动工业劳动力跨区域流动，农业部门和资本创造部门的劳动力不具有跨区域流动的特性，这两部门跨区域交流通过农产品贸易和资本的自由流动实现，地区间非工业部门劳动力数量始终相等。北部支出可以表示为：

$$E = \frac{(1 - \theta) L^w w_L}{2} + s_n \theta L^w w_L + K [\pi s_n + \pi^* (1 - s_n)] - (\delta + g) KF$$

$$(8 - 10)$$

式（8 - 10）中，θ 表示工业部门劳动力占经济系统总劳动数量的比重，其表达式为[①]：

$$\theta = \frac{L^w - (1 - \mu) E^w - (\delta + g) K^w a_I}{L^w} = (\mu - b)(1 + \rho) \quad (8 - 11)$$

可以证明，随着 μ 和 ρ 的增大和 σ 的变小，劳动力中从事工业生产的比重会上升。我们认为工业部门劳动力在地区间并不总是对称分布，工业工人在地区间可以自由流动，工业工人集聚的份额与企业集聚的份额保持一致，即北部地区工业份额为 s_n，北部工业劳动力占总工业劳动力的份额也为 s_n。在生活成本效应下，工业劳动力由边缘区向核心区流动具有主动性。

8.2 长期均衡分析

在长期中，产业空间分布要么形成内点解，要么形成边角解，其中，

---

① 将 g、E^w 和 a_I 代入上式即可得证该等式。由 $0 < \theta < 1$ 可知，工业产品支出份额须满足 $0 < \mu < \dfrac{\sigma}{(\sigma - 1)(1 + \rho)}$。

对称结构和中心—外围结构是比较常见的两种均衡结构。在长期均衡条件下，地区间资本收益率相等、资本增长速度相等、资本价值与资本成本也相等。

8.2.1　长期均衡

在长期均衡条件下，要使资本空间分布保持不变，要么使地区间资本收益率保持一致，形成内部均衡，要么使资本集聚在一个区域，形成中心—外围结构。在资本创造与资本流动共存的情况下，长期均衡条件可以表示为：

$$q = q^* = 1,\ 0 < s_n < 1;\ q = 1,\ q^* < 1,\ s_n = 1;\ q^* = 1,\ q < 1,\ s_n = 0$$

$$(8 - 12)$$

其中，$q = \dfrac{v}{F}$，$q = \dfrac{v^*}{F^*}$，$v = \int_0^\infty \pi e^{-(\rho+\delta+g)t} dt = \dfrac{\pi}{\rho+\delta+g}$，$v = \int_0^\infty \pi^* e^{-(\rho+\delta+g)t} dt = \dfrac{\pi^*}{\rho+\delta+g}$，$v(v^*)$ 为北（南）部资本价值，$F(F^*)$ 为北（南）部资本创造成本。由于单位资本创造成本无地域差别，则内部长期均衡形成条件可以表示为 $\pi = \pi^*$。当长期均衡的内点解得到满足时，即满足 $\pi = \pi^*$ 和 $q = 1$ 时，南北两地的资本增长速度始终保持相等，由此可得长期均衡条件下资本增长速度 $g = bL^w - (1 - b)\rho - \delta$。因此，长期的资本增长率由劳动力禀赋、折现率、资本折旧率、整个经济对工业产品的支出份额以及工业品的替代率所决定。

8.2.2　nn 曲线与 EE 曲线分析

在长期均衡条件下，地区间资本价值与资本成本始终相等并且资本收益率也始终保持相等。以北部地区为例，由 $v = F$ 和 $\pi = \pi^*$，可得 $\pi = (\rho + g + \delta)F$，$K[\pi s_n + \pi^*(1 - s_n)] = K\pi$，则北部资本总收益 $K\pi = (\rho + g + \delta)KF$，由此可得北部总支出 $E = \dfrac{(1 - \theta)L^w w_L}{2} + s_n \theta L^w w_L + \rho KF$，同理可得南部总支出为 $E^* = \dfrac{(1 - \theta)L^w w_L}{2} + s_n^* \theta L^w w_L + \rho K^* F^*$，两者相加可得经济系统总支出 $E^w = L^w + \rho$，因此，经济的长期总收入由劳动禀赋和折现率决

定。将 θ 代入 $s_E = \dfrac{E}{E^w}$ 可得 EE 曲线，其表达式为：

$$s_E = \frac{E}{E^w} = \frac{\dfrac{1-\theta}{2} + s_n\theta + \rho s_k}{L^w + \rho} \tag{8-13}$$

其中，$s_k = \dfrac{K}{K^w} = \dfrac{s_n a_F}{s_n a_F + s_n^* a_F^*}$。

由 $\pi = \pi^*$，即 $\dfrac{B}{a_F} = \dfrac{B^*}{a_F^*}$，可得 nn 曲线。由于该等式不存在显性解，特以 s_E 来表示 s_n，即 nn 曲线可以表示为：

$$s_E = \frac{\Delta(a_F - a_F^*\phi)}{a_F^*(\Delta^* - \Delta\phi) + a_F(\Delta - \Delta^*\phi)} s_n \tag{8-14}$$

其中，$a_F = \dfrac{\gamma s_n + \bar{\gamma} s_n^*}{\lambda s_n + \bar{\lambda} s_n^*}$，$a_F^* = \dfrac{\gamma s_n^* + \bar{\gamma} s_n}{\lambda s_n^* + \bar{\lambda} s_n}$，$\Delta = s_n + \phi(1 - s_n)$，$\Delta^* = \phi s_n + (1 - s_n)$。

由图 8-1 至图 8-7 可知，随着工业产品支出份额、工业品替代弹性、折现率、跨界技术溢出效应和本地环境污染效应的变大，EE 曲线绕着中心对称点逆时针方向旋转，反之，随着跨界环境污染效应和本地技术溢出效应的变大，EE 曲线绕着中心对称点顺时针方向旋转[1]。对于 nn 曲线而言，本地技术溢出效应和跨界环境污染效应的变大会使 nn 曲线绕着中心对称点顺时针方向转（图 8-8 和图 8-11）；本地环境污染效应和跨界技术溢出效应的变大会使 nn 曲线绕着中心对称点逆时针方向旋转（图 8-9 和图 8-10）。此外，贸易自由度的变化也会对 nn 曲线产生影响，但贸易自由度变化并不单纯地表现为 nn 曲线向某个方向单一的旋转。当 $\dfrac{\lambda}{\bar{\lambda}} < \dfrac{\gamma}{\bar{\gamma}}$ 时，随着贸易自由度增加，nn 曲线先顺时针方向旋转，然而随着贸易自由度的进一步增加，nn 曲线的旋转方向发生逆转（图 8-12），由此，随着贸易自由度的增加，对称结构变得不稳定，内部非对称稳定结构开始出现，而随着贸易自由度的进一步增加，内部非对称结构的稳定性被打破，对称结构开始重新变得稳定。当 $\dfrac{\lambda}{\bar{\lambda}} \geqslant \dfrac{\gamma}{\bar{\gamma}}$ 时，贸易自由度的增加会使 nn 曲线一直顺时针方向旋转（图 8-13），此时，贸易自由度的提高会

---

① 为了图示方便，本文 EE 曲线的纵坐标为 s_E，横坐标为 s_n，下同。

使对称结构的稳定性降低。

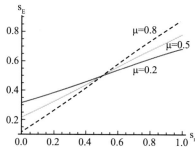

图 8 - 1 EE 曲线与 μ 变化关系

注：$\lambda = 1$，$\gamma = 1$，$\sigma = 3$，$\bar{\lambda} = 0.2$，$\bar{\gamma} = 0.1$，$\rho = 0.3$。

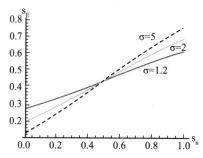

图 8 - 2 EE 曲线与 σ 变化关系

注：$\lambda = 1$，$\gamma = 1$，$\bar{\lambda} = 0.2$，$\bar{\gamma} = 0.1$，$\mu = 0.4$，$\rho = 0.3$。

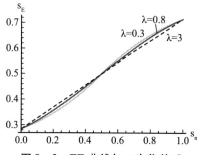

图 8 - 3 EE 曲线与 λ 变化关系

注：$\bar{\lambda} = 0.2$，$\gamma = 2$，$\sigma = 3$，$\bar{\gamma} = 0.1$，$\mu = 0.6$，$\rho = 0.3$。

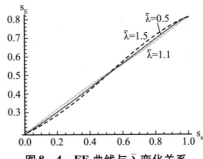

图 8-4　EE 曲线与 $\bar{\lambda}$ 变化关系

注：$\lambda = 1$，$\gamma = 2$，$\sigma = 3$，$\bar{\gamma} = 0.1$，$\mu = 0.6$，$\rho = 0.3$。

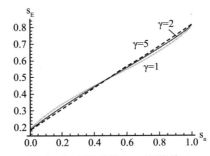

图 8-5　EE 曲线与 γ 变化关系

注：$\bar{\lambda} = 0.1$，$\lambda = 1$，$\sigma = 3$，$\bar{\gamma} = 0.5$，$\mu = 0.6$，$\rho = 0.3$。

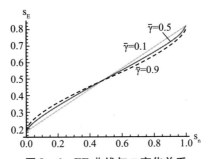

图 8-6　EE 曲线与 $\bar{\gamma}$ 变化关系

注：$\lambda = 1$，$\gamma = 1$，$\sigma = 3$，$\bar{\lambda} = 0.1$，$\mu = 0.6$，$\rho = 0.3$。

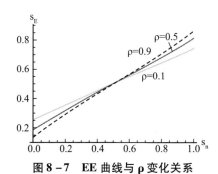

图 8 - 7　EE 曲线与 ρ 变化关系

注：$\lambda = 1$，$\gamma = 1$，$\bar{\lambda} = 0.1$，$\bar{\gamma} = 0.2$，$\mu = 0.6$，$\sigma = 3$。

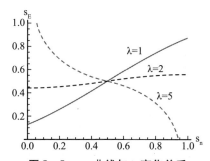

图 8 - 8　nn 曲线与 λ 变化关系

注：$\bar{\gamma} = 0.8$，$\gamma = 2$，$\bar{\lambda} = 0.6$，$\phi = 0.4$。

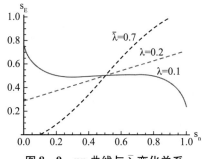

图 8 - 9　nn 曲线与 $\bar{\lambda}$ 变化关系

注：$\lambda = 1$，$\gamma = 1$，$\bar{\gamma} = 0.2$，$\phi = 0.4$。

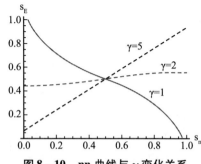

图 8 - 10　nn 曲线与 γ 变化关系

注：$\bar{\gamma}=0.8$，$\lambda=2$，$\bar{\lambda}=0.6$，$\phi=0.4$。

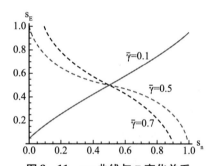

图 8 - 11　nn 曲线与 $\bar{\gamma}$ 变化关系

注：$\lambda=1$，$\gamma=1$，$\bar{\lambda}=0.2$，$\phi=0.4$。

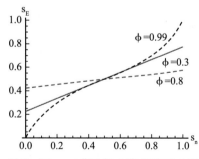

图 8 - 12　nn 曲线与 φ 变化关系（1）

注：$\lambda=1$，$\gamma=1$，$\bar{\lambda}=0.2$，$\bar{\gamma}=0.198$。

图 8 - 12、图 8 - 13 为一组图，因此我们用（1）（2）来表示该组图个数序号。在同一组图中，外部参数取值相同。本章中其他地方类似。

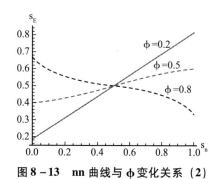

图 8 - 13　nn 曲线与 φ 变化关系 (2)

注：$\lambda = 1$，$\gamma = 1$，$\bar{\lambda} = 0.2$，$\bar{\gamma} = 0.22$。

在其他条件不变动的情况下，工业产品支出份额、工业品替代弹性和折现率的变动只对 EE 曲线产生影响，贸易自由度仅对 nn 曲线产生影响，技术溢出效应和环境污染效应对 nn 曲线和 EE 曲线均产生影响。因此，我们将 nn 曲线与 EE 曲线结合到一起来考察技术溢出效应与环境污染效应变动对产业空间分布产生的净效果。随着本地技术溢出效应的增强和跨界环境污染效应的提高，nn 曲线和 EE 曲线均围绕中心对称点顺时针旋转，但是 nn 曲线旋转的速度比 EE 曲线更快。以图 8 - 14 和图 8 - 17 为例，当 $\lambda = 0.6$（$\bar{\gamma} = 0.1$）时，nn 曲线和 EE 曲线分别对应图中的 nn 和 EE，此时，对称均衡是唯一稳定均衡；当 $\lambda = 3$（$\bar{\gamma} = 0.9$）时，nn′ 和 EE′ 成为新的 nn 曲线和 EE 曲线，此时，中心—外围结构成为唯一稳定均衡。因此，本地技术溢出效应和跨界环境污染效应的变大会增强产业的集聚力，推动经济结构由对称转向非对称结构。同理可知，随着跨界技术溢出效应和本地环境污染效应的变大，会加强产业的分散力，推动经济结构由非对称结构转向对称结构（图 8 - 15 和图 8 - 16）。

关于技术溢出与环境污染对企业选址影响的研究，结论各不相同，一直没有得出明确的一致意见（Jun，2005；Hosoe，2006）。在本模型中，本地技术溢出效应的增强会提高产业的集聚力，从而有利于产业的集中；跨界技术溢出效应的增强，意味着企业即使不集中在一起，也能得到技术外部性带来的好处，从而降低了企业集聚的动力。本地环境污染效应的增强意味着企业生产成本的增加，在一定条件下会驱使企业选择污染较小的国家或地区进行生产；而跨界污染效应的增强，意味着本地企业生产成本会随着外地环境污染程度的增强而增加，企业为实现利润最大化的目标会逐步向中心区集聚以获得集聚效益。例如，沈静等（Shen et al.，2019）

认为污染密集型产业从珠江三角洲地区转移到珠江三角洲附近，一方面是由于本地区环境管制的加强导致企业生产成本的高企迫使企业进行重新布局，另一方面是由于毗邻珠江三角洲可以获得发达地区技术溢出带来的诸多便利。因此，本文并不单纯的认为技术溢出只是一种纯粹的导致产业集聚的力量，环境污染也不仅仅只是导致产业分散布局的诱因，技术溢出与环境污染对产业空间布局的影响具有双重性。在其他条件不变的情况下，我们有理由认为本地技术溢出和跨界环境污染的增强是促使企业走向集聚的动力，本地环境污染效应和跨界技术溢出效应的增强是促使企业走向分散的动因。

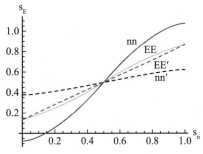

图 8 – 14 λ 与 nn 曲线、EE 曲线关系

注：$\gamma=1$，$\bar{\lambda}=0.5$，$\bar{\gamma}=0.2$，$\phi=0.4$，$\mu=0.6$，$\sigma=3$，$\rho=0.5$，$\lambda=0.6$ 对应 nn 和 EE，$\lambda=3$ 对应 nn′和 EE′。

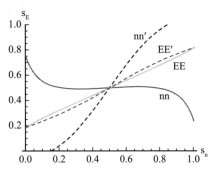

图 8 – 15 $\bar{\lambda}$ 与 nn 曲线、EE 曲线关系

注：$\lambda=1$，$\gamma=1$，$\bar{\gamma}=0.2$，$\phi=0.4$，$\mu=0.6$，$\sigma=3$，$\rho=0.3$，$\bar{\lambda}=0.1$ 对应 nn 和 EE，$\bar{\lambda}=0.9$ 对应 nn′和 EE′。

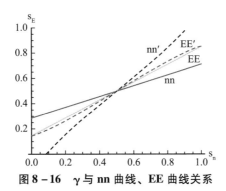

图 8 - 16　γ 与 nn 曲线、EE 曲线关系

注：$\lambda = 1$，$\bar{\lambda} = 0.2$，$\bar{\gamma} = 0.2$，$\phi = 0.4$，$\mu = 0.5$，$\sigma = 3$，$\rho = 0.6$，$\gamma = 1$ 对应 nn 和 EE，$\gamma = 9$ 对应 nn′ 和 EE′。

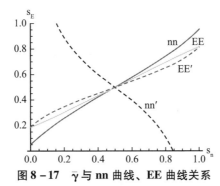

图 8 - 17　$\bar{\gamma}$ 与 nn 曲线、EE 曲线关系

注：$\lambda = 1$，$\gamma = 1$，$\bar{\lambda} = 0.2$，$\phi = 0.4$，$\mu = 0.6$，$\sigma = 3$，$\rho = 0.3$，$\bar{\gamma} = 0.1$ 对应 nn 和 EE，$\bar{\gamma} = 0.9$ 对应 nn′ 和 EE′。

8.2.3　资本收益差异与产业空间分布的稳定性

随着本地技术溢出效应和跨界环境污染效应的增强，产业空间分布的稳定结构依次形成对称结构稳定均衡、内部非对称结构稳定均衡或对称结构稳定均衡和中心—外围结构稳定均衡并存、中心—外围结构稳定均衡（图 8 - 18、图 8 - 19 和图 8 - 22、图 8 - 23）。另外，随着跨界技术溢出和本地环境污染效应的增强，产业空间分布的稳定结构依次形成中心—外围结构稳定均衡、内部非对称结构稳定均衡或对称结构稳定均衡和中心—外围结构稳定均衡并存、对称结构稳定均衡（图 8 - 20、图 8 - 21 和图 8 - 24、图 8 - 25）。因此，在其他参数不变的情况下，本地技术溢出效应与跨界环境污染效应的增强使产业空间均衡结构由对称形态转化为非对称形态，跨界技术溢出效应与本地环境污染效应的增强会使产业空间均衡结构由非对称向对称演化。工业产品支出份额、工业品替代弹性和折现率的变大，会使产业空间分布形成三种稳定均衡结构：对称结构稳定均衡、内部非对称结构稳定均衡或对称结构稳定均衡和中心—外围结构稳定均衡并存、中心—外围结构稳定均衡（图8-26至图8-31）。资本折旧率的变动对 nn 曲线与 EE 曲线均不产生影响，由此不会改变既有的产业空间分布稳定性。

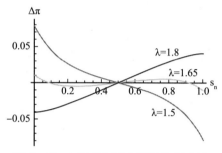

图8-18　λ变化与产业空间分布（1）

注：$\bar{\lambda}=0.6$，$\gamma=2$，$\bar{\gamma}=0.5$，$\mu=0.8$，$\sigma=3$，$\phi=0.7$，$\rho=0.5$。$\Delta\pi=\pi-\pi^*$，下同。

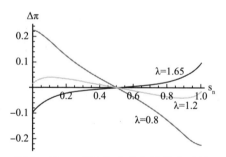

图8-19　λ变化与产业空间分布（2）

注：$\bar{\lambda}=0.6$，$\gamma=2$，$\bar{\gamma}=0.5$，$\mu=0.8$，$\sigma=3$，$\phi=0.2$，$\rho=0.5$。

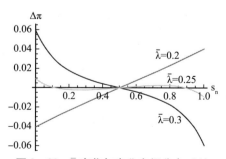

图8-20　$\bar{\lambda}$变化与产业空间分布（1）

注：$\bar{\gamma}=0.2$，$\lambda=1$，$\gamma=1$，$\mu=0.6$，$\sigma=3$，$\phi=0.6$，$\rho=0.2$。

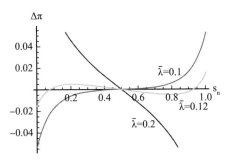

图 8 - 21　$\bar{\lambda}$ 变化与产业空间分布（2）

注：$\bar{\gamma} = 0.2$，$\lambda = 1$，$\gamma = 1$，$\mu = 0.6$，$\sigma = 3$，$\phi = 0.15$，$\rho = 0.2$。

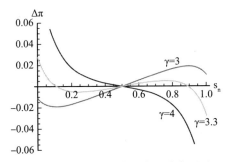

图 8 - 22　γ 变化与产业空间分布（1）

注：$\bar{\lambda} = 0.6$，$\lambda = 2$，$\bar{\gamma} = 0.5$，$\mu = 0.8$，$\sigma = 3$，$\phi = 0.4$，$\rho = 0.5$。

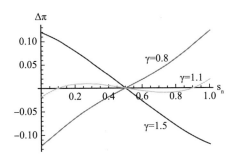

图 8 - 23　γ 变化与产业空间分布（2）

注：$\bar{\lambda} = 0.6$，$\lambda = 2$，$\bar{\gamma} = 0.5$，$\mu = 0.8$，$\sigma = 3$，$\phi = 0.15$，$\rho = 0.5$。

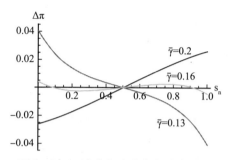

图 8-24 γ̄ 变化与产业空间分布（1）

注：$\bar{\lambda}=0.4$，$\lambda=1$，$\gamma=1$，$\mu=0.6$，$\sigma=3$，$\phi=0.8$，$\rho=0.8$。

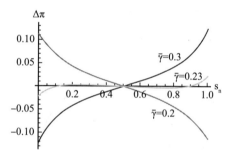

图 8-25 γ̄ 变化与产业空间分布（2）

注：$\bar{\lambda}=0.4$，$\lambda=1$，$\gamma=1$，$\mu=0.6$，$\sigma=3$，$\phi=0.15$，$\rho=0.9$。

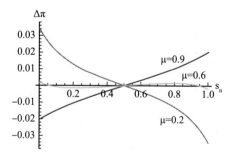

图 8-26 μ 与产业空间分布（1）

注：$\gamma=1$，$\bar{\lambda}=0.3$，$\lambda=1$，$\rho=0.1$，$\bar{\gamma}=0.2$，$\sigma=5$，$\phi=0.4$。

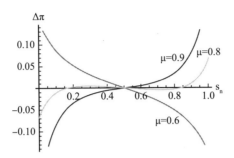

图 8 – 27 μ 与产业空间分布（2）

注：$\gamma = 1$，$\bar{\lambda} = 0.4$，$\lambda = 1$，$\bar{\gamma} = 0.2$，$\rho = 0.6$，$\sigma = 3$，$\phi = 0.2$。

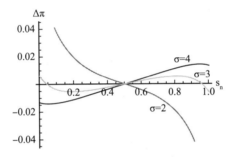

图 8 – 28 σ 与产业空间分布（1）

注：$\gamma = 1$，$\bar{\lambda} = 0.3$，$\lambda = 1$，$\bar{\gamma} = 0.2$，$\rho = 0.5$，$\mu = 0.6$，$\phi = 0.4$。

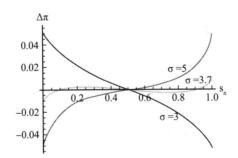

图 8 – 29 σ 与产业空间分布（2）

注：$\gamma = 1$，$\bar{\lambda} = 0.3$，$\lambda = 1$，$\bar{\gamma} = 0.2$，$\rho = 0.3$，$\mu = 0.8$，$\phi = 0.2$。

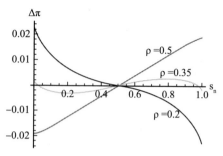

图8-30　ρ与产业空间分布（1）

注：$\gamma=1$，$\bar{\lambda}=0.3$，$\lambda=1$，$\bar{\gamma}=0.2$，$\sigma=5$，$\mu=0.6$，$\phi=0.4$。

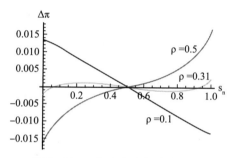

图8-31　ρ与产业空间分布（2）

注：$\gamma=1$，$\bar{\lambda}=0.2$，$\lambda=1$，$\bar{\gamma}=0.3$，$\sigma=5$，$\mu=0.3$，$\phi=0.2$。

8.3　突破点、持续点、贸易自由度变化与经济地理均衡

新经济地理学研究的主要思路之一是寻找两个关键性贸易自由度，即突破点与持续点，这是形成不同产业空间形态的重要分界点。当贸易自由度处在不同的取值范围内，就会形成不同的产业空间稳定结构。

8.3.1　突破点、持续点与产业空间分布

在对称条件下，我们可以得到：

$$dq \mid_{sym} = 2 \frac{1 - \phi^2}{(1 + \phi)^2} A ds_n - \left[\frac{4(\gamma\bar{\lambda} - \lambda\bar{\gamma})}{(\gamma + \bar{\gamma})(\lambda + \bar{\lambda})} + \frac{2(1 - \phi)^2}{(1 + \phi)^2} \right] ds_n \qquad (8-15)$$

其中，$A = \left[\mu - b + \rho \frac{\lambda(\gamma - \bar{\gamma}) + 3\gamma\bar{\lambda} + \bar{\gamma}\lambda}{(\gamma + \bar{\gamma})(\lambda + \bar{\lambda})(1 + \rho)} \right] (A > 0)$。当 $\frac{dq}{ds_n} \Big|_{sym} > 0$

时，对称结构变得不稳定，当 $\frac{dq}{ds_n} \Big|_{sym} < 0$ 时，对称结构是稳定结构，当

$\frac{dq}{ds_n} \Big|_{sym} = 0$ 所求得的贸易自由度我们称之为突破点[1]。当 $\frac{\lambda}{\bar{\lambda}} < \frac{\gamma}{\bar{\gamma}}$ 时，由

$\frac{dq}{ds_n} \Big|_{sym} = 0$，求解 ϕ，我们可以求得两个突破点（高突破点 ϕ^{BH} 和低突破

点 ϕ^{BB}）和不存在实数解的情况。在突破点存在的情况下，当 $\phi^{BH} < \phi$ 和

$\phi < \phi^{BB}$ 时，对称结构是稳定的，当 $\phi^{BB} < \phi < \phi^{BH}$ 时，对称结构变得不稳定

（图 8-32 中的曲线 c）。当 $\frac{\lambda}{\bar{\lambda}} > \frac{\gamma}{\bar{\gamma}}$ 时，由 $\frac{dq}{ds_n} \Big|_{sym} = 0$，求解 ϕ，我们仅能得

到一个突破点（ϕ^B）。当 $\phi > \phi^B$ 时，对称结构变得不稳定，当 $\phi < \phi^B$ 时，对

称结构是稳定均衡（图 8-32 中的曲线 a）。另外，我们有 $\frac{\partial(dq/ds_n)}{\partial\lambda} \Big|_{sym} > 0$，

$\frac{\partial(dq/ds_n)}{\partial\bar{\lambda}} \Big|_{sym} < 0$，$\frac{\partial(dq/ds_n)}{\partial\gamma} \Big|_{sym} < 0$，$\frac{\partial(dq/ds_n)}{\partial\bar{\gamma}} \Big|_{sym} > 0$，因此，随着 λ

的增强或 $\bar{\lambda}$ 的减弱会促进产业集聚；γ 的增强或 $\bar{\gamma}$ 的减弱会导致产业分

散。进一步，我们可以得到 $\frac{\partial(dq/ds_n)}{\partial(\lambda/\bar{\lambda})} \Big|_{sym} > 0$ 和 $\frac{\partial(dq/ds_n)}{\partial(\gamma/\bar{\gamma})} \Big|_{sym} < 0$，因此，

我们认为 $\frac{\lambda}{\bar{\lambda}}$ 是产业空间演变的技术溢出向心力，$\frac{\gamma}{\bar{\gamma}}$ 是产业空间演变的环境

污染离心力。

当中心—外围结构成为长期均衡时，以北部为核心，有 $s_n = 1$ 和 $q = 1$，南部 $q^* \mid_{s_n = 1}$ 的表达式为：

$$q^* \mid_{s_n = 1} = \frac{bE^w B^* K^w}{(\rho + g + \delta) n^w a_F} = \frac{s_n a_F + s_n^* a_F^*}{a_F} B^* \qquad (8-16)$$

当 $q^* \mid_{s_n = 1} < 1$ 时，中心—外围结构是稳定结构，当 $q^* \mid_{s_n = 1} > 1$ 时，中心—外围结构变得不稳定，$q^* \mid_{s_n = 1} = 1$ 所求得的贸易自由度我们称之为持

---

① 突破点表达式过于复杂，将其省略。

续点①。当$\dfrac{\lambda}{\lambda} < \dfrac{\gamma}{\gamma}$时，由$q^*|_{s_n=1}=1$，求解$\phi$，我们可以求得两个持续点（高持续点$\phi^{SH}$和低持续点$\phi^{SB}$）和不存在实数解的情况。在持续点存在的情况下，当$\phi^{SH} < \phi$和$\phi < \phi^{SB}$时，中心—外围结构变得不稳定，当$\phi^{SB} < \phi < \phi^{SH}$时，中心—外围结构是稳定结构（图8-33中的曲线$c_1$）。当$\dfrac{\lambda}{\lambda} > \dfrac{\gamma}{\gamma}$时，由$q^*|_{s_n=1}=1$，求解$\phi$，我们仅能得到一个持续点（$\phi^S$），当$\phi > \phi^S$时，中心—外围结构是稳定结构，当$\phi < \phi^S$时，中心—外围结构变得不稳定（图8-33中曲线$a_1$）。当$\dfrac{\lambda}{\lambda} = \dfrac{\gamma}{\gamma}$时，突破点与持续点始终相等（图8-32中的曲线b和图8-33中曲线b_1与横轴交点坐标相同），此时，当$\phi < \phi^B(\phi^S)$时，对称结构是唯一稳定均衡，当$\phi > \phi^B(\phi^S)$时，中心—外围结构是唯一稳定均衡。当$\phi = 1$时，任意结构均是稳定的，$\phi = 1$既不是突破点也不是持续点。

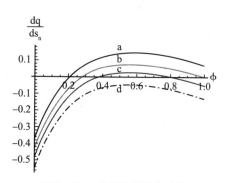

图8-32 对称结构的稳定性

注：$\gamma = 1$，$\lambda = 1$，$\bar{\gamma} = 0.2$，$\sigma = 3$，$\mu = 0.6$，$\rho = 0.2$。

曲线a（$\bar{\lambda} = 0.15$）对应的突破点为$\phi^B = 0.2021$；曲线b（$\bar{\lambda} = 0.2$）对应的突破点为$\phi^B = 0.2766$；曲线c（$\bar{\lambda} = 0.24$）的低突破点与高突破点分别为$\phi^{BB} = 0.3714$，$\phi^{BH} = 0.7900$；曲线d（$\bar{\lambda} = 0.3$）与横轴无交点，此时，突破点不存在。

---

① 持续点表达式过于复杂，将其省略。

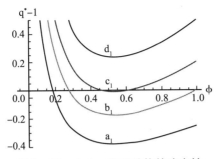

图 8 – 33 中心—外围结构的稳定性

注：$\gamma = 1$，$\lambda = 1$，$\bar{\gamma} = 0.2$，$\sigma = 3$，$\mu = 0.6$，$\rho = 0.2$。

曲线 a_1（$\bar{\lambda} = 0.15$）对应的持续点为 $\phi^S = 0.1819$；曲线 b_1（$\bar{\lambda} = 0.2$）对应的持续点为 $\phi^S = 0.2766$；曲线 c_1（$\bar{\lambda} = 0.23$）的低持续点与高持续点分别为 $\phi^{SB} = 0.3776$，$\phi^{SH} = 0.7324$；曲线 d_1（$\bar{\lambda} = 0.3$）与横轴无交点，此时，持续点不存在。

8.3.2 技术溢出向心力、环境污染离心力与突破点、持续点的大小关系

当技术溢出向心力大于环境污染离心力时，存在唯一突破点与持续点，此时突破点与持续点的关系是任意的，突破点既可能大于持续点也可能小于持续点。当技术溢出向心力等于环境污染离心力时，突破点与持续点始终相等。当技术溢出向心力小于环境污染离心力时，既可能出现突破点与持续点均不存在、仅存在突破点（持续点不存在）、仅存在持续点（突破点不存在），也可能出现两个突破点与两个持续点同时存在的情形。两个突破点与两个持续点同时存在的情况下，突破点与持续点的关系最多有以下六种情形：（1）$\phi^{BH} > \phi^{SH} > \phi^{BB} > \phi^{SB}$；（2）$\phi^{BH} > \phi^{SH} > \phi^{SB} > \phi^{BB}$；（3）$\phi^{BH} > \phi^{BB} > \phi^{SH} > \phi^{SB}$；（4）$\phi^{SH} > \phi^{BH} > \phi^{BB} > \phi^{SB}$；（5）$\phi^{SH} > \phi^{BH} > \phi^{SB} > \phi^{BB}$；（6）$\phi^{SH} > \phi^{SB} > \phi^{BH} > \phi^{BB}$。经过数值模拟我们发现，只有情形（1）、情形（2）、情形（3）和情形（4）存在，情形（5）和情形（6）不存在（图 8 – 34 至图 8 – 36）[①]。

---

① 考虑到跨界技术溢出、本地环境污染、跨界环境污染变动与突破点、持续点关系方面得出的结论与前面类似，本章略去此部分数字模拟结果。

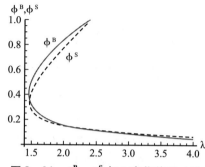

图 8-34 ϕ^B、ϕ^S 与 λ 变化关系（1）

注：$\mu = 0.5$，$\gamma = 2$，$\bar{\lambda} = 0.6$，$\bar{\gamma} = 0.5$，$\sigma = 12$，$\rho = 0.5$。

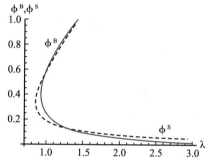

图 8-35 ϕ^B、ϕ^S 与 λ 变化关系（2）

注：$\mu = 0.5$，$\bar{\lambda} = 0.5$，$\gamma = 2$，$\bar{\gamma} = 0.7$，$\sigma = 15$，$\rho = 0.5$。

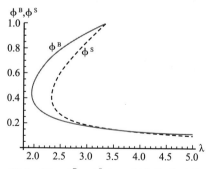

图 8-36 ϕ^B、ϕ^S 与 λ 变化关系（3）

注：$\mu = 0.5$，$\gamma = 2$，$\bar{\lambda} = 0.5$，$\bar{\gamma} = 0.3$，$\sigma = 8$，$\rho = 0.4$。

8.3.3　突破点、持续点、贸易自由度变化与产业空间均衡分析

技术溢出向心力和环境污染离心力相互作用是影响突破点和持续点大小的主要因素，因此，以下分析主要基于技术溢出向心力与环境污染离心力的比较展开。

（1）技术溢出向心力小于环境污染离心力：贸易自由度与产业空间均衡

工业产品支出份额变动会影响突破点和持续点的变动，进而影响产业空间均衡形态的形成。由图 8－37 可知，当 $0 < \mu < 0.1552$[①] 时，突破点与持续点均不存在。由此，根据图 8－38，无论贸易自由度如何变动，对称结构是唯一稳定均衡结构。

结论（1）：突破点与持续点均不存在。无论贸易自由度如何变动，对称结构是唯一稳定均衡结构。

结论（1）之所以成立，这是因为随着贸易自由度的提高，经济系统从对称结构形态开始演化，然而导致经济系统发生空间形态改变的临界点都不存在，因此，无论贸易自由度如何变动，产业的对称分布恒为稳定均衡状态。

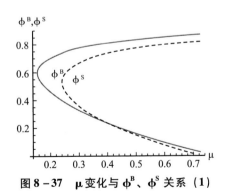

图 8－37　μ 变化与 ϕ^B、ϕ^S 关系（1）

注：$\lambda = 2$，$\gamma = 2$，$\bar{\lambda} = 0.6$，$\bar{\gamma} = 0.5$，$\sigma = 12$，$\rho = 0.5$。
工业产品支出份额须满足 $0 < \mu < 0.7273$，并且当 $\mu = 0.7273$ 时，有 $\phi^{SB} \equiv 0$。

---

①　数值计算精确到 4 位有效小数，下同。

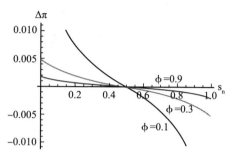

图 8 – 38 ϕ 变化与产业空间均衡（1）

注：$\lambda = 2$，$\gamma = 2$，$\bar{\lambda} = 0.6$，$\bar{\gamma} = 0.5$，$\sigma = 12$，$\rho = 0.5$，$\mu = 0.1$。

当 $0.1552 < \mu < 0.2394$ 时，突破点有两个，持续点不存在。例如，当 $\mu = 0.2$ 时，有 $\phi^{BB} = 0.4749$、$\phi^{BH} = 0.7052$。由此根据图 8 – 39，我们有下列结论：

结论（2）：$\phi^{BB} < \phi^{BH}$，持续点不存在。当 $\phi < \phi^{BB}$ 时，对称结构是稳定均衡；当 $\phi^{BB} < \phi < \phi^{BH}$ 时，一般非对称结构是稳定均衡；当 $\phi^{BH} < \phi$ 时，对称结构重新成为稳定均衡。

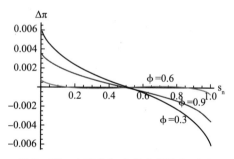

图 8 – 39 ϕ 变化与产业空间均衡（2）

注：$\lambda = 2$，$\gamma = 2$，$\bar{\lambda} = 0.6$，$\bar{\gamma} = 0.5$，$\sigma = 12$，$\rho = 0.5$，$\mu = 0.2$。

当 $0.2394 < \mu < 0.7273$ 时，突破点与持续点均有两个。在 $0.2394 < \mu < 0.4255$ 的情况下，有 $\phi^{BB} < \phi^{SB} < \phi^{SH} < \phi^{BH}$。例如，当 $\mu = 0.3$ 时，有 $\phi^{BB} = 0.3265$、$\phi^{SB} = 0.3602$、$\phi^{SH} = 0.6760$、$\phi^{BH} = 0.7837$。由此，根据图 8 – 40，我们有下列结论：

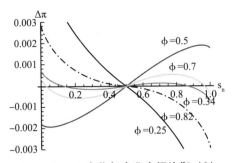

图 8 - 40   φ 变化与产业空间均衡（3）

注: $\lambda = 2$, $\gamma = 2$, $\bar{\lambda} = 0.6$, $\bar{\gamma} = 0.5$, $\sigma = 12$, $\rho = 0.5$, $\mu = 0.3$。

结论（3）: $\phi^{BB} < \phi^{SB} < \phi^{SH} < \phi^{BH}$。当 $\phi < \phi^{BB}$ 时，对称均衡是稳定均衡；当 $\phi^{BB} < \phi < \phi^{SB}$ 时，一般非对称结构是稳定均衡；当 $\phi^{SB} < \phi < \phi^{SH}$ 时，中心—外围结构是稳定均衡；当 $\phi^{SH} < \phi < \phi^{BH}$ 时，一般非对称结构是稳定均衡；当 $\phi^{BH} < \phi$ 时，对称结构重新成为稳定均衡结构。

在 $0.4255 < \mu < 0.7273$ 的情况下，有 $\phi^{SB} < \phi^{BB} < \phi^{SH} < \phi^{BH}$，例如，当 $\mu = 0.6$ 时，有 $\phi^{SB} = 0.0766$、$\phi^{BB} = 0.0931$、$\phi^{SH} = 0.8083$、$\phi^{BH} = 0.8619$。由此根据图 8 - 41，我们有下列结论:

结论（4）: $\phi^{SB} < \phi^{BB} < \phi^{SH} < \phi^{BH}$。当 $\phi < \phi^{SB}$ 时，对称均衡是稳定均衡；当 $\phi^{SB} < \phi < \phi^{BB}$ 时，对称结构、中心—外围结构都是稳定均衡，一般非对称结构均衡不稳定；当 $\phi^{BB} < \phi < \phi^{SH}$ 时，中心—外围结构是稳定均衡；当 $\phi^{SH} < \phi < \phi^{BH}$ 时，一般非对称结构是稳定均衡；当 $\phi^{BH} < \phi$ 时，对称结构重新成为稳定均衡。

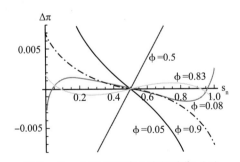

图 8 - 41   φ 变化与产业空间均衡（4）

注: $\lambda = 2$, $\gamma = 2$, $\bar{\lambda} = 0.6$, $\bar{\gamma} = 0.5$, $\sigma = 12$, $\rho = 0.5$, $\mu = 0.6$。

由图 8 - 42 可知，当 $0 < \mu < 0.6324$ 时，突破点与持续点均不存在，此时，对称结构是唯一稳定均衡，这即为结论（1）的结论。当 $0.6324 < \mu < 0.6384$，存在两个持续点，不存在突破点。例如，当 $\mu = 0.635$ 时，有 $\phi^{SB} = 0.2382$、$\phi^{SH} = 0.2972$。由此根据图 8 - 43，我们有下列结论：

结论（5）：$\phi^{SB} < \phi^{SH}$，突破点不存在。当 $\phi < \phi^{SB}$ 时，对称结构是稳定均衡；当 $\phi^{SB} < \phi < \phi^{SH}$ 时，对称结构、中心—外围结构都是稳定均衡，一般非对称结构均衡不稳定；当 $\phi^{SH} < \phi$ 时，对称结构重新成为稳定均衡。

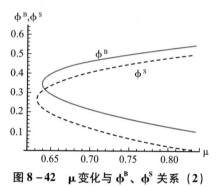

图 8 - 42　μ 变化与 ϕ^B、ϕ^S 关系（2）

注：$\lambda = 1$，$\gamma = 1$，$\bar{\lambda} = 0.4$，$\bar{\gamma} = 0.2$，$\sigma = 3$，$\rho = 0.8$。
工业产品支出份额须满足 $0 < \mu < 0.8333$，并且当 $\mu = 0.8333$ 时，有 $\phi^{SB} \equiv 0$。

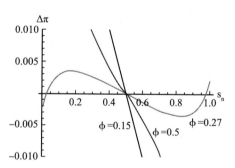

图 8 - 43　ϕ 变化与产业空间均衡（5）

注：$\lambda = 1$，$\gamma = 1$，$\bar{\lambda} = 0.4$，$\bar{\gamma} = 0.2$，$\mu = 0.635$，$\rho = 0.8$，$\sigma = 3$。

当 $0.6384 < \mu < 0.6407$ 时，有 $\phi^{SB} < \phi^{SH} < \phi^{BB} < \phi^{BH}$。例如，当 $\mu = 0.64$ 时，有 $\phi^{SB} = 0.2169$、$\phi^{SH} = 0.3174$、$\phi^{BB} = 0.3237$、$\phi^{BH} = 0.3642$。由此根据图 8 - 44，我们有下列结论：

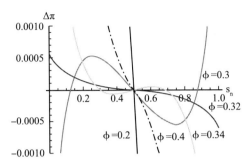

图 8 – 44　ϕ变化与产业空间均衡（6）

注：$\lambda = 1$，$\gamma = 1$，$\bar{\lambda} = 0.4$，$\bar{\gamma} = 0.2$，$\mu = 0.64$，$\rho = 0.8$，$\sigma = 3$。

结论（6）：$\phi^{SB} < \phi^{SH} < \phi^{BB} < \phi^{BH}$。当 $\phi < \phi^{SB}$ 时，对称结构是稳定均衡；当 $\phi^{SB} < \phi < \phi^{SH}$ 时，对称结构、中心—外围结构都是稳定均衡，一般非对称结构不稳定；当 $\phi^{SH} < \phi < \phi^{BB}$ 时，对称结构是稳定均衡；当 $\phi^{BB} < \phi < \phi^{BH}$ 时，一般非对称结构是稳定均衡；当 $\phi^{BH} < \phi$ 时，对称结构又重新成为稳定均衡结构。

当 $0.6407 < \mu < 0.8333$ 时，有 $\phi^{SB} < \phi^{BB} < \phi^{SH} < \phi^{BH}$。例如，当 $\mu = 0.7$ 时，有 $\phi^{SB} = 0.1135$、$\phi^{BB} = 0.2111$、$\phi^{SH} = 0.4097$、$\phi^{BH} = 0.4647$。此时，工业品支出份额在此区间内变化得到的产业空间稳定均衡变化形式与结论（4）相同。

由图 8 – 45 可知，当 $0 < \mu < 0.6907$ 时，突破点与持续点均不存在，此时，对称结构是唯一稳定均衡，这与结论（1）相同。当 $0.6907 < \mu < 0.7891$ 时，存在两个持续点，突破点不存在，此时，工业品支出份额在此区间内变化得到的产业空间稳定均衡变化形式与结论（5）相同。

当 $0.7891 < \mu < 0.8333$ 时，有 $\phi^{SB} < \phi^{BB} < \phi^{BH} < \phi^{SH}$，例如，当 $\mu = 0.8$ 时，有 $\phi^{SB} = 0.0279$、$\phi^{BB} = 0.2342$、$\phi^{BH} = 0.3392$、$\phi^{SH} = 0.4024$。根据图 8 – 46，我们得到如下结论：

结论（7）：$\phi^{SB} < \phi^{BB} < \phi^{BH} < \phi^{SH}$。当 $\phi < \phi^{SB}$ 时，对称均衡是唯一稳定均衡；当 $\phi^{SB} < \phi < \phi^{BB}$ 时，对称结构、中心—外围结构均是稳定均衡，一般非对称结构不稳定；当 $\phi^{BB} < \phi < \phi^{BH}$ 时，中心—外围结构是唯一稳定均衡结构；当 $\phi^{BH} < \phi < \phi^{SH}$ 时，对称结构、中心—外围结构重新成为稳定均衡结构，一般非对称结构不稳定；当 $\phi^{BH} < \phi$ 时，对称结构再次成为稳定均衡结构。

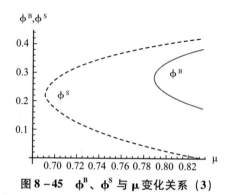

图 8 – 45　ϕ^B、ϕ^S 与 μ 变化关系（3）

注：$\lambda = 1$，$\gamma = 1$，$\bar{\lambda} = 0.47$，$\bar{\gamma} = 0.2$，$\sigma = 3$，$\rho = 0.8$。

工业产品支出份额须满足 $0 < \mu < 0.8333$，并且当 $\mu = 0.8333$ 时，有 $\phi^{SB} \equiv 0$。

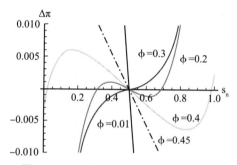

图 8 – 46　ϕ 变化与产业空间均衡（7）

注：$\lambda = 1$，$\gamma = 1$，$\bar{\lambda} = 0.47$，$\bar{\gamma} = 0.2$，$\mu = 0.76$，$\rho = 0.8$，$\sigma = 3$。

结论（1）过于特殊，以下我们重点对结论（2）至结论（7）进行总结分析。结论（2）至结论（7）所对应的战斧图解可以总结为图 8 – 47 至图 8 – 52。在战斧图解中，局部稳定的长期均衡用实线来表示，局部不稳定的长期均衡用虚线来表示（在贸易自由度为 1 时，产业空间的任意分布都是稳定的，故为实线）。当贸易自由度较低时，对称结构是唯一稳定均衡；当贸易自由度处于中等水平时，对称结构、对称结构与中心—外围结构共存、一般非对称结构、中心—外围结构都有可能是稳定均衡；当贸易自由度充分大时，对称结构又重新成为唯一稳定均衡。

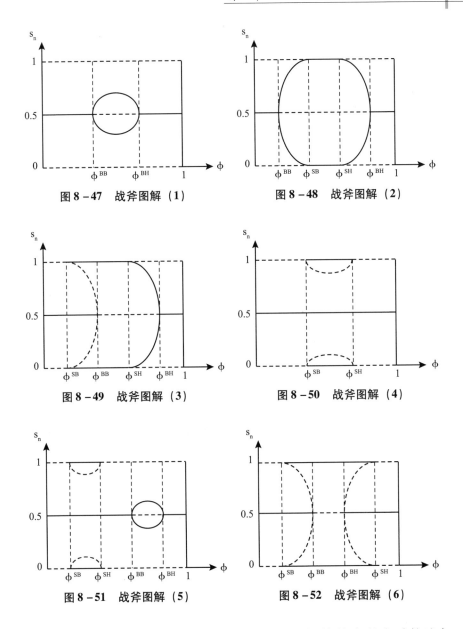

图 8 - 47 战斧图解 (1)

图 8 - 48 战斧图解 (2)

图 8 - 49 战斧图解 (3)

图 8 - 50 战斧图解 (4)

图 8 - 51 战斧图解 (5)

图 8 - 52 战斧图解 (6)

另外，工业品替代弹性变化引起的突破点与持续点的变动轨迹如图 8 - 53、图 8 - 54 和图 8 - 55 所示，折现率变动引起的突破点与持续点的变动轨迹如图 8 - 56、图 8 - 57 和图 8 - 58 所示。据此，我们分析贸易自由度变化引起的空间均衡变化关系，所得结论与前述一致，不再赘述。

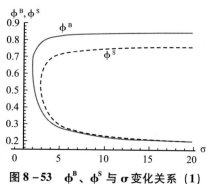

图 8-53　ϕ^B、ϕ^S 与 σ 变化关系（1）

注：$\lambda=1$，$\gamma=1$，$\bar{\lambda}=0.24$，$\bar{\gamma}=0.2$，$\mu=0.6$，$\rho=0.2$。

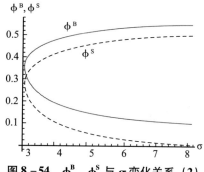

图 8-54　ϕ^B、ϕ^S 与 σ 变化关系（2）

注：$\lambda=1$，$\gamma=1$，$\bar{\lambda}=0.4$，$\bar{\gamma}=0.2$，$\mu=0.6$，$\rho=0.9$，工业产品替代弹性须满足 $1<\sigma<8.1428$，并且当 $\sigma=8.1428$ 时，有 $\phi^{SB}\equiv0$。

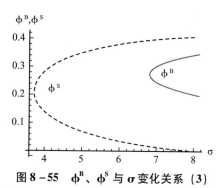

图 8-55　ϕ^B、ϕ^S 与 σ 变化关系（3）

注：$\lambda=1$，$\gamma=1$，$\bar{\lambda}=0.49$，$\bar{\gamma}=0.2$，$\mu=0.6$，$\rho=0.9$，工业产品替代弹性须满足 $1<\sigma<8.1428$，并且当 $\sigma=8.1428$ 时，有 $\phi^{SB}\equiv0$。

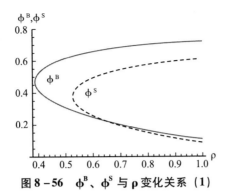

图 8-56 ϕ^B、ϕ^S 与 ρ 变化关系（1）

注：$\lambda=1$，$\gamma=1$，$\bar{\lambda}=0.3$，$\bar{\gamma}=0.2$，$\mu=0.6$，$\sigma=3$。

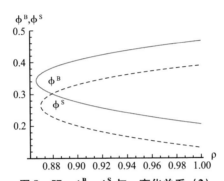

图 8-57 ϕ^B、ϕ^S 与 ρ 变化关系（2）

注：$\lambda=1$，$\gamma=1$，$\bar{\lambda}=0.4$，$\bar{\gamma}=0.2$，$\mu=0.6$，$\sigma=3$。

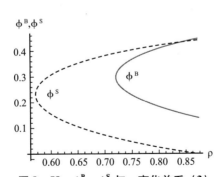

图 8-58 ϕ^B、ϕ^S 与 ρ 变化关系（3）

注：$\lambda=1$，$\gamma=1$，$\bar{\lambda}=0.45$，$\bar{\gamma}=0.2$，$\mu=0.8$，$\sigma=3$，折旧率须满足 $0<\rho<0.875$，并且当 $\rho=0.875$ 时，有 $\phi^{SB}\equiv0$。

　　总之，当技术溢出向心力小于环境污染离心力时，工业产品支出份额、工业品替代弹性和折现率变动会使得突破点与持续点之间形成六种稳定关系，进而形成六种不同的产业空间演变模式。罗伯特—尼古德（2005）认为新经济地理模型最多存在五种均衡状态（两种中心—外围结构、一种对称结构、两种内部非对称结构），在本模型中，这五种均衡状况只是本文的部分情况。本文的研究表明，产业空间结构的稳态并非都必然表现为棒－棒均衡结构的稳态，贸易自由度的变化可以引起任何形式的产业空间结构稳态，此时，产业空间结构演化的突变和渐变特征均有可能出现。

（2）技术溢出向心力等于环境污染离心力：贸易自由度与产业空间均衡

当"技术溢出向心力"等于"环境污染离心力"时，存在唯一的突破点与持续点，且突破点与持续点始终相等。如图 8 – 59 所示，当 $\mu = 0.2$ 时，有 $\phi^B = \phi^S = 0.6337$。由此，根据图 8 – 60，我们得到如下结论：

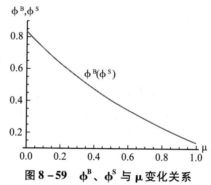

图 8 – 59　ϕ^B、ϕ^S 与 μ 变化关系

注：$\lambda = 1$，$\gamma = 1$，$\bar{\lambda} = 0.2$，$\bar{\gamma} = 0.2$，$\sigma = 3$，$\rho = 0.1$。

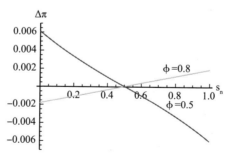

图 8 – 60　ϕ 变化与产业空间均衡（8）

注：$\lambda = 1$，$\gamma = 1$，$\bar{\lambda} = 0.2$，$\bar{\gamma} = 0.2$，$\mu = 0.2$，$\rho = 0.1$，$\sigma = 3$。

结论（8）：当 $\phi < \phi^B(\phi^S)$ 时，对称均衡是唯一稳定均衡；当 ϕ^B $(\phi^S) < \phi$ 时，中心—外围结构是唯一稳定均衡结构。

当技术溢出向心力等于环境污染离心力时，企业生产活动不再受外部性的影响，但由于资本创造活动具有"学习效应"，即资本积累会降低新资本创造成本，使得本模型所得结论与全域溢出模型（简称 GS 模型，马丁和奥塔维诺，1999）结论相似。此时，战斧图解如图 8 – 61 所示，从而产业空间分布模式的变化表现出突变的特征。

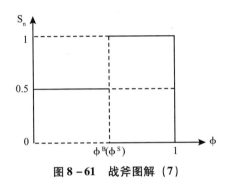

图 8 – 61　战斧图解（7）

（3）技术溢出向心力大于环境污染离心力：贸易自由度与产业空间均衡

当技术溢出向心力大于环境污染离心力时，取得唯一的突破点和持续点。在其他条件不变的前提下，工业产品支出份额增加、工业品替代弹性的增强或折现率的提高会引起突破点与持续点的相对位置发生改变，即由突破点大于持续点变为持续点大于突破点。

如图 8 – 62 所示，当 $0 < \mu < 0.5357$ 时，有 $\phi^S < \phi^B$，例如，当 $\mu = 0.2$ 时，有 $\phi^S = 0.2071$、$\phi^B = 0.2503$。由此，根据图 8 – 63，我们得到如下结论：

结论（9）：$\phi^S < \phi^B$。当 $\phi < \phi^S$ 时，对称结构是唯一稳定均衡；当 $\phi^S < \phi < \phi^B$ 时，对称结构、中心—外围结构都是稳定均衡，一般非对称结构不稳定；当 $\phi^B < \phi$ 时，中心—外围结构是唯一稳定均衡。

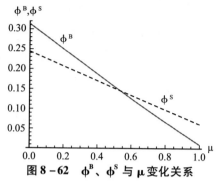

图 8 - 62 ϕ^B、ϕ^S 与 μ 变化关系

注：$\lambda = 1$，$\gamma = 1$，$\bar{\lambda} = 0.2$，$\bar{\gamma} = 0.4$，$\sigma = 3$，$\rho = 0.1$。

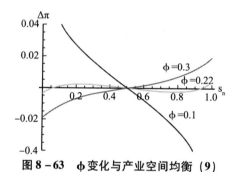

图 8 - 63 ϕ 变化与产业空间均衡（9）

注：$\lambda = 1$，$\gamma = 1$，$\bar{\lambda} = 0.2$，$\bar{\gamma} = 0.4$，$\mu = 0.2$，$\rho = 0.1$，$\sigma = 3$。

当 $0.5357 < \mu < 1$ 时，有 $\phi^B < \phi^S$，例如，当 $\mu = 0.7$ 时，有 $\phi^B = 0.0961$、$\phi^S = 0.1158$。由此，根据图 8 - 64，我们得到下列结论：

结论（10）：$\phi^B < \phi^S$。当 $\phi < \phi^B$ 时，对称结构是稳定均衡，当 $\phi^B < \phi < \phi^S$ 时，一般非对称结构是稳定均衡，当 $\phi^S < \phi$ 时，中心—外围结构是稳定均衡。

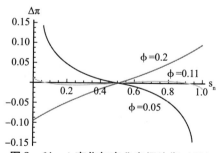

图 8 - 64 ϕ 变化与产业空间均衡（10）

注：$\lambda = 1$，$\gamma = 1$，$\bar{\lambda} = 0.2$，$\bar{\gamma} = 0.4$，$\mu = 0.7$，$\rho = 0.1$，$\sigma = 3$。

结论（9）和结论（10）对应的战斧图解如图8-65和图8-66所示。当技术溢出向心力大于环境污染离心力时，存在唯一突破点和持续点。持续点大于突破点时，随着贸易自由度的增加，产业空间结构的演化表现出渐变的特征，突破点大于持续点时，产业空间分布模式的变化表现出突变的特征。

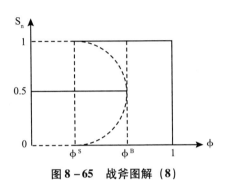

图8-65　战斧图解（8）

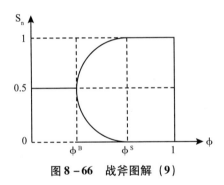

图8-66　战斧图解（9）

综上所述，产业空间结构的稳态并非都必然表现为棒-棒均衡（bang-bang equilibrium）结构的稳态，贸易自由度的变化可以引起任何形式的产业空间结构稳态。当技术溢出向心力小于环境污染离心力时，产业空间演变的总趋势为"分散—集聚—再分散"，当技术溢出向心力不低于环境污染离心力时，产业空间演变总体上呈现出"分散—集聚"的趋势。新经济地理学的经典模型（克鲁格曼，1991；马丁和罗杰斯，1995；福斯里德，1999；鲍德温，1999；马丁和奥塔维诺，1999；奥塔维诺，2001；福斯里德和奥塔维诺，2003）得出的研究结论认为，贸易自由度充分大（交易成本足够低）时，中心—外围结构便成为唯一稳定均衡结构，本文的研究则认为，这不是一种必然结果，只有当交易成本足够低并且技术溢出向心力大于或等于环境污染离心力时，中心—外围结构才有可能成为唯一的稳定均衡结构。因此，随着贸易自由度的增加，产业空间的稳定结构并非必然形成中心—外围结构，也有可能形成对称结构，甚至在一定的条件下，无论贸易自由度如何变动，对称结构是唯一的稳定均衡结构。

8.4　福利效应分析

在长期均衡条件下，地区间实际经济增长率主要取决于资本增长率的大小，资本增长率越高其经济增长速度也越快。国民收入地区分配取决于各区域拥有的资本份额大小，拥有的资本份额越大，所分配的国民收入也就越大。

8.4.1　国民收入与实际经济增长率

从要素收入法的角度核算，GDP 就是指经济系统的总收入，从而经济系统的 GDP 为 $GDP = L^w + bE^w = (1+b)L^w + b\rho$。达到长期均衡时，GDP 的总量是不变的，这与全域溢出模型（简称 GS 模型，Martin and Ottaviano，1999）保持一致。资本存量 K^w 以 g 的速度增加意味着 n^w 也以 g 的速度增加，即有 $K^w(t) = K^w(0)e^{gt}$，$n^w(t) = n^w(0)e^{gt}$，$K^w(0)$、$n^w(0)$ 与 $K^w(t)$、$n^w(t)$ 分别表示初期与 t 期的资本存量与工业产品种类数。资本在空间对称分布的情况下，在初期，令 $K^w(0) = 1$，则有 $n^w(0) = \dfrac{\lambda + \bar{\lambda}}{\gamma + \bar{\gamma}}$，

工业产品价格指数为 $P_M = \left(\dfrac{\lambda + \bar{\lambda}}{\gamma + \bar{\gamma}} K^w\right)^{\frac{1}{1-\sigma}}$，可以证明，随着技术溢出效应的增加、环境污染效应的减弱和资本存量的增加，则会导致工业产品价格指数的下降。第 t 期的工业产品价格指数表示为 $P_M(t) = P_M^\mu(0)e^{\frac{gt}{1-\sigma}}$，则总价格指数可以表示为 $P(t) = P_A^{(1-\mu)}P_M^\mu = P_M^\mu(0)e^{\frac{g\mu t}{(1-\sigma)}}$[①]，其中 $P_M^\mu(0) =$

---

① 由 $P_A = 1$，$s_n = \dfrac{1}{2}$，$P_M^\mu = \left[\displaystyle\int_0^{n^w} p^{1-\sigma}di\right]^{\frac{\mu}{(1-\sigma)}} = [n^w(s_n + s_n^*\phi)]^{\frac{\mu}{(1-\sigma)}}$ 可以证明该结果。

$\left(\dfrac{1+\phi}{2} \dfrac{\lambda + \bar{\lambda}}{\gamma + \bar{\gamma}} \right)^{\frac{\mu}{1-\sigma}}$。在长期均衡条件下，经济系统名义总收入与各地区名义总收入都是固定的，实际收入增长率的变动主要来源于价格指数的变动，以对称结构为例，实际经济增长率可以表示为：

$$\dot{G}_{real} = \dot{P}(t)^{-1} = \frac{d\left[1/P(t)\right]}{\left[1/P(t)\right]dt} = ag, \quad a = \mu t/(\sigma - 1) \qquad (8-17)$$

由于资本存量的上升不改变居民的名义收入，而是通过影响两个区域工业产品的价格指数来影响居民的实际收入，因此，在核心—边缘结构下，两区域的实际经济增长率仍由式（8-17）来表示。

8.4.2 国民收入地区分配

国民收入地区分配取决于产业和人口的空间分布状况。当技术溢出向心力不低于环境污染离心力时，贸易自由度达到一定条件时，工业企业及工业劳动力会完全转移到核心地区，以北部为核心区为例，北部地区名义收入为 $E = \dfrac{1+\theta}{2} + \rho$，同理可知，南部地区名义收入为 $E^* = \dfrac{1-\theta}{2}$。从人均名义收入水平来看，核心区人均名义收入为 $y = 1 + 2\rho/1 + \theta$，边缘区人均名义收入为 $y^* = 1$，因此，核心区人均名义收入高于边缘区人均名义收入水平，在生活成本效应的作用下，核心区与边缘区的人均实际收入差距会更加明显，这种差距即使在贸易完全开放后，也不会消失（图 8-67）。

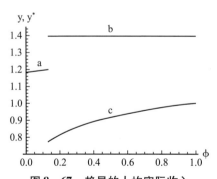

图 8-67 趋异的人均实际收入

注：$\lambda = 1$，$\bar{\lambda} = 0.2$，$\gamma = 1$，$\bar{\gamma} = 0.3$，$\mu = 0.5$，$\sigma = 5$，$\rho = 0.3$。

$y(y^*)$ 表示北（南）部人均实际收入，曲线 a 表示对称分布下人均实际收入（南北无差异），曲线 b 表示中心区人均实际收入，曲线 c 表示外围区的人均实际收入，下同。

当技术溢出向心力小于环境污染离心力时，随着贸易自由度的增加，工业企业最终会趋于分散使对称结构成为唯一稳定的均衡结构，此时，地区间的人均实际收入差距会趋于一致。值得注意的是，核心区由于大量资本和企业的外流，导致其总资本收益率下降和实际生活成本的相对提升，使其人均实际收入水平有所下降，边缘区则恰恰相反，人均实际收入水平得到显著的提升（图 8-68）。

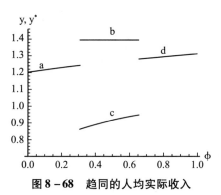

图 8-68　趋同的人均实际收入

注：$\lambda=1$，$\bar{\lambda}=0.4$，$\gamma=1$，$\bar{\gamma}=0.3$，$\mu=0.5$，$\sigma=5$，$\rho=0.3$。
曲线 d 表示对称分布下人均实际收入状况。

8.5　本章小结

大多数新经济地理模型主要关注产业空间分布的长期均衡问题，而忽视了对该地区经济增长如何实现的关注。本文将内生经济增长理论融入新经济地理模型中，考虑技术溢出与环境污染对企业固定生产成本的影响，探讨和分析了技术溢出和环境污染对产业空间演化和经济长期增长的影响。在此基础上进一步突破了新经济地理学模型中单一生产要素流动假设的局限性，认为资本与劳动力在地区间都可以流动，并且，劳动者在行业间也可以自由流动。本文发展的新经济地理学模型得出的主要研究结论如下：技术溢出不仅只是一种纯粹的导致产业集聚的力量，环境污染也不仅仅只是导致产业分散化的诱因，技术溢出与环境污染对产业空间布局的影响具有双重性，在其他条件不变的情况下，本地技术溢出的增强和跨界技术溢出的减弱是促使企业走向集聚的动力，本地环境污染效应的增强和跨界环境污染效应的减弱是促使企业走向分散的动因。产业空间结构的稳态并非都必然表现为棒 – 棒均衡结构的特征，贸易自由度的变化可以引起任何形式的产业空间结构稳态；当技术溢出向心力不低于环境污染离心力时，随着贸易自由度的增加，产业空间演变的总趋势为"分散—集聚"；当技术溢出向心力大于环境污染离心力时，随着贸易自由度的增加，产业空间演变的总趋势为"分散—集聚—再分散"；国民收入地区分配取决于各区域拥有的资本份额大小，拥有的资本份额越大，所获得的国民收入就越多，资本趋于集聚时，区域间人均实际收入差距会永久存在，资本趋于分散时，地区间人均实际收入水平趋于一致。当然，本文的分析也具有重要的政策含义，例如，为避免"污染避难所"的出现，地方政府应建立跨区域的环境协同治理机制，通过环境的协同共治减少企业共同的生产负担；发达地区对落后地区的技术溢出有利于缩小区域发展差距，促进适宜技术在落后地区的转化并形成现实的生产力是提升落后地区生产力的重要手段；人才的流失与资本的创造乏力是制约落后地区经济发展的主要因素，为此，落后地区必须要营造良好的外部环境，通过优质企业的引入带动区域发展要素的涌入。

第 9 章

资源产品二重性、环境污染
与经济地理均衡

早在 19 世纪，冯·杜能（1826）等学者对空间及其相关的经济活动进行了研究。以克鲁格曼（1991）的开创性研究为契机，近年来，一些城市与区域经济学者借助新的研究工具对这一领域重新展开了研究，迎来了空间经济研究新的高潮，而这一复兴领域的研究常常被学者称之为新经济地理学研究。任何理论经济模型都是对现实的抽象，但是，过于抽象、简单的假设显然不能解释复杂的真实经济现象。大多数新经济地理模型基本都为两地区、两部门模型，把区域视为没有空间维度的"点"，由此得出的产业空间均衡结构为棒－棒均衡结构，即产业在地理空间上的均衡分布要么完全集聚，要么完全对称均匀分布，显然，这与现实的经济活动实际空间分布状况相去甚远。我们有必要提出新的假设，重新设定参数，发展新的理论模型，进一步架通理论世界与区域经济发展现实的桥梁。

从某种意义上讲，产业集聚与城市发展的历史也是一部环境污染的历史。人们在城市工作与生活，可以获得更高的收入，同时，也享受城市生活带来的其他好处，例如，可以消费更多种类的公共产品与私人产品，朋友或亲戚之间的各方面交流也更为方便，但同时人们在城市里工作与生活也面临着城市拥挤、环境污染等问题的困扰，由此，在市场经济条件下，只要不限制生产要素在地区间的流动，经济活动主体对有利与不利因素的权衡决定着生产要素的空间均衡分布结果。虽然由于城市环境污染等因素的负面影响，工业革命以来，城市规模仍然变得越来越大，超大城市不断在世界各地出现，然而，有研究表明（瓦伊宁等，1981），在发达国家，20 世纪 70 年代以后，这种现象趋于停滞，随着城市间交通运输条件的改善，人口与产业的再次分散分布成为可能。在当今的中国，地区间交通等基础设施的进一步发展促进各城镇经济的发展不仅成为可能，也成为现实，因此，我们也就不难理解近年来高铁资源争夺战的新闻为何在中国屡见不鲜，"没有高铁，城镇就是散落的珍珠；通了高铁，城镇就是项链上的珍珠"，高铁已成为一些地方的"生命线、发展线"。高铁将对落后地区的经济发展产生重要而深刻的影响，高铁发展将为实现区域协调发展创造重要的前提条件。

　　虽然新经济地理学的大多数文献忽略了环境因素对企业和消费者区位选择的影响，但是，也有一些文献研究了环境污染与经济活动空间分布的关系。布雷克曼等（1996）引入拥挤外部性（可以视为一种环境污染问题），拓展了克鲁格曼（1991）的中心—外围模型，数字模拟表明拥挤外部性能解释外围地区存在小部分产业集聚的可能性。布雷克曼等（1999）在新经济地理学分析框架内引入城市拥挤因素，对城市人口分布的 Zipf① 法则作出了理论解释。劳希尔（2003）引入准线性效用函数，在新经济地理学分析框架内说明环境污染与经济活动空间分布的关系，认为环境污染会引起局部产业集聚的稳定均衡。埃尔贝斯和韦迪根（Elbers and With-agen，2004）认为环境污染由工业部门产生，劳动者的迁移动机不仅对地区间实际工资水平差异作出反应，同时也受地方环境污染的影响，战略性的环境政策有利于产业的对称均匀分布，但这并不意味着产业非均匀分布的产业集聚模式的消失。范恩·马勒惠克（2005）对福斯里德和奥塔维诺（2003）的"自由企业家"模型（FE 模型）进行了拓展，研究认为地方环境污染导致产业扩散的效应在本质上取决于农业生产与工业生产对地方环境污染贡献的相对大小，如果农业部门对环境污染的贡献份额大于工业部门对环境污染的贡献份额，则将降低对称均衡的稳定性。兰赫和夸斯（2007）同样对 FE 模型进行了拓展，认为环境污染来自工业部门，从理论上解析了环境污染、贸易自由度变化与经济地理均衡的关系，认为随着贸易自由度的提高，可以引起产业空间均衡的稳定结构由对称结构向中心—外围结构的平滑变化。曾道智和赵来勋（2009）将环境污染融入新经济地理学的"自由资本"模型（马丁和罗杰斯，1995；鲍德温等，2003）中，考察环境污染引起企业转移的"污染天堂效应"，认为环境污染存在跨部门与跨界影响，工业部门产生的环境污染会降低农业部门的生产效率，本地市场效应产生的产业集聚力会在一定程度上抵消"污染天堂效

---

　　① Zipf 法则，由齐普夫博士 1937 年提出，他发现在按照频率递减顺序排列的频率词表中，单词的频率与它的序号之间存在着"幂律"关系。

应"引起企业向外迁移的动机。格拉兹等（2016）认为环境污染由工业部门生产中对可变投入能源产品的使用产生，一方面，产业集聚引起的经济活动规模扩大会增加每个企业对能源产品的使用而导致企业环境污染排放量的上升，另一方面，产业集聚产生的技术外部性会减少每个企业对能源产品的使用，从而降低每个企业的环境污染排放量。由此，格拉兹等（2016）将这些相反的作用机理融入 FE 模型，探讨中心—外围结构、对称结构与部分产业集聚稳定均衡发生的前提条件，认为在贸易自由度变化的整个范围内，都可以发生局部的产业集聚。

本章在前述文献研究的基础上，将环境污染因素融入新经济地理学分析框架中去，我们不仅考虑地方环境污染，同时也考虑环境污染的跨界影响，不再把区域视为没有空间维度的"点"，我们认为每个区域包括城市与农村地区，产业集聚产生的技术溢出效应会降低工业企业生产工业产品的可变投入，技术溢出效应不仅存在本地影响，同时也存在跨界影响。另外，本章认为每个地区不仅生产工业产品、农业产品，同时也生产资源产品，资源产品的使用具有功能上的二重性，即资源产品不仅可以用于最终消费，同时也可以作为中间投入品用于生产新产品。本章将这些新的内容融入新经济地理学分析框架中去，发展的新经济地理学模型所得到的研究结论加强了新经济地理学模型对现实问题的解释力度。

9.1　理论模型建立与分析

9.1.1　城市空间成本

自从克鲁格曼（1991）的开创性研究以来，中心—外围模型由于不考虑城市空间成本（通勤与居住成本）而成为被学者批评的重要原因之一。在城市，随着人口集聚规模的增大，居民承担的城市空间成本也相应上升，一旦产业集聚以城市的形式出现，则不应忽略城市空间成本对产业空间结构演变的影响（村田和蒂斯，2005）。由此，本章发展的新经济地理学模型不再对城市问题保持沉默。我们考虑一个经济系统包含南北两个地区，每个地区由城市与农村区域组成，假设城市区域都是一维连续空间，在每个城市区域都有一个中央商务区（CBD），企业集中于此。城市居民均匀地居住在 CBD 周围（一维），都要支付一定的住房租金及从居住地点到 CBD 的通勤成本。通勤成本是居住地与 CBD 间距离的线性函数，每单位距离的通勤成本是 ψ 单位的农产品（$\psi \geq 0$）。假设资本家居住在城里，根据区域资本家数量份额可以决定两个区域城市的范围分别为 $\frac{n}{2}$ 和 $\frac{n^*}{2}$，n 和 n^* 分别表示北部地区和南部地区的资本家数量[①]。这种假设可以用图 9 - 1 表示如下：

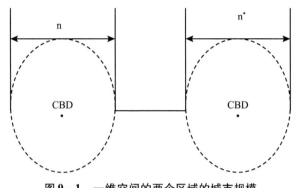

图 9 - 1　一维空间的两个区域的城市规模

虚线圆的半径表示两个区域的城市规模，区域的城市规模是一维线性空间，居住在离 CBD 直线距离为 x 的居民需支付的通勤成本为 ψx，该地点的住房租金为 $S(x)$。在短期，资本家不具有区际流动性，资本家只能在本区域的城市内，通过对居住地的选择来实现短期均衡。在这种情况下，一个城市内，资本家通过对住房租金和通勤成本的权衡来决定其居住区位选择。均衡时，每个区位对资本家居民来说都是无差异的。假设城市的住房属于政府，政府获得的住房租金最后均等地分发给每位城市居民，因此这笔收入对城市居民的居住区位决策并无影响。以北部地区为例，我们有如下短期均衡条件：

$$S(x) + \psi x = S(0) + \psi \times 0 = S\left(\frac{n}{2}\right) + \psi \times \frac{n}{2} \qquad (9-1)$$

在城市边缘，假设住房的租金为 0，因此 $S\left(\frac{n}{2}\right) = 0$，所以：

---

① 本章中，凡是加有"*"的变量表示对应的南部的经济变量。

$$S(x) = \psi\left(\frac{n}{2} - x\right) \qquad (9-2)$$

北部地区住房租金的总收入为 $2\int_0^{n/2} S(x)\,dx = 2\int_0^{n/2} \psi\left(\frac{n}{2} - x\right)dx = \frac{\psi n^2}{4}$，该租金平均分发给每一位城市居民，因此北部地区每位城市居民得到的租金收入为 $\frac{\psi n}{4}$，每位城市居民在北部地区的居住成本为 $t = S(x) + \psi x - \frac{\psi n}{4} = \frac{\psi n}{4}$，北部地区全体城市居民的总居住成本为 $T = \frac{\psi n^2}{4}$，假设城市居民的这部分支出归政府所有，由政府平均分配给农村居民。同理，每位城市居民在南部地区的居住成本为 $t^* = \frac{\psi n^*}{4}$，南部地区全体城市居民的总居住成本为 $T^* = \frac{\psi(n^*)^2}{4}$。由此可见，城市居民的居住成本既取决于单位距离的通勤成本，也跟资本家的空间分布有关。

9.1.2 消费均衡

经济系统包含的南北两个地区在偏好、技术、开放度以及初始的要素禀赋方面都是对称的，每个地区由城区与周围农村地区构成，拥有资本的企业家（不妨称之为资本家）住在城区，而普通工人住在农村地区，普通工人（农村居民）在南北两个地区之间不能流动，而资本家可以流动。新经济地理学的大多数模型为两部门模型（农业部门与工业部门），本章的研究突破此假设，认为每个地区产品的生产由工业部门 M、农业部门 A、自然资源部门 R 三个部门组成。我们以北部地区为例，设代表性消费者的效用函数如下：

$$V = \frac{C_M^\mu C_R^\eta C_A^{1-\mu-\eta}}{(1 + E + \delta E^*)^\varphi}, \quad \mu > 0, \ \eta > 0, \ 1 - \mu - \eta > 0 \qquad (9-3)$$

$$C_M = \left[\int_{i=0}^{n^w} c_i^{(\sigma-1)/\sigma}\,di\right]^{\sigma/(\sigma-1)} \qquad (9-4)$$

其中，C_M 表示对工业产品组合的消费量，C_R 表示对资源产品的消费量，C_A 表示对农产品的消费量。高冢等（Takatsuka et al., 2015）探讨了区域资源禀赋与"荷兰病"的关系，提出的效用函数中也包括了消费者对资源产品的消费，但是，在该效用函数中，消费者只消费资源产品（北部地区与南部地区的资源产品）与工业产品，而没有农业产品，因此，这与本章关于效用函数的假设有所不同，另外，显然，高垚等（2015）的研究与本章的研究角度也有明显差异。n^w 表示经济系统工业产品种类数，$n^w = n + n^*$，其中 n 表示北部地区生产的工业产品的种类数，则 n^* 表示南部地区生产的工业产品的种类数。μ 表示总支出中支付在工业品上的份额，η 表示对资源产品消费的支出份额，从而 $1 - \mu - \eta$ 表示对农产品消费的支出份额。σ 表示消费者消费不同工业品之间的替代弹性（$\sigma > 1$），c_i 表示消费者对第 i 类工业品的消费量。E 表示北部地区产生的环境污染量，则 E^* 表示南部地区产生的环境污染量，δ 表示环境污染的跨界影响（$0 \leqslant \delta \leqslant 1$），环境污染给消费者带来的是负面影响，$\varphi$ 表示环境污染给消费者效用带来的影响程度（$\varphi \geqslant 0$）。由此可见，我们将环境污染产生的负外部性作为消费者效用函数的一部分，而不是像早期系列的研究（劳希尔，2003；埃尔贝斯和韦迪根，2004；兰赫和夸斯，2007），将环境污染产生的负外部性处理为对消费者效用的一种算术上的扣减，同时，我们不仅考虑本地环境污染给消费者带来的负面影响，同时，我们也考虑跨界环境污染给消费者带来的负面影响。曾道智和赵来勋（2009）虽然考虑到了环境污染的跨界影响，但是，忽略了环境污染对消费者效用的负面影响，仅仅考虑工业部门产生的环境污染对农业生产部门生产的负面影响。因此，本章的处理方式显然更符合现实，更能真实反映环境污染与消费者效用的关系。消费者预算约束条件为[①]：

$$P_M C_M + P_R C_R + P_A C_A = y \tag{9-5}$$

其中，P_M 表示工业品组合的价格，P_R 表示资源产品的价格，P_A 表示农产品的价格，y 表示消费者的收入。假设农产品作为基本的计价单位，即有 $P_A \equiv 1$。容易得到：

$$P_M = \left[\int_{i=0}^{n^w} p_i^{1-\sigma} di \right]^{1/(1-\sigma)} \tag{9-6}$$

由消费均衡，我们有：

$$C_M = \frac{\mu y}{P_M}, \quad C_R = \frac{\eta y}{P_R}, \quad C_A = (1 - \mu - \eta)y \tag{9-7}$$

其中，$c_i = \dfrac{\mu y (P_i)^{-\sigma}}{(P_M)^{1-\sigma}}$。

---

① 此处消费者的收入是指消费者的净收入。农村居民的净收入为工资收入加上从政府获得的补贴收入。针对城市居民来讲，净收入是指扣除居住成本后的收入，一旦城市居住成本超过城市居民扣除前的收入，则城市居民不会在这个城市存在。如果这时要从数学上定义消费者的净收入，我们认为消费者的净收入为负，相应的，工业产品、资源产品、农产品的消费量为负，则消费者的效用也为负。

9.1.3 产品的生产与短期均衡

工业企业的生产需要资本家的资本作为固定投入，自然资源产品作为可变投入。假设企业的生产存在规模经济，而不存在范围经济，一个企业只生产一种工业产品，每一企业只需要一单位资本作为固定投入，一个资本家拥有一单位的资本，因此，企业的数量等于资本的数量，也等于资本家的数量。北部地区代表性工业企业 j 的成本函数可以写成：

$$C(x_j) = w + P_R \alpha x_j \tag{9-8}$$

其中，w 为资本家的名义收入，P_R 为资源产品价格，假设自然资源生产部门生产资源产品仅使用劳动力一种要素作为投入要素，则 $P_R = \xi w_L$，ξ 表示生产一单位资源产品投入的普通劳动数量，w_L 表示普通工人劳动的价格，假设一单位的普通工人代表一单位的普通劳动，因此，w_L 也就是普通工人的工资，a 为资源产品投入密度，即工业企业生产单位产品投入的资源产品数量，x_j 为该企业的产出。高冢等（2015）认为资源产品同样可以作为工业生产的中间投入品，采用的生产函数为 C－D 形式的生产函数，认为工业企业生产工业产品需要资源产品（北部地区与南部地区的资源产品）与普通工人两种生产要素投入，而本章关于资源产品作为中间投入品，采用的是新经济地理学研究中通常采用的非齐次线性生产函数，从而坚持了工业部门生产规模报酬递增的假设，另外，这也有利于在同类研究中进行研究结论的对比。

企业在生产过程中投入的资源产品密度受到两方面因素的影响：一是企业本身的生产性质，二是经济活动的集聚对企业生产的影响。由此，我们设：

$$a = \beta\theta(s_n), \quad \theta(s_n) = \frac{1}{n^w(\lambda s_n + \bar{\lambda}(1 - s_n))} \tag{9-9}$$

β 表示企业在生产中使用资源的禀赋强度特征，显然，β 越大，企业在生产过程中使用的资源密度越大，我们认为，β 的大小由企业的生产性质来决定。$\theta(s_n)$ 反映了经济活动的集聚产生的技术溢出效应对企业生产的影响。s_n 表示北部地区工业企业数量所占的比重，则 $1 - s_n$ 表示南部地区工业企业数量所占的比重，λ 是本地技术溢出效应大小（$\lambda > 0$），即企业在本地的集聚对企业生产产品投入的自然资源密度的影响，$\bar{\lambda}$ 是跨界技术溢出效应大小（$\bar{\lambda} \geq 0$，且 $\bar{\lambda} \geq \lambda$），即企业的区外集聚对本地企业生产产品投入的自然资源密度的跨界影响。s_n、λ 与 $\bar{\lambda}$ 越大，则 a 越小，即随着本地集聚的企业数量增加、本地与跨界技术溢出效应的增强，会降低企业生产产品投入的自然资源密度，因此，企业在本地的集聚、行业水平上产生的技术溢出效应能降低企业的可变投入，从而降低企业的生产成本。

企业 j 生产的产品在本地市场的销售价格为：$p_j = \dfrac{\sigma \alpha \xi}{\sigma - 1}$，显然，产品价格与产品的种类 j 无关。因此，可令 $p_j = p$，p 表示本地企业的产品在本地市场的销售价格。由于存在空间运输成本，本地企业生产的产品在外地的销售价格为：$\bar{p}^* = \tau p$，$\tau \geq 1$。在厂商生产均衡的条件下，不难求得企业 j 的均衡产量为：

$$x_j = \frac{w(\sigma - 1)}{\alpha \xi} \tag{9-10}$$

同样地，x_j 与 j 无关，可令 $x_j = x$，x 表示工业企业的均衡产量。

农业部门生产同质农产品，农产品的生产具有规模报酬不变特征，并且，农产品的销售面临完全竞争的市场结构。农业部门仅使用劳动力一种要素作为投入要素，一单位农产品的产出需要 a_A 单位的普通劳动，因此一单位农产品的成本是 $w_L a_A$。设 $a_A = 1$，由于 $P_A \equiv 1$，则不难得出 $w_L = 1$。两个地区均存在农业品的生产，农产品区际交易不存在交易成本，故农产品价格在各个地区都一样，从而有 $w_L = w_L^* = 1$，w_L^* 表示南部地区普通工人的工资。

工业企业生产部门因使用资源产品作为可变投入而引起的对普通劳动的间接需求数量为：

$$L_R^M = nax\xi = nw(\sigma - 1) \tag{9-11}$$

生产消费者直接消费资源产品而需要的普通劳动数量为：

$$L_R^C = \frac{\eta Y}{P_R}\xi = \eta Y \tag{9-12}$$

设北部地区普通劳动的供给数量为 L，我们认为普通劳动的供给等于需求，则用于农业部门的劳动数量或农产品的均衡产量为：

$$Q_A = L - L_R^M - L_R^C = L - nw(\sigma - 1) - \eta Y \tag{9-13}$$

同理，南部地区农产品的均衡产量为：

$$Q_A^* = L - n^* w^* (\sigma - 1) - \eta Y^* \tag{9-14}$$

对经济系统来讲，农产品的需求等于供给，即有：

$$(1 - \mu - \eta)Y^w = Q_A + Q_A^* \tag{9-15}$$

农产品的生产存在非完全专业化条件，即没有一个区域具有足够的劳动力来生产能够满足世界对农产品的需求，因此，经济系统对农产品的支出需要满足下式：

$$(1 - \mu - \eta)Y^w > \text{MAX}[\,Q_A,\ Q_A^*\,] \qquad (9-16)$$

其中，Y^w 表示经济系统的总收入，即 $Y^w = Y + Y^*$，由于没有储蓄，Y^w 也表示经济系统的总支出，Y、Y^* 分别表示北部、南部地区收入或支出。考虑一个北部企业，该企业在北部市场的销售量为 c，销售价格为 p；在南部市场的销售量为 $\bar{c}^*$，销售价格为 $\bar{p}^* = \tau p$。企业的总产出为 $x = c + \tau \bar{c}^*$，那么企业的销售收入 $r = pc + \bar{p}^* \bar{c}^* = p(c + \tau \bar{c}^*) = px$。这时，$c$ 与 $\bar{c}^*$ 分别为：

$$c = \mu Y p^{-\sigma} P_M^{-(1-\sigma)}, \quad \bar{c}^* = \mu Y^*(\bar{p}^*)^{-\sigma}(P_M^*)^{-(1-\sigma)} \qquad (9-17)$$

其中：

$$
\begin{aligned}
(P_M)^{1-\sigma} &= \int_0^{n^w} p^{1-\sigma} di = n^w[\,s_n p^{1-\sigma} + \phi s_n^*(p^*)^{1-\sigma}\,] \\
&= \bar{\sigma} n^w \xi^{1-\sigma}[\,s_n(\alpha)^{1-\sigma} + \phi s_n^*(\alpha^*)^{1-\sigma}\,] \\
(P_M^*)^{1-\sigma} &= \int_0^{n^w} p^{1-\sigma} di = n^w[\,s_n^*(p^*)^{1-\sigma} + \phi s_n p^{1-\sigma}\,] \\
&= \bar{\sigma} n^w \xi^{1-\sigma}[\,s_n^*(\alpha^*)^{1-\sigma} + \phi s_n(\alpha)^{1-\sigma}\,] \qquad (9-18)
\end{aligned}
$$

p^* 表示南部地区工业企业生产的产品在本地市场的销售价格，a^* 表示南部地区工业企业生产产品的自然资源投入密度，且 $\bar{\sigma} = \left(\dfrac{\sigma}{\sigma-1}\right)^{1-\sigma}$。$\phi = \tau^{1-\sigma}$ 表示地区间的贸易自由度，$\phi \in [0, 1]$；当 $\tau = 1$ 时，$\phi = 1$；当 $\tau \to \infty$ 时，$\phi = 0$。北部地区资本家的收入为：

$$w = \frac{px}{\sigma} = \frac{\mu Y^w}{\sigma n^w}\left(\frac{s_E}{s_n + \phi \kappa s_n^*} + \frac{\phi s_E^*}{\kappa s_n^* + \phi s_n}\right) \qquad (9-19)$$

上式中，$\kappa = \left(\dfrac{\alpha^*}{\alpha}\right)^{1-\sigma}$，$s_E = Y/Y^w$ 为北部支出所占的份额，$s_E^* = 1 - s_E = Y^*/Y^w$ 为南部支出所占份额。设 $B = \dfrac{s_E}{\Delta} + \dfrac{\phi s_E^*}{\Delta^*}$，$B^* = \dfrac{\phi s_E}{\Lambda} + \dfrac{s_E^*}{\Lambda^*}$，$\Delta = s_n + \phi s_n^* \kappa$，$\Delta^* = \phi s_n + s_n^* \kappa$，$\Lambda = \dfrac{s_n}{\kappa} + \phi s_n^*$，$\Lambda^* = s_n^* + \phi \dfrac{s_n}{\kappa}$，$b = \dfrac{\mu}{\sigma}$，则北部地区资本家与南部地区资本家的收入分别为：

$$w = bBY^w/n^w, \quad w^* = bB^*Y^w/n^w \qquad (9-20)$$

同时，北部地区与南部地区的工业品价格指数可以写成：

$$P_M = \alpha \xi(\bar{\sigma} n^w \Delta)^{\frac{1}{1-\sigma}}, \quad P_M^* = \sigma \xi(\bar{\sigma} n^w \Delta^*)^{\frac{1}{1-\sigma}} \qquad (9-21)$$

9.1.4　市场份额

北部地区的总收入包括资本家的收入与普通工人的收入两部分，即有：

$$Y = wn + L \tag{9-22}$$

同理，南部地区的总收入为：

$$Y^* = w^* n^* + L \tag{9-23}$$

可以证明经济系统的总收入为①。

$$Y^w = \frac{2L}{b(\sigma - 1) + (1 - \mu)} \tag{9-24}$$

北部地区支出所占的份额 s_E 为：

$$s_E = \frac{Y}{Y^w} \tag{9-25}$$

9.1.5　环境污染

我们认为环境污染来自两个部门，即自然资源部门与工业部门。自然资源部门产生环境污染量的大小跟自然资源部门的产量或社会对资源产品的消耗量成正比，工业部门利用资源产品作为可变投入生产新的产品会进一步产生环境污染，工业部门产生环境污染量的大小跟利用的资源产品数量成正比。由此，北部地区与南部地区产生的环境污染量分别为：

$$E = \gamma\left(nax + \frac{\eta Y}{P_R}\right) + \bar{\gamma}nax = (\gamma + \bar{\gamma})nax + \gamma\frac{\eta Y}{P_R},$$

$$E^* = \gamma\left(n^* a^* x^* + \frac{\eta Y^*}{P_R}\right) + \bar{\gamma}n^* a^* x^* = (\gamma + \bar{\gamma})n^* a^* x^* + \gamma\frac{\eta Y^*}{P_R}$$

$$\tag{9-26}$$

---

① $sB + s_n^* B^* \equiv 1$，因此有：

$nw + n^* w^* = sbBY^w + s_n^* bB^* Y^w = (sB + s_n^* B^*)bY^w = bY^w$，$2L = nw(\sigma - 1) + n^* w^* (\sigma - 1) + \eta Y^w + (1 - \mu - \eta)Y^w$，

即有：

$2L = (\sigma - 1)(nw + n^* w^*) + (1 - \mu)Y^w = (\sigma - 1)bY^w + (1 - \mu)Y^w$，

从而我们有：

$Y^w = \dfrac{2L}{b(\sigma - 1) + (1 - \mu)}$。

式（9-26）中，γ 表示自然资源部门生产资源产品产生环境污染的边际大小（$\gamma \geq 0$），$\bar{\gamma}$ 表示工业部门利用资源产品作为可变投入产生环境污染的边际大小（$\bar{\gamma} \geq 0$）。由此可见，我们摒弃了相关研究的经典假设（劳希尔，2003；埃尔贝斯和韦迪根，2004；范恩·马勒惠克，2005；兰赫和夸斯，2007；曾道智和赵来勋，2009；格拉兹等，2016），即环境污染由工业部门生产工业产品产生。在本章研究中，我们认为环境污染产生的原因在于对资源产品的生产与使用，自然资源部门生产资源产品会产生环境污染，工业部门对资源产品的进一步加工生产用于最终消费的工业产品也会产生环境污染，因此，环境污染是资源产品的生产与使用的副产品，不仅生产资源产品会产生环境污染，对资源产品的进一步使用也会产生环境污染。

9.2　经济地理均衡：产业空间分布的稳定性分析

新经济地理学在一般均衡分析框架下分析了经济活动区位选择的内生决定过程，中心—外围结构或对称结构的稳定性是其关注的重要方面，本章的研究也不例外。本章从环境污染、工业品支出份额、替代弹性等因素变化分析产业空间分布的稳态性特征，得到的新理论观点或有特色的研究结论能更加合理解释现实产业空间的演变机理，发展与完善了新经济地理学的理论结论。

9.2.1　环境污染因素变化与产业空间分布的稳定性

数字模拟显示（见图9-2），跨界污染是影响产业空间结构稳态的重要影响因素之一，随着跨界污染影响程度的增强，产业空间的稳定结构也依次经历三种状态，即对称结构、对称结构与中心—外围结构并存、中心—外围结构。因此，低跨界污染导致产业的分散布局，而高跨界污染会导致产业的集聚。因此，我们也就不难理解，在现实中，为什么我国发达地区的产业难以向落后地区转移，这是因为，高跨界污染在一定程度上限制了产业转移，产业由发达地区向落后地区的转移，而发达地区的污染并没有多大程度的降低，由此，发达地区居民的福利并没有多大程度的提高，从而这降低了发达地区的地方政府推动产业向落后地区转移的积极性，例如，京津地区的产业难以向周边河北地区扩散，这在一定程度上和跨界污染的影响存在一定关系，同样的，长三角地区是我国经济增长最快、产业集聚度最高的地区之一，同时也是污染严重的地区之一，然而，当地严重的环境污染并没有导致长三角地区的产业沿长江流域大规模向欠发达地区转移，这同样和长江流域跨界水污染严重等有关。

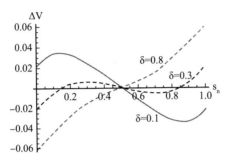

图9-2　环境污染跨界效应变化与产业空间分布

注：$\beta = 0.1$，$\mu = 0.4$，$\eta = 0.1$，$\xi = 0.5$，$L = 2$，$\gamma = 1$，$\bar{\gamma} = 0.5$，$\sigma = 2.5$，$\psi = 0.1$，$\lambda = 0.5$，$\bar{\lambda} = 0.2$，$\varphi = 1$，$n^w = 1$，$\phi = 0.17$。

另外，随着自然资源部门环境污染系数、工业部门环境污染系数与环境污染影响消费者效用系数的增加（见图9-3、图9-4与图9-5），会引起产业空间的稳定结构依次由中心—外围结构、中心—外围结构与对称结构并存向对称结构的方向演变，这表明，本地环境污染效应的增强会降低产业集聚的稳定性，因此，本地环境污染效应的增加是引起产业扩散的重要力量之一。

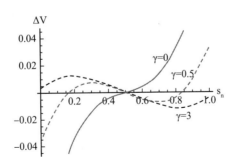

图9-3　自然资源部门环境污染系数变化与产业空间分布

注：$\beta = 0.1$，$\mu = 0.4$，$\eta = 0.1$，$\xi = 0.5$，$L = 2$，$\phi = 0.22$，$\bar{\gamma} = 0.5$，$\sigma = 2.5$，$\psi = 0.1$，$\lambda = 0.5$，$\bar{\lambda} = 0.2$，$\varphi = 1$，$n^w = 1$，$\delta = 0.15$。

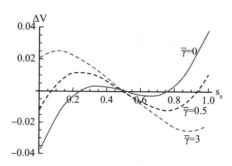

图 9 - 4　工业部门环境污染系数变化与产业空间分布

注：$\beta = 0.1$，$\mu = 0.4$，$\eta = 0.1$，$\xi = 0.5$，$L = 2$，$\phi = 0.22$，$\gamma = 1$，$\sigma = 2.5$，$\psi = 0.1$，$\lambda = 0.5$，$\bar{\lambda} = 0.2$，$\varphi = 1$，$n^w = 1$，$\delta = 0.15$。

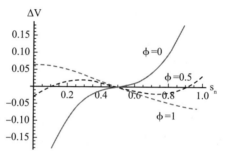

图 9 - 5　环境污染影响消费者效用系数变化与产业空间分布

注：$\beta = 0.1$，$\mu = 0.4$，$\eta = 0.1$，$\xi = 0.5$，$L = 2$，$\phi = 0.12$，$\gamma = 1$，$\bar{\gamma} = 0.5$，$\sigma = 2.5$，$\psi = 0.1$，$\lambda = 0.5$，$\bar{\lambda} = 0.2$，$n^w = 1$，$\delta = 0.1$。

9.2.2　工业品支出份额变化与产业空间分布的稳定性

图 9 - 6 显示，当工业品支出份额很低时（$\mu = 0.05$），对称结构是稳定结构，随着工业品支出份额的增加（$\mu = 0.4$），对称结构、中心—外围结构都可能是稳定结构，随着工业品支出份额的进一步增加（$\mu = 0.54$），中心—外围结构成为唯一的稳定结构，当工业品支出份额进一步变大时，例如，在本章设定的其他参数不变的条件下，当 $\mu > 0.55$ 时[1]，要保证两个地区都存在农产品的生产，则中心—外围稳定结构消失，将形成一般的非对称唯一稳定结构，当 μ 趋近于 0.9 时，这时，一般的非对称稳定结构将向对称结构靠近。因此，工业品支出份额的提高是促进产业集聚的动

---

① 精确到两位小数，下同，本章中有特殊精度要求的地方除外。

力，然而，当工业品支出份额高时，也有可能导致产业的分散布局，这是因为，两个地区都存在农业品的生产，保证普通工人的工资相等，由于两个地区存在相等的不可移动的普通工人的市场需求，工业品支出份额的提高必然会提高本地不可移动的市场需求用于工业品的支出，从而引起产业的分散布局。因此，随着工业品支出份额的增大，有利于产业的集聚，但当工业品支出份额足够高时，则会提高本地不可移动的市场需求用于工业品的支出，反而会引起产业的分散布局。

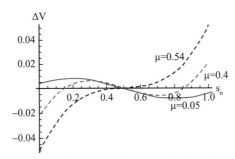

图9-6 工业品支出份额变化与产业空间分布

注：$\beta = 0.1$，$\phi = 0.17$，$\eta = 0.1$，$\xi = 0.5$，$L = 2$，$\gamma = 1$，$\overline{\gamma} = 0.5$，$\sigma = 2.5$，$\psi = 0.1$，$\lambda = 0.5$，$\overline{\lambda} = 0.2$，$\varphi = 1$，$n^w = 1$，$\delta = 0.3$。

图9-7显示，当 μ 从 0.016 增至 0.1 时[1]（为了保证净收入大于零，$\mu > 0.0155$），产业的稳定结构由对称结构转变为中心—外围结构，然而，当 μ 进一步变大时（$\mu = 0.4$），这时，对称结构与中心—外围结构都为稳定结构，当 μ 继续增大时（$\mu = 0.54$），这时，中心—外围稳定结构消失，对称结构便成为唯一的稳定结构。由此，图9-7反映，当工业品支出份额小时，随着工业品支出份额的增加，有利于产业的集聚，然而，当工业品支出份额较大时，随着工业品支出份额的增加，反而会降低产业集聚的稳定性，导致产业的分散布局成为一种可能。为什么图9-5与图9-6显示的结果有所差异，这是因为，导致产业集聚的其他外部力量不同，例如，在图9-7中，$\delta = 0.01$，由此，只要其他引起产业集聚的力量不是足够强，这时由于环境污染的跨界效应极低，从而导致产业分散的力量居主导地位，因此，工业品支出份额的进一步变大更多的是作用于本地市场，从而进一步增强了引起产业分散的力量，由此，我们进一步得到与新经济

①　如果在整个产业空间范围内，保证资本家的效用（净收入）大于零，则要求 $\mu > 0.0155$。

地理学大多数文献不同的结论：工业品支出份额越大，在一定条件下，能促进产业的分散布局。而在图9-6中，δ=0.3，显然，导致产业集聚的外部力量强多了，必然在工业品支出份额足够大时，才会引起产业的分散布局，由此，在图9-6中，随着工业品份额的变大而导致的产业空间分布的结果与图9-7有所差异。

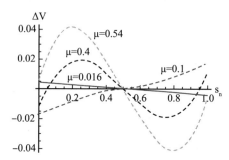

图9-7 工业品支出份额变化与产业空间分布

注：$\beta=0.1$，$\phi=0.4$，$\eta=0.1$，$\xi=0.5$，$L=2$，$\gamma=1$，$\bar{\gamma}=0.5$，$\sigma=2.5$，$\psi=0.1$，$\lambda=0.5$，$\bar{\lambda}=0.2$，$\varphi=1$，$n^w=1$，$\delta=0.01$。

9.2.3 替代弹性变化与产业空间分布的稳定性

图9-8表明，当σ很小时（σ=1.5），中心—外围结构是稳定结构，随着σ的增大（σ=2.3），对称结构成为稳定结构。新经济地理学文献认为，工业企业生产的规模报酬递增程度的增强是促进产业集聚的重要力量，当σ很小时，意味着工业企业生产的规模报酬递增程度强，从而，这会引起产业集聚，当σ增大时，工业企业生产的规模报酬递增程度减弱，从而，这会导致产业的分散布局。因此，本章得出的研究结论进一步验证了新经济地理学文献的一般结论。本章的研究进一步表明，当σ进一步变大时（σ=3），中心—外围结构、对称结构都可能是稳定结构，随着σ的继续增大（σ=6），中心—外围结构重新成为唯一的稳定结构。这是因为，随着σ的继续增大，工业企业生产的规模报酬递增程度不断减弱，资本家的收入（企业利润）越来越低，为了抵消规模报酬递增程度减弱带来的影响，通过企业的集聚产生的本地市场效应来弥补资本家收入的减少便成为一种可能的选择。在本章设定的其他参数不变的条件下，当σ=8.5时（见图9-9），在$s_n \in [0, 1]$的整个产业空间范围内，北部地区与南部

地区的资本家效用水平大于零，处于临界状态，此时中心—外围结构为唯一的稳定结构也处于临界状态。当 $\sigma > 8.5$ 时，北部地区与南部地区的资本家效用水平在部分产业空间范围内小于零，此时，中心—外围结构、局部的一般非对称结构都是稳定结构，如图 9 – 10 所示（$\sigma = 20$）。这是因为，在 $s_n = 1$ 处，$V > V^* > 0$[①]，从而以北部地区为中心的中心—外围结构是稳定的，当 $0.61 < s_n < 1$ 时，由于南部地区的资本家收入不足以弥补居住成本，此时有 $V^* < 0$，从而在此区间，南部地区的经济运行也将不复存在，由于南部地区的消失，此时经济系统的运行也将不复存在，我们称此段为经济发展的"死亡地带"，由此，在 $s_n = 0.61$ 处，便形成了局部的一般非对称稳定结构。根据对称性，以南部地区为中心的中心—外围结构也是稳定的，当 $0 < s_n < 0.39$ 时，北部地区成为经济发展的"死亡地带"，由此，在 $s_n = 0.39$ 处，也形成了局部的一般非对称稳定结构。随着 σ 的增大，局部的一般非对称稳定结构逐渐向对称结构靠近，当 $\sigma = 64.4$ 时（见图 9 – 11），在 $s_n = 1$ 或 $s_n = 0$ 处，南部地区与北部地区的资本家的效用水平都为零，此时中心—外围结构为稳定结构处于消失的临界状态。由此，当 $\sigma > 64.4$ 时，中心—外围的稳定结构消失，继续向对称结构靠近的局部一般非对称结构成为唯一的稳定结构（见图 9 – 12）。当 $\sigma = 128.4$ 时，经济系统的运行处于是否存在的临界状态（见图 9 – 13）。由此，当 $\sigma > 128.4$ 时，经济系统的运行将不复存在，此时，当然也不存在任何稳定结构，由此，经济发展的"死亡地带"扩至整个产业空间。我们认为，之所以出现经济发展的"死亡地带"，是因为随着 σ 的增大，企业生产的工业产品彼此差异越来越小，市场竞争的激烈程度加剧，导致企业利润不断降低，即资本家的收入越来越低，当资本家的收入降到一定程度时，在本模型中，资本家的收入无法弥补居住成本，导致资本家退出经济系统的运行，开始只是在部分产业空间范围内的退出，随着 σ 的继续增大，会导致资本家的退出扩至整个产业空间范围内。在现实中也不乏出现经济发展出现"死亡地带"的例子，例如"五金之都"永康保温杯制造业集群的"昙花一现"；"化妆品之乡"泰州美容化妆品集群的短命；东莞 PC 制造业集群的衰退等等。这些都跟产业集群的过度竞争（σ 太大）、外部成本（物流成本、土地租金、甚至腐败成本等）上升等有关。我们再列举一些案例进行说明，由于生产经营成本的上升，市场需求的缩小，到 2016 年

---

① 当 $s_n = 1$ 时，$V^* = 3.05 \times 10^{-9} > 0$。

年底，诸暨枫桥镇的服装厂从原来的 50 多家已经减少到 30 来家，整个诸暨市的纺织服装企业，则从最多时候的 650 多家减少至 300 家左右。在诸暨市大唐镇，家家户户做袜子已经有 30 多年的历史。在这个户籍人口仅为 3 万人，却拥有企业 12000 多家的乡镇，主要靠外来务工人员来做工。由于产业"低、小、散"，产品低质、低价竞争，很多企业目前同样陷入了无利可图的困境①。因此，在现实中，由于行业的过度竞争与生产经营成本上升的双重夹击，导致部分企业退出集群，甚至引发整个产业集群的消失，这最终也会给整个地区的经济发展带来"致命打击"，例如，东北老工业基地装备制造业集群的衰退最终导致整个东北地区经济发展陷入"区域性塌陷"的困境。

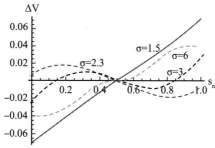

图 9 - 8　替代弹性变化与产业空间分布（1）

注：$\beta = 0.1$，$\mu = 0.4$，$\eta = 0.1$，$\xi = 0.5$，$L = 2$，$\gamma = 1$，$\overline{\gamma} = 0.5$，$\phi = 0.17$，$\psi = 0.1$，$\lambda = 0.5$，$\overline{\lambda} = 0.2$，$\varphi = 1$，$n^w = 1$，$\delta = 0.2$。

图 9 - 8 至图 9 - 13 为一组图，因此我们用（1）至（6）来表示该组图个数序号，在同一组图中，外部参数取值相同。本章中其他地方类似。

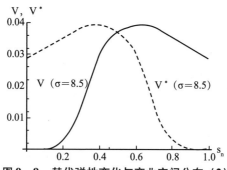

图 9 - 9　替代弹性变化与产业空间分布（2）

---

① 浙江服装厂接连关闭：一件出口西服利润几乎为 0，http：//www. qianhuaweb. com/2017/0304/3706805. shtml。

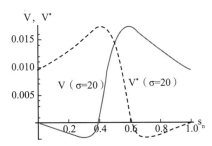

图 9 - 10 替代弹性变化与产业空间分布（3）

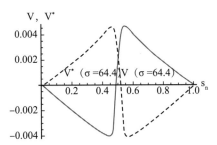

图 9 - 11 替代弹性变化与产业空间分布（4）

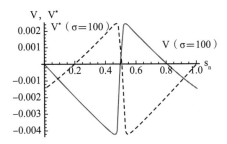

图 9 - 12 替代弹性变化与产业空间分布（5）

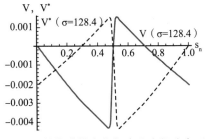

图 9 - 13 替代弹性变化与产业空间分布（6）

9.2.4 资源产品价格、资源产品支出份额变化与产业空间分布的稳定性

图 9 – 14 表明，资源产品价格的提高，会引起产业空间的稳定结构由对称结构、对称结构与中心—外围结构并存向中心—外围的稳态结构转变。这是因为，资源产品价格的提高，会降低消费者对资源产品的消费与工业部门对资源产品的消耗，从而引起本地环境污染量的降低①，而本地环境污染效应的降低，有利于产业的集聚，从而降低产业分散布局的稳定性。

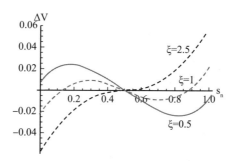

图 9 – 14 资源产品价格变化与产业空间分布

注：$\beta = 0.1$，$\mu = 0.4$，$\eta = 0.1$，$L = 2$，$\gamma = 1$，$\bar{\gamma} = 0.5$，$\sigma = 2.5$，$\psi = 0.1$，$\delta = 0.15$，$\lambda = 0.5$，$\bar{\lambda} = 0.2$，$\varphi = 1$，$n^w = 1$，$\phi = 0.17$。

图 9 – 15 说明，当资源产品支出份额很低时，对称结构是稳定结构，随着资源产品支出份额的增加，对称结构、中心—外围结构都可能是稳定结构。随着资源产品支出份额的进一步增加，例如，在本章设定的其他参数不变的条件下，当 $\eta > 0.31$ 时，为了保证两个地区都存在农产品的生产，则中心—外围的稳定结构将不复存在，一般的非对称结构与对称结构将是稳定结构，例如，当 $\eta = 0.4$ 时，则存在三种稳定的均衡状态：$s_n =$

---

① 由式（9 – 26），我们有：$E = \gamma \left(nax + \dfrac{\eta Y}{P_R} \right) + \bar{\gamma} \, nax = \dfrac{(\gamma + \bar{\gamma})(\sigma - 1)mw}{\xi} + \dfrac{\gamma\eta Y}{\xi} = \dfrac{(\gamma + \bar{\gamma})(\sigma - 1)mw + \gamma\eta Y}{\xi}$，因此，北部地区工业部门与自然资源部门两个部门产生的环境污染量之和与资源价格成反比，与资源产品支出份额呈正相关关系。根据对称性，南部地区也有类似的结论。

0.5、$s_n = 0.82$、$s_n = 0.18$。当 $\eta > 0.44$ 时，一般的非对称稳定结构消失，对称结构成为唯一的稳定结构。

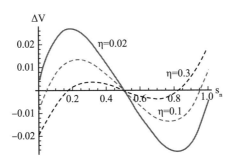

图 9 - 15　资源产品支出份额变化与产业空间分布

注：$\beta = 0.1$，$\mu = 0.4$，$\phi = 0.17$，$\xi = 0.5$，$L = 2$，$\gamma = 1$，$\overline{\gamma} = 0.5$，$\sigma = 2.5$，$\psi = 0.1$，$\lambda = 0.5$，$\overline{\lambda} = 0.2$，$\varphi = 1$，$n^w = 1$，$\delta = 0.22$。

资源产品支出与工业品支出都属于非农支出，因此，资源产品支出份额变动对产业空间分布的作用机理与工业品支出份额变动对产业空间分布的作用机理类似，即随着资源产品支出份额的增加，先有利于产业集聚，随着资源产品支出份额增加到一定程度，则会导致产业扩散，直至形成对称结构。但是，二者的作用效果有所差别，如果促进产业集聚，在同等条件下，与工业品支出份额相比，资源产品支出份额提高促进产业集聚的动力相对较弱，这是因为，资源产品支出份额提高也会增加本地的环境污染容量，从而在一定程度上弱化了产业集聚的动力。如果环境污染的跨界效应极低，在图 9 - 15 中所显示的其他条件不变的情况下（例如，σ 不变），资源产品支出份额的增加，不会引起产业空间分布的结果如图 9 - 7 所示，因此，这也表明，资源产品支出份额的增加促进产业集聚的动力相对较弱，在一定条件下，无法引起产业的集聚，则产业的分散布局将是唯一的市场均衡结果。

9.2.5　技术溢出效应变化与产业空间分布的稳定性

经济活动在城市的集聚，既是城市化经济作用的结果，也是地方化经济作用的结果。在城市里面，消费者不仅可以消费更多种类的产品，企业员工之间也可以面对面的交流而产生有益的技术溢出，厂商和消费者在城市集中便是这些供给与需求相联系的外部经济作用的结果。因此，技术溢出效应也是影响企业区位选择的重要因素之一，城市不仅为厂商提供了巨大的消费市场，同时也是技术溢出效应或技术外部性产生的理想场所。本章不仅考虑本地技术溢出效应对产业空间分布的影响，同时也考虑跨界技术溢出效应对产业分布的影响。图9-16显示，随着本地技术溢出效应的增强，产业空间的稳定结构由对称结构、对称结构与中心—外围结构并存向中心—外围的稳态结构转变，反之，随着跨界技术溢出效应的增强，则经历相反的变化（见图9-17）。因此，本地技术溢出效应与跨界技术溢出效应对产业空间分布的作用效果是不同的，而一些新经济地理学文献（沃尔兹，1996；马丁和奥塔维诺，1999；鲍德温和福斯里德，2000；鲍德温等，2001）主要研究跨界技术溢出对产业空间分布的影响，认为动态规模经济加强了产业分散，而不是产业集聚，显然，这样的研究是不全面的。

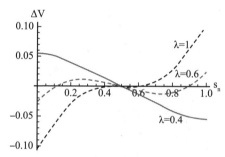

图9-16 本地技术溢出效应变化与产业空间分布

注：$\beta=0.1$，$\mu=0.4$，$\eta=0.1$，$\xi=0.5$，$L=2$，$\gamma=1$，$\bar{\gamma}=0.5$，$\sigma=2.5$，$\psi=0.1$，$\delta=0.15$，$\bar{\lambda}=0.2$，$\varphi=1$，$n^w=1$，$\phi=0.17$。

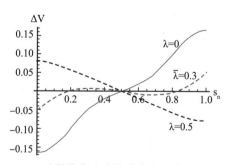

图9-17 跨界技术溢出效应变化与产业空间分布

注：$\beta=0.1$，$\mu=0.4$，$\eta=0.1$，$\xi=0.5$，$L=2$，$\gamma=1$，$\bar{\gamma}=0.5$，$\sigma=2.5$，$\psi=0.1$，$\delta=0.15$，$\lambda=1$，$\varphi=1$，$n^w=1$，$\phi=0.17$。

9.2.6 其他因素变化与产业空间分布的稳定性

随着普通劳动、企业数量与单位距离通勤成本的增加，会降低产业集聚的稳定性，导致产业空间结构的稳定结构由中心—外围结构、中心—外围结构与对称结构并存向对称结构演变（见图9－18、图9－19、图9－20）。这是因为，由于普通劳动不可移动，普通劳动数量的增加，意味着本地市场规模的增加，当两个地区的市场规模都增大时，各自会增加对产业的吸引力，从而引起产业的分散布局。经济系统企业数量的增加，会增加企业争夺本地市场竞争的激烈程度，从而削弱了产业集聚的力量，引起产业的分散布局。在以往的新经济地理学研究数字模拟中，一般假设经济系统的企业数量恒为1，而忽略了经济系统企业数量变化对产业空间分布的影响，本章的研究表明，经济系统的企业数量不同，产业空间均衡的结果可能不一样，因此，理论模型研究中简单化的处理方式虽然有利于研究问题的展开，但同时我们也应对由此引起的遗漏的研究结论有所警惕。单位距离通勤成本的增加，意味着城市居民居住成本的增加，这会降低资本家的纯收入，从而也就降低了资本家获得的效用水平，从而不利于资本家，也就是企业的集聚，反之，这正如经济历史学家（霍恩贝格和利斯，1985；贝罗奇，1988）指出，城市或产业集聚规模变大与城市内部通勤成本下降有着直接的关系。因此，居民城市居住成本的增加作为市场拥挤力量之一，也会引起产业的分散布局或降低中心城市规模。

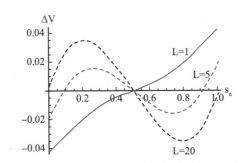

图9－18 普通劳动数量变化与产业空间分布

注：$\phi = 0.35$，$\beta = 0.1$，$\mu = 0.4$，$\eta = 0.1$，$\xi = 0.5$，$\gamma = 1$，$\overline{\gamma} = 0.5$，$\sigma = 2.5$，$\psi = 0.1$，$\lambda = 0.5$，$\overline{\lambda} = 0.2$，$\varphi = 1$，$n^{w} = 1$，$\delta = 0.15$。

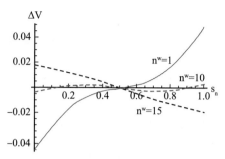

图9-19　企业数量变化与产业空间分布

注：$\phi = 0.35$，$\beta = 0.1$，$\mu = 0.4$，$\eta = 0.1$，$\xi = 0.5$，$L = 2$，$\gamma = 1$，$\overline{\gamma} = 0.5$，$\sigma = 2.5$，$\psi = 0.01$，$\lambda = 0.5$，$\overline{\lambda} = 0.2$，$\varphi = 1$，$\delta = 0.2$。

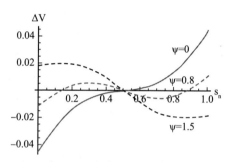

图9-20　单位距离通勤成本变化与产业空间分布

注：$\phi = 0.27$，$\beta = 0.1$，$\mu = 0.4$，$\eta = 0.1$，$\xi = 0.5$，$L = 2$，$\gamma = 1$，$\overline{\gamma} = 0.5$，$\sigma = 2.5$，$\lambda = 0.5$，$\overline{\lambda} = 0.2$，$\varphi = 1$，$n^w = 1$，$\delta = 0.25$。

　　工业企业使用资源禀赋强度的变化不会改变既有的产业空间分布，但是，随着企业使用资源禀赋强度的提高，会弱化既有的产业空间分布的稳定性（见图9-21、图9-22、图9-23）。这是因为，β 的变大，意味着 a 与 a^* 的变大，即随着企业使用资源禀赋强度的提高，会导致企业生产中自然资源投入密度的增加，由式（9-22），我们可以发现，企业生产中自然资源投入密度的增加会导致北部地区与南部地区的工业品价格指数同比例增加，从而也同比例缩小北部地区与南部地区资本家的效用差异，但这并不会改变北部地区与南部地区资本家效用水平差异的正、负方向，因此，企业使用资源禀赋强度的变化不会改变既有的产业空间分布，但是企业使用资源禀赋强度的提高会弱化既有的产业空间分布的稳定性。

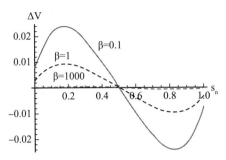

图 9 – 21　企业使用资源禀赋强度变化与产业空间分布（1）

注：$\phi = 0.17$，$\mu = 0.4$，$\eta = 0.1$，$\xi = 0.5$，$L = 2$，$\gamma = 1$，$\overline{\gamma} = 0.5$，$\sigma = 2.5$，$\psi = 0.1$，$\lambda = 0.5$，$\overline{\lambda} = 0.2$，$\varphi = 1$，$n^w = 1$，$\delta = 0.15$。

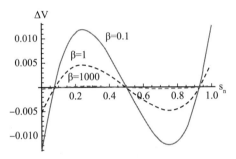

图 9 – 22　企业使用资源禀赋强度变化与产业空间分布（2）

注：$\phi = 0.22$，$\mu = 0.4$，$\eta = 0.1$，$\xi = 0.5$，$L = 2$，$\gamma = 1$，$\overline{\gamma} = 0.5$，$\sigma = 2.5$，$\psi = 0.1$，$\lambda = 0.5$，$\overline{\lambda} = 0.2$，$\varphi = 1$，$n^w = 1$，$\delta = 0.15$。

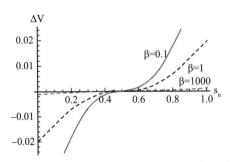

图 9 – 23　企业使用资源禀赋强度变化与产业空间分布（3）

注：$\phi = 0.6$，$\mu = 0.4$，$\eta = 0.1$，$\xi = 0.5$，$L = 2$，$\gamma = 1$，$\overline{\gamma} = 0.5$，$\sigma = 2.5$，$\psi = 0.1$，$\lambda = 0.5$，$\overline{\lambda} = 0.2$，$\varphi = 1$，$n^w = 1$，$\delta = 0.15$。

9.3 贸易自由度变化：突破点、
持续点与经济地理均衡

上述分析表明，随着模型中环境污染因素、工业品支出份额、替代弹性等这些结构参数值的改变，可能出现对称结构、中心—外围结构、对称结构与中心—外围结构并存为稳定均衡的情形。新经济地理学对长期均衡的稳定性特征感兴趣，认为贸易自由度的变化是引起经济地理长期均衡格局改变的重要因素之一。当贸易自由度取某一值时，对称均衡变得不稳定，由此，该贸易自由度值叫作突破点，类似地，当贸易自由度取某一值时，中心—外围结构均衡变得不稳定，由此，该贸易自由度值叫作持续点。

9.3.1 工业品支出份额变化与突破点、持续点

图 9 – 24、图 9 – 25 反映，当跨界污染程度不同时，随着工业品支出份额的增加，突破点、持续点有着不同的变化趋势。图 9 – 24 说明，当跨界污染程度低时，突破点与持续点的关系并不是单一的，在工业品支出份额变化的一定范围内，突破点或持续点的取值并不唯一。图 9 – 25 说明，当跨界污染程度高时，则随着工业品支出份额的增加，突破点与持续点都在降低，并且，突破点与持续点的取值都是唯一的，突破点大于持续点。

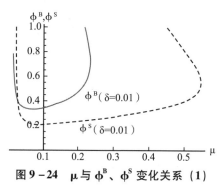

图 9 – 24　μ 与 ϕ^B、ϕ^S 变化关系（1）

注：$\beta = 0.1$，$\eta = 0.1$，$\xi = 0.5$，$L = 2$，$\gamma = 1$，$\bar{\gamma} = 0.5$，$\sigma = 2.5$，$\psi = 0.1$，$\lambda = 0.5$，$\bar{\lambda} = 0.2$，$\varphi = 1$，$n^w = 1$。

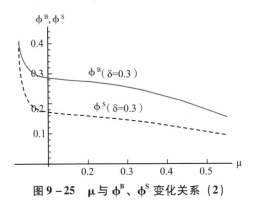

图 9 – 25　μ 与 φ^B、φ^S 变化关系（2）

（1）跨界污染程度低时，工业品支出份额变化与突破点、持续点

当 $\mu < 0.0261$ 时[①]，持续点大于突破点，同时为了保证持续点与突破点的取值不超过 1，要求 $\mu > 0.0249$，因此，当 $0.0249 < \mu < 0.0261$ 时，我们有 $\phi^S > \phi^B$，同时，持续点与突破点是唯一的。例如，当 $\mu = 0.0255$ 时，$\phi^B = 0.4059$，$\phi^S = 0.4207$。由此，我们得到下列结论（如图 9 – 26 至图 9 – 28 所示[②]）：

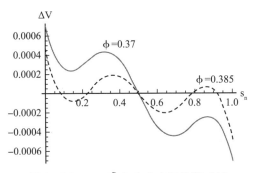

图 9 – 26　$\phi < \phi^B$ 与产业空间均衡（1）

---

①　为了分析问题的简便，我们一般不考虑不等式取"＝"的情况，显然，这不会对我们的分析造成实质性的影响。

②　$\beta = 0.1$，$\mu = 0.0255$，$\eta = 0.1$，$\xi = 0.5$，$L = 2$，$\gamma = 1$，$\overline{\gamma} = 0.5$，$\sigma = 2.5$，$\psi = 0.1$，$\lambda = 0.5$，$\overline{\lambda} = 0.2$，$\varphi = 1$，$n^w = 1$，$\delta = 0.01$。

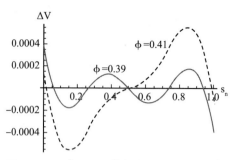

图 9 – 27 $\phi^B < \phi < \phi^S$ 与产业空间均衡（2）

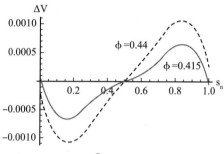

图 9 – 28 $\phi > \phi^S$ 与产业空间均衡（3）

结论（1）：当 $\phi^S > \phi^B$ 时，则有：当 $\phi < \phi^B$ 时，对称结构是稳定均衡，当贸易自由度接近突破点时，同时出现两个一般非对称结构均衡，低一般非对称结构均衡是不稳定结构[1]，而高一般非对称结构均衡是稳定结构；当 $\phi^B < \phi < \phi^S$ 时，一般的非对称结构是唯一的稳定均衡，由于突破点与持续点接近，此时，一般的非对称结构均衡靠近中心—外围结构；当 $\phi > \phi^S$ 时，中心—外围结构成为唯一的稳定均衡。

当 $0.0261 < \mu < 0.2173$ 时，$\phi^B > \phi^S$，并且，突破点与持续点也是唯一的。例如，当 $\mu = 0.1$ 时，$\phi^S = 0.2088$，$\phi^B = 0.3468$。由此，我们有下列结论（如图 9 – 29 所示[2]）：

---

① 我们称相对远离中心—外围结构的一般非对称均衡为低一般非对称结构均衡，相对靠近中心—外围结构的一般非对称均衡为高一般非对称结构均衡。下同。

② $\beta = 0.1$，$\mu = 0.1$，$\eta = 0.1$，$\xi = 0.5$，$L = 2$，$\gamma = 1$，$\overline{\gamma} = 0.5$，$\sigma = 2.5$，$\psi = 0.1$，$\lambda = 0.5$，$\overline{\lambda} = 0.2$，$\varphi = 1$，$n^w = 1$，$\delta = 0.01$。

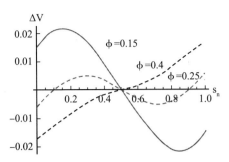

图 9 - 29　贸易自由度变化与产业空间均衡

结论（2）：存在唯一突破点与持续点，$\phi^B > \phi^S$。当 $\phi < \phi^S$ 时，对称结构是唯一稳定均衡；当 $\phi^S < \phi < \phi^B$ 时，对称结构、中心—外围结构都是稳定均衡，一般的非对称结构均衡不稳定；当 $\phi > \phi^B$ 时，中心—外围结构是唯一的稳定均衡。

新经济地理学的经典模型（克鲁格曼，1991；马丁和罗杰斯，1995；福斯里德，1999；鲍德温，1999；马丁和奥塔维诺，1999；奥塔维诺，2001；福斯里德和奥塔维诺，2003）得出的研究结论认为，突破点大于或等于持续点，当贸易自由度小于持续点时，对称结构是稳定结构，当贸易自由度大于突破点时，中心—外围结构是稳定结构，当自由度介于持续点与突破点之间时，对称结构与中心—外围结构都是稳定结构，这时存在的非对称内部均衡结构不稳定。罗伯特—尼古德（2005）对新经济地理的这些系列经典模型进行了总结，认为最多存在五种均衡状态（两种中心—外围结构、一种对称结构、两种非对称内部均衡结构），其中，非对称内部均衡结构（一般非对称结构）是不稳定的。而本章的研究表明，突破点既可以大于或等于持续点，也可以小于持续点。比较结论（1）与结论（2），可以发现，一旦突破点小于持续点，当贸易自由度介于突破点与持续点之间时，则必将出现一般的非对称结构为唯一的稳定均衡结构。在现实中，工业企业很难在发达地区完全集中，落后地区总有少量的工业企业分布，显然，该研究结论更加符合经济产业空间格局分布的实际情况；反之，如果突破点大于持续点，当贸易自由度介于持续点与突破点之间时，则一般的非对称均衡结构不稳定，由此，本章的研究也验证了新经济地理学的经典结论。

当 $0.2173 < \mu < 0.2337$ 时，持续点有一个，突破点有两个，我们称之为高、低突破点，即 ϕ^{BH}（高突破点）与 ϕ^{BB}（低突破点），$\phi^{BH} > \phi^{BB} > \phi^S$。例如，当 $\mu = 0.22$ 时，$\phi^S = 0.2427$，$\phi^{BH} = 0.9694$，$\phi^{BB} = 0.5461$。由

此，我们有下列结论（如图 9 - 30、图 9 - 31 所示①）：

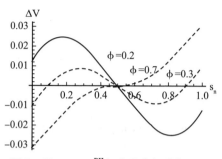

图 9 - 30 φ < φ^{BH}与产业空间均衡（1）

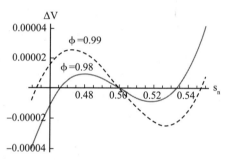

图 9 - 31 φ > φ^{BH}与产业空间均衡（2）

注：在 $s_n = 0.5$ 附近，ΔV 值接近于零，为了图示效果明显，图的横坐标变动范围是 $s_n \in [0.45, 0.55]$。当 $s_n > 0.55$ 或 $s_n < 0.45$ 时，ΔV 恒为正或负。

结论（3）：当 $\phi^{BH} > \phi^{BB} > \phi^S$ 时，则有：当 $\phi < \phi^S$ 时，对称结构是唯一稳定均衡；当 $\phi^S < \phi < \phi^{BB}$ 时，对称结构、中心—外围结构都是稳定均衡，一般的非对称结构均衡不稳定；当 $\phi^{BB} < \phi < \phi^{BH}$ 时，中心—外围结构是唯一的稳定均衡；当 $\phi > \phi^{BH}$ 时，对称结构、中心—外围结构都是稳定均衡，一般的非对称结构均衡不稳定。

当 $0.2337 < \mu < 0.4518$，存在唯一持续点，突破点不存在。例如，当 $\mu = 0.3$ 时，$\phi^S = 0.2737$。从而，我们可以得到下列结论（见图 9 - 32）：

结论（4）：当突破点不存在，存在唯一持续点时，则有：当 $\phi < \phi^S$ 时，对称结构是唯一稳定均衡；当 $\phi > \phi^S$ 时，对称结构、中心—外围结构

---

① $\beta = 0.1$，$\mu = 0.22$，$\eta = 0.1$，$\xi = 0.5$，$L = 2$，$\gamma = 1$，$\overline{\gamma} = 0.5$，$\sigma = 2.5$，$\psi = 0.1$，$\lambda = 0.5$，$\overline{\lambda} = 0.2$，$\varphi = 1$，$n^w = 1$，$\delta = 0.01$。

都是稳定均衡结构，一般的非对称结构均衡不稳定。

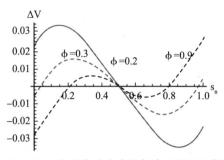

图9－32　贸易自由度变化与产业空间均衡

注：$\beta = 0.1$，$\mu = 0.3$，$\eta = 0.1$，$\xi = 0.5$，$L = 2$，$\gamma = 1$，$\overline{\gamma} = 0.5$，$\sigma = 2.5$，$\psi = 0.1$，$\lambda = 0.5$，$\overline{\lambda} = 0.2$，$\varphi = 1$，$n^w = 1$，$\delta = 0.01$。

当 $0.4518 < \mu \leqslant 0.55$[①] 时，持续点有两个，我们称之为高、低持续点，即 ϕ^{SH}（高持续点）与 ϕ^{SB}（低持续点），突破点不存在。例如，当 $\mu = 0.5$ 时，$\phi^{SH} = 0.8175$，$\phi^{SB} = 0.3961$。由图9－33我们可以得到下列结论：

结论（5）：当只存在高、低持续点时，则有：当 $\phi < \phi^{SB}$ 时，对称结构是唯一稳定均衡；当 $\phi^{SB} < \phi < \phi^{SH}$ 时，对称结构、中心—外围结构都是稳定均衡，一般的非对称结构均衡不稳定；当 $\phi > \phi^{SH}$ 时，对称结构重新成为唯一稳定均衡。

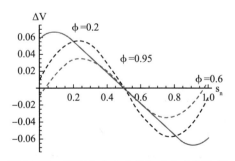

图9－33　贸易自由度变化与产业空间均衡

注：$\beta = 0.1$，$\mu = 0.5$，$\eta = 0.1$，$\xi = 0.5$，$L = 2$，$\gamma = 1$，$\overline{\gamma} = 0.5$，$\sigma = 2.5$，$\psi = 0.1$，$\lambda = 0.5$，$\overline{\lambda} = 0.2$，$\varphi = 1$，$n^w = 1$，$\delta = 0.01$。

---

① 当 $\mu > 0.55$ 时，由设定的参数值可以得到，经济系统产业空间的演变范围不会在整个产业空间范围内变动，由此，当我们讨论突破点、持续点与经济地理均衡的关系时，我们须有 $\mu \leqslant 0.55$。本章中其他类似的地方，我们不再作相应说明。

（2）跨界污染程度高时，工业品支出份额变化与突破点、持续点

图9-25反映，当跨界污染程度高时，则有 $\phi^B > \phi^S$，并且，突破点与持续点是唯一的。例如，当 $\mu = 0.4$ 时，$\phi^B = 0.2241$，$\phi^S = 0.1275$。随着贸易自由度的变化，我们得到的产业空间稳定均衡变化形式与结论（2）相同。

9.3.2 替代弹性变化与突破点、持续点

图9-34、图9-35反映，随着 σ 的变动，突破点与持续点的关系并不是单一的，由此形成了产业空间均衡结构的复杂性[①]。

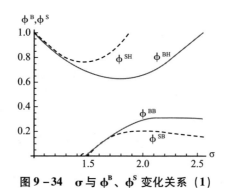

图9-34 σ 与 ϕ^B、ϕ^S 变化关系（1）

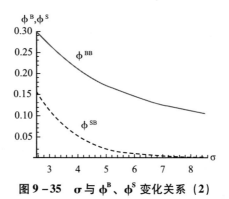

图9-35 σ 与 ϕ^B、ϕ^S 变化关系（2）

---

① 图9-34、图9-35、图9-36参数取值：$\beta = 0.1$，$\mu = 0.4$，$\eta = 0.1$，$\xi = 0.5$，$L = 2$，$\gamma = 1$，$\overline{\gamma} = 0.5$，$\psi = 0.1$，$\lambda = 0.5$，$\overline{\lambda} = 0.2$，$\varphi = 1$，$n^w = 1$，$\delta = 0.2$。

当 $\sigma < 1.0209$ 时，高持续点低于高突破点，即 $\phi^{SH} < \phi^{BH}$，低突破点低于贸易自由度变化范围的最低值，即 $\phi^{BB} < 0$（见图 9-36），低持续点（ϕ^{SB}）不存在。例如，当 $\sigma = 1.01$ 时，$\phi^{SH} = 0.993487$，$\phi^{BH} = 0.993503$。由图 9-37，我们有下列结论：

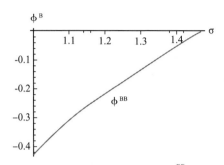

图 9-36　σ 变化（$\sigma < 1.47$）与 $\phi^{BB} < 0$（3）

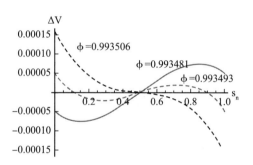

图 9-37　贸易自由度变化与产业空间均衡

注：$\beta = 0.1$，$\mu = 0.4$，$\eta = 0.1$，$\xi = 0.5$，$L = 2$，$\gamma = 1$，$\overline{\gamma} = 0.5$，$\sigma = 1.01$，$\psi = 0.1$，$\lambda = 0.5$，$\overline{\lambda} = 0.2$，$\varphi = 1$，$n^w = 1$，$\delta = 0.2$。

结论（6）：当 $\phi^{SH} < \phi^{BH}$、$\phi^{BB} < 0$ 时，则有：当 $\phi < \phi^{SH}$ 时，中心—外围结构是稳定均衡；当 $\phi^{SH} < \phi < \phi^{BH}$ 时，一般的非对称结构是稳定均衡；当 $\phi > \phi^{BH}$ 时，对称结构成为稳定均衡。

我们不难理解，当 σ 进一步变小向 1 靠近时，这时，高持续点向高突破点的值逐渐靠近，并最终都趋近于 1，从而在整个贸易自由度范围内，中心—外围结构成为唯一的稳定均衡结构。因此，只要工业品替代弹性足够小，即工业企业生产产品的规模报酬递增程度足够强时，无论贸易自由度如何变动，只能形成中心—外围结构的唯一稳定均衡结构。

当 $1.0209 < \sigma < 1.42$ 时，$\phi^{SH} > \phi^{BH}$，低突破点同样小于零（见图 9 - 36），低持续点不存在。例如，当 $\sigma = 1.3$ 时，$\phi^{SH} = 0.7977$，$\phi^{BH} = 0.7746$。由图 9 - 38，我们得到下列结论：

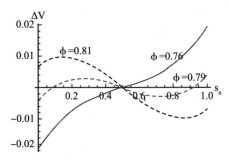

图 9 - 38　贸易自由度变化与产业空间均衡

注：$\beta = 0.1$，$\mu = 0.4$，$\eta = 0.1$，$\xi = 0.5$，$L = 2$，$\gamma = 1$，$\overline{\gamma} = 0.5$，$\sigma = 1.3$，$\psi = 0.1$，$\lambda = 0.5$，$\overline{\lambda} = 0.2$，$\varphi = 1$，$n^w = 1$，$\delta = 0.2$。

结论（7）：当 $\phi^{SH} > \phi^{BH}$、$\phi^{BB} < 0$ 时，则有：当 $\phi < \phi^{BH}$ 时，中心—外围结构是唯一稳定均衡；当 $\phi^{BH} < \phi < \phi^{SH}$ 时，对称结构、中心—外围结构都是稳定的均衡，一般的非对称结构为非稳定均衡；当 $\phi > \phi^{SH}$ 时，对称结构成为唯一的稳定均衡结构。

当 $1.42 < \sigma < 1.47$ 时，$\phi^{SH} > \phi^{BH}$，$\phi^{SB} > 0 > \phi^{BB}$。例如，当 $\sigma = 1.45$ 时，$\phi^{SH} = 0.7620$，$\phi^{BH} = 0.6990$，$\phi^{SB} = 0.00134$。由此，我们得到下列结论（如图 9 - 39 至图 9 - 41 所示[①]）：

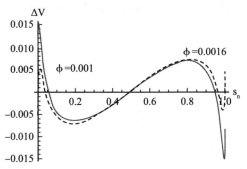

图 9 - 39　贸易自由度变化与产业空间均衡（1）

---

① $\beta = 0.1$，$\mu = 0.4$，$\eta = 0.1$，$\xi = 0.5$，$L = 2$，$\gamma = 1$，$\overline{\gamma} = 0.5$，$\sigma = 1.45$，$\psi = 0.1$，$\lambda = 0.5$，$\overline{\lambda} = 0.2$，$\varphi = 1$，$n^w = 1$，$\delta = 0.2$。

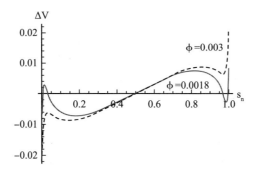

图 9 – 40 贸易自由度变化与产业空间均衡（2）

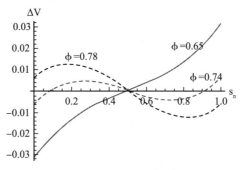

图 9 – 41 贸易自由度变化与产业空间均衡（3）

结论（8）：当 $\phi^{SH} > \phi^{BH}$、$\phi^{SB} > 0 > \phi^{BB}$ 时，则有：当 $\phi < \phi^{SB}$ 时，一般非对称结构是唯一的稳定均衡结构；当 $\phi^{SB} < \phi < \phi^{BH}$ 时，存在两个一般的非对称结构均衡，其中，低的一般的非对称结构和中心—外围结构都是稳定的均衡结构，高的一般非对称结构是非稳定均衡，随着贸易自由度的增大，一般的非对称结构均衡消失，中心—外围结构成为唯一的稳定均衡结构；当 $\phi^{BH} < \phi < \phi^{SH}$ 时，对称结构、中心—外围结构都是稳定均衡结构，一般的非对称结构均衡不稳定；当 $\phi > \phi^{SH}$ 时，对称结构成为唯一的稳定均衡结构。

由此，当 $\phi^{BB} < 0$ 时，我们分别得到结论（6）、结论（7）、结论（8），比较这 3 个结论，我们发现，只要 $\phi^{BB} < 0$，即使贸易自由度很低，也不存在对称均衡稳定结构，如果低持续点存在，当 $\phi < \phi^{SB}$ 时，一般非对称结构是稳定均衡结构，如果低持续点不存在，当 $\phi < \phi^{BH}$ 或 $\phi < \phi^{SH}$ 时，中心—外围结构是稳定均衡结构。当 $\phi > \phi^{BH}$ 或 $\phi > \phi^{SH}$ 时，对称结构为稳定均衡结构，因此，当贸易自由度大于高突破点或高持续点时，才会出现对称结构为稳定均衡的情形。当 $\phi^{SB} < \phi < \phi^{BH}$ 时，则出现了稳定均衡为一般非对称结构和中心—外围结构共存的情形。因此，随着贸易自由度的变化，产业空间均衡演化的稳态结果不仅可能出现一般非对称结构为稳定均衡的情形（菲戈和祖德库姆，2008；劳希尔，2003；格拉兹等，2016），也可能出现对称结构与一般非对称结构稳定均衡共存的情形（布雷克曼等，1996）。福斯里德和奥塔维诺（2003）证明了在一定的贸易自由度范围内，可能出现中心—外围结构与一般非对称结构稳定均衡共存的情形，但是，只有在区域存在外生差异的条件下，福斯里德和奥塔维诺（2003）才得到了此结论，在区域间不存在外生差异的条件下，福斯里德和奥塔维诺（2003）得到的产业空间结构稳态特征则与克鲁格曼（1991）完全相同。本章从区域间不存在外生差异的前提条件出发，证明了经济系统的空间演化不仅可能出现一般非对称结构为稳定均衡的情形，也可能出现对称结构与一般非对称结构稳定均衡共存、中心—外围结构与一般非对称结构稳定均衡共存的情形，显然，本章得到的结论完善了新经济地理学的理论观点。

当 $1.47 < \sigma < 1.70$ 时，持续点与突破点各有两个值，即高、低持续点与高、低突破点均存在，且有 $\phi^{SH} > \phi^{BH} > \phi^{SB} > \phi^{BB}$。例如，当 $\sigma = 1.6$ 时，$\phi^{SH} = 0.787$，$\phi^{BH} = 0.649$，$\phi^{SB} = 0.098$，$\phi^{BB} = 0.090$。从而，我们可以得出下列结论（如图 9-42 至图 9-44 所示[①]）：

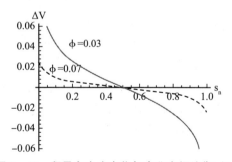

图 9-42　贸易自由度变化与产业空间均衡（1）

① $\beta = 0.1$，$\mu = 0.4$，$\eta = 0.1$，$\xi = 0.5$，$L = 2$，$\gamma = 1$，$\overline{\gamma} = 0.5$，$\sigma = 1.6$，$\psi = 0.1$，$\lambda = 0.5$，$\overline{\lambda} = 0.2$，$\varphi = 1$，$n^w = 1$，$\delta = 0.2$。

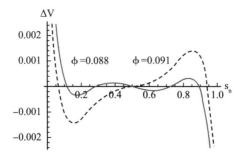

图9-43 贸易自由度变化与产业空间均衡（2）

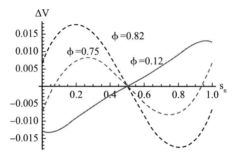

图9-44 贸易自由度变化与产业空间均衡（3）

结论（9）：$\phi^{SH} > \phi^{BH} > \phi^{SB} > \phi^{BB}$，则有：当 $\phi < \phi^{BB}$ 时，对称结构是稳定均衡，当贸易自由度接近低突破点时，同时出现一般非对称结构的稳定均衡；当 $\phi^{BB} < \phi < \phi^{SB}$ 时，一般非对称结构成为唯一的稳定均衡；当 $\phi^{SB} < \phi < \phi^{BH}$ 时，中心—外围结构是唯一的稳定均衡；当 $\phi^{BH} < \phi < \phi^{SH}$ 时，对称结构、中心—外围结构都是稳定的均衡，一般的非对称结构为非稳定均衡；当 $\phi > \phi^{SH}$ 时，对称结构重新成为唯一的稳定均衡结构。

当 $1.70 < \sigma < 1.87$ 时，持续点与突破点同样各有两个值，$\phi^{SH} > \phi^{BH} > \phi^{BB} > \phi^{SB}$。例如，当 $\sigma = 1.8$ 时，$\phi^{SH} = 0.9260$，$\phi^{BH} = 0.6237$，$\phi^{BB} = 0.2113$，$\phi^{SB} = 0.1870$。由此，我们可以得出下列结论（如图9-45与图9-46所示[①]）：

---

① $\beta = 0.1$，$\mu = 0.4$，$\eta = 0.1$，$\xi = 0.5$，$L = 2$，$\gamma = 1$，$\bar{\gamma} = 0.5$，$\sigma = 1.8$，$\psi = 0.1$，$\lambda = 0.5$，$\bar{\lambda} = 0.2$，$\varphi = 1$，$n^w = 1$，$\delta = 0.2$。

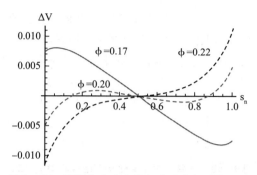

图9-45 贸易自由度变化与产业空间均衡（1）

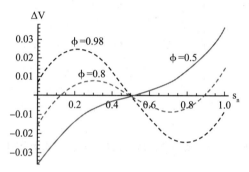

图9-46 贸易自由度变化与产业空间均衡（2）

结论（10）：$\phi^{SH} > \phi^{BH} > \phi^{BB} > \phi^{SB}$，则有：当$\phi < \phi^{SB}$时，对称结构是稳定均衡；当$\phi^{SB} < \phi < \phi^{BB}$时，对称结构、中心—外围结构都是稳定均衡，一般的非对称结构为非稳定均衡；当$\phi^{BB} < \phi < \phi^{BH}$时，中心—外围结构是唯一的稳定均衡；当$\phi^{BH} < \phi < \phi^{SH}$时，对称结构、中心—外围结构重新成为稳定均衡，一般的非对称结构是非稳定均衡；当$\phi > \phi^{SH}$时，对称结构为唯一稳定均衡结构。

当$1.87 < \sigma < 2.55$时，高持续点消失，突破点有两个（高、低突破点），持续点一个，$\phi^{BH} > \phi^{BB} > \phi^{SB}$。例如，当$\sigma = 2$时，$\phi^{BH} = 0.6586$，$\phi^{BB} = 0.2877$，$\phi^{SB} = 0.2036$。由此，根据图9-47，我们得到的结论与结论（3）相同。

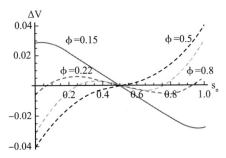

图9-47 贸易自由度变化与产业空间均衡

注：$\beta = 0.1$，$\mu = 0.4$，$\eta = 0.1$，$\xi = 0.5$，$L = 2$，$\gamma = 1$，$\bar{\gamma} = 0.5$，$\sigma = 2$，$\psi = 0.1$，$\lambda = 0.5$，$\bar{\lambda} = 0.2$，$\varphi = 1$，$n^w = 1$，$\delta = 0.2$。

当$2.55 < \sigma \leqslant 8.5$时，高持续点、高突破点均消失，这时突破点与持续点各有一个值，即ϕ^{BB}与ϕ^{SB}，$\phi^{BB} > \phi^{SB}$。例如，当$\sigma = 4$时，$\phi^{BB} = 0.2094$，$\phi^{SB} = 0.0497$。由此，根据图9-48，我们得到的结论与结论（2）相同。

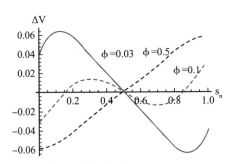

图9-48 贸易自由度变化与产业空间均衡

注：$\beta = 0.1$，$\mu = 0.4$，$\eta = 0.1$，$\xi = 0.5$，$L = 2$，$\gamma = 1$，$\bar{\gamma} = 0.5$，$\sigma = 4$，$\psi = 0.1$，$\lambda = 0.5$，$\bar{\lambda} = 0.2$，$\varphi = 1$，$n^w = 1$，$\delta = 0.2$。

9.3.3 资源产品支出份额变化与突破点、持续点

图9-49反映，随着资源产品支出份额的增加，低突破点与持续点均下降，而高突破点则上升，直至增加至1而达到贸易自由度的最大值。由图9-49，当$\eta < 0.0836$时，$\phi^{BH} > \phi^{BB} > \phi^S$，这时贸易自由度的变化引起产业空间均衡的结果与结论（3）相同。当$\eta > 0.0836$时，$\phi^{BB} > \phi^S$，在这种情况下，贸易自由度的变化引起产业空间均衡的结果与结论（2）相同。

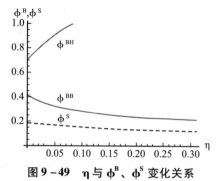

图 9 – 49   η 与 φ^B、φ^S 变化关系

注：$\beta = 0.1$，$\mu = 0.4$，$\xi = 0.5$，$L = 2$，$\gamma = 1$，$\bar{\gamma} = 0.5$，$\sigma = 2.5$，$\psi = 0.1$，$\lambda = 0.5$，$\bar{\lambda} = 0.2$，$\varphi = 1$，$n^w = 1$，$\delta = 0.22$。

9.3.4   跨界污染程度变化与突破点、持续点

图 9 – 50 反映，随着跨界污染强度的增加，持续点在下降，而突破点分为高、低突破点，高突破点随着跨界污染强度的增加迅速增加至 1，而低突破点随着跨界污染强度的增加而逐渐下降。据图 9 – 50，当 $\delta < 0.137$ 时，突破点不存在，持续点唯一，这时贸易自由度的变化引起产业空间均衡的结果与结论（4）相同；当 $0.137 < \delta < 0.210$ 时，突破点有两个，持续点一个，$\phi^{BH} > \phi^{BB} > \phi^S$，由此，贸易自由度的变化引起产业空间均衡的结果与结论（3）相同；当 $0.210 < \delta \leqslant 1$ 时，突破点与持续点均唯一，$\phi^B > \phi^S$，据此，贸易自由度的变化引起产业空间均衡的结果与结论（2）相同。

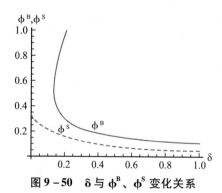

图 9 – 50   δ 与 φ^B、φ^S 变化关系

注：$\beta = 0.1$，$\mu = 0.4$，$\eta = 0.1$，$\xi = 0.5$，$L = 2$，$\gamma = 1$，$\bar{\gamma} = 0.5$，$\sigma = 2.5$，$\psi = 0.1$，$\lambda = 0.5$，$\bar{\lambda} = 0.2$，$\varphi = 1$，$n^w = 1$。

9.3.5　经济系统企业数量变化与突破点、持续点

当跨界污染强度较大时，例如，当 $\delta = 0.2$ 时，ϕ^B、ϕ^S 与 n^w 的变化关系如图 9-51 所示。

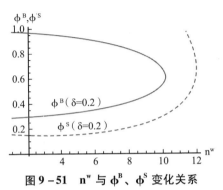

图 9-51　n^w 与 ϕ^B、ϕ^S 变化关系

注：$\beta = 0.1$，$\mu = 0.4$，$\eta = 0.1$，$\xi = 0.5$，$L = 2$，$\gamma = 1$，$\overline{\gamma} = 0.5$，$\sigma = 2.5$，$\psi = 0.01$，$\lambda = 0.5$，$\overline{\lambda} = 0.2$，$\varphi = 1$，$\delta = 0.2$。

当 $n^w > 11.2735$[①] 时，只存在高、低持续点。例如，$n^w = 11.8$ 时，$\phi^{SH} = 0.799$，$\phi^{SB} = 0.5204$。由此，我们可以得到下列结论（如图 9-52 与图 9-53 所示[②]）：

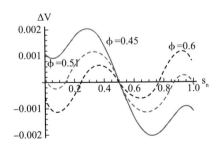

图 9-52　贸易自由度变化与产业空间均衡（1）

---

① 当我们假设经济系统的企业数量可以连续变化时，可以令 n^w 为非整数值。

② $n^w = 11.8$，$\beta = 0.1$，$\mu = 0.4$，$\eta = 0.1$，$\xi = 0.5$，$L = 2$，$\gamma = 1$，$\overline{\gamma} = 0.5$，$\sigma = 2.5$，$\psi = 0.01$，$\lambda = 0.5$，$\overline{\lambda} = 0.2$，$\varphi = 1$，$\delta = 0.2$。

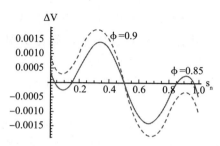

图 9 – 53　贸易自由度变化与产业空间均衡（2）

结论（11）：当只存在高、低持续点时，则有：当 $\phi < \phi^{SB}$ 时，对称结构是稳定均衡，当贸易自由度进一步向低持续点靠近时，同时出现两个一般非对称结构均衡，高一般非对称结构是稳定均衡，而低一般非对称结构是非稳定均衡；当 $\phi^{SB} < \phi < \phi^{SH}$ 时，对称结构、中心—外围结构都是稳定均衡，一般的非对称结构均衡不稳定；当 $\phi > \phi^{SH}$ 时，对称结构、高一般非对称结构为稳定均衡，低一般非对称结构为非稳定均衡，随着贸易自由度的进一步变大，非对称结构均衡消失，对称结构成为唯一的稳定均衡结构。

因此，当跨界污染强度较大，并且，经济系统的企业数量也较多时，则结论（5）将拓展为结论（11），即随着贸易自由度的变化，产业的空间均衡结构除了对称结构与中心—外围结构外，将出现两个一般非对称均衡结构，高一般非对称结构是稳定均衡，而低一般非对称结构为非稳定均衡。比较结论（11）、结论（5）与结论（4），我们可以发现，当只存在持续点时，对称结构稳定均衡在整个贸易自由度范围内始终存在，这是因为，由于没有突破点的存在，不会出现对称结构为稳定均衡消失的情形。

当 $10.1696 < n^w < 11.2735$ 时，突破点不存在，只存在唯一持续点。例如，当 $n^w = 11$ 时，$\phi^S = 0.3709$，这时，贸易自由度的变化导致产业空间均衡的结果与结论（4）相同。

当 $n^w < 10.1696$ 时，存在高、低突破点与持续点，$\phi^{BH} > \phi^{BB} > \phi^S$。例如，当 $n^w = 6$ 时，$\phi^{BH} = 0.9044$，$\phi^{BB} = 0.3520$，$\phi^S = 0.1856$，由此，贸易自由度的变化导致产业空间均衡的结果与结论（3）一致。

当跨界污染强度很低时，突破点不存在，这时 ϕ^S 与 n^w 的变化关系如图 9 – 54 所示，由此，存在高、低持续点，例如，当 $n^w = 3$ 时，$\phi^{SB} = 0.3926$，$\phi^{SH} = 0.8237$。据此，贸易自由度的变化导致产业空间均衡的结果同样与结论（5）是一致的。

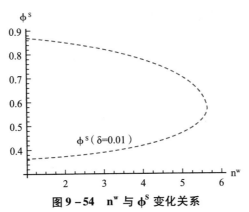

图9-54　n^w 与 ϕ^S 变化关系

注：$\mu=0.5$，$\beta=0.1$，$\eta=0.1$，$\xi=0.5$，$L=2$，$\gamma=1$，$\overline{\gamma}=0.5$，$\sigma=2.5$，$\psi=0.01$，$\lambda=0.5$，$\overline{\lambda}=0.2$，$\varphi=1$，$\delta=0.01$。

9.3.6　单位距离通勤成本变化与突破点、持续点

图9-55反映，随着单位距离通勤成本的增加，低突破点与低持续点都在增加，当单位距离通勤成本达到一定值时，将出现高突破点与高持续点。与低突破点、低持续点不同，高突破点、高持续点随着单位距离通勤成本的增加而不断下降，突破点与持续点二者之间的大小比较形成了较为复杂的关系。

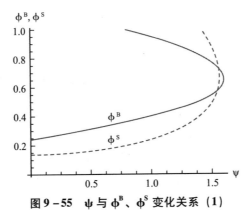

图9-55　ψ 与 ϕ^B、ϕ^S 变化关系（1）

注：$\beta=0.1$，$\mu=0.4$，$\eta=0.1$，$\xi=0.5$，$L=2$，$\gamma=1$，$\overline{\gamma}=0.5$，$\sigma=2.5$，$\lambda=0.5$，$\overline{\lambda}=0.2$，$\varphi=1$，$n^w=1$，$\delta=0.25$。

当 $\psi < 0.78356$ 时，突破点有一个，持续点有一个，$\phi^B > \phi^S$；当 $0.78356 < \psi < 1.54395$ 时，突破点有两个，持续点有一个，$\phi^{BH} > \phi^{BB} > \phi^S$。在这两种情况下，随着贸易自由度的变化得到的产业空间均衡结果结论分别与结论（2）与结论（3）是相同的。

当 $1.54395 < \psi < 1.54712$ 时，如图 9-56 所示，突破点、持续点各两个，这四个值的关系为 $\phi^{BH} > \phi^{SH} < \phi^{BB} > \phi^{SB}$。例如，当 $\psi = 1.545$ 时，$\phi^{BB} = 0.5765$，$\phi^{BH} = 0.7362$，$\phi^{SH} = 0.7328$，$\phi^{SB} = 0.5705$。由此，我们可以得到下列结论（如图 9-57 至图 9-61 所示①）：

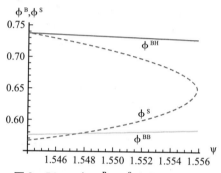

图 9-56　ψ 与 ϕ^B、ϕ^S 变化关系（2）

注：在图 9-55 中，当 $1.54395 < \psi < 1.59804$ 时，为了图示效果明显，我们进一步通过图 9-56 表示 ϕ^B、ϕ^S 与 ψ 的变化关系。

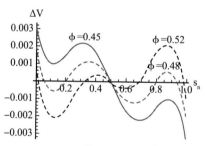

图 9-57　$\phi < \phi^{SB}$ 与产业空间均衡（1）

---

① $\psi = 1.545$，$\beta = 0.1$，$\mu = 0.4$，$\eta = 0.1$，$\xi = 0.5$，$L = 2$，$\gamma = 1$，$\overline{\gamma} = 0.5$，$\sigma = 2.5$，$\lambda = 0.5$，$\overline{\lambda} = 0.2$，$\varphi = 1$，$n^w = 1$，$\delta = 0.25$。

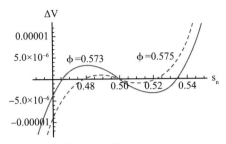

图9-58 $\phi^{SB} < \phi < \phi^{BB}$ 与产业空间均衡（2）

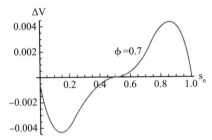

图9-59 $\phi^{BB} < \phi < \phi^{SH}$ 与产业空间均衡（3）

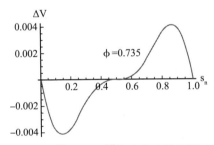

图9-60 $\phi^{SH} < \phi < \phi^{BH}$ 与产业空间均衡（4）

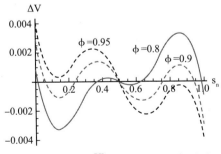

图9-61 $\phi > \phi^{BH}$ 与产业空间均衡（5）

结论（12）：当 $\phi^{BH} > \phi^{SH} > \phi^{BB} > \phi^{SB}$ 时，则有：当 $\phi < \phi^{SB}$ 时，对称结构是稳定均衡，当贸易自由度进一步向低持续点靠近时，同时出现两个一般非对称结构均衡，低一般非对称结构均衡不稳定，高一般非对称结构均衡是稳定结构；当 $\phi^{SB} < \phi < \phi^{BB}$ 时，对称结构、中心—外围结构都是稳定的均衡，一般的非对称结构为非稳定均衡；当 $\phi^{BB} < \phi < \phi^{SH}$ 时，中心—外围结构是唯一的稳定均衡；当 $\phi^{SH} < \phi < \phi^{BH}$ 时，一般的非对称结构是唯一的稳定均衡，由于高持续点与高突破点的值非常接近，此时，一般的非对称结构均衡靠近中心—外围结构；当 $\phi > \phi^{BH}$ 时，对称结构、高一般非对称结构是稳定均衡，低一般非对称结构为非稳定均衡，随着贸易自由度的进一步变大，非对称结构均衡消失，对称结构成为唯一的稳定均衡结构。

当 $1.54712 < \psi < 1.55587$ 时，突破点、持续点同样各有两个，这四个值的关系为 $\phi^{BH} > \phi^{SH} > \phi^{SB} > \phi^{BB}$。例如，当 $\psi = 1.55$ 时，$\phi^{BB} = 0.5802$，$\phi^{BH} = 0.7322$，$\phi^{SH} = 0.7094$，$\phi^{SB} = 0.5901$。由此，我们可以得到下列结论（如图 9-62 至图 9-66 所示[①]）：

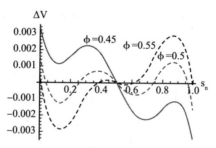

图 9-62　$\phi < \phi^{BB}$ 与产业空间均衡（1）

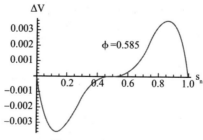

图 9-63　$\phi^{BB} < \phi < \phi^{SB}$ 与产业空间均衡（2）

①　$\psi = 1.55$，$\beta = 0.1$，$\mu = 0.4$，$\eta = 0.1$，$\xi = 0.5$，$L = 2$，$\gamma = 1$，$\bar{\gamma} = 0.5$，$\sigma = 2.5$，$\lambda = 0.5$，$\bar{\lambda} = 0.2$，$\varphi = 1$，$n^w = 1$，$\delta = 0.25$。

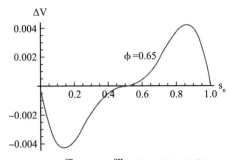

图 9 – 64　$\phi^{SB} < \phi < \phi^{SH}$ 与产业空间均衡（3）

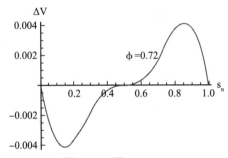

图 9 – 65　$\phi^{SH} < \phi < \phi^{BH}$ 与产业空间均衡（4）

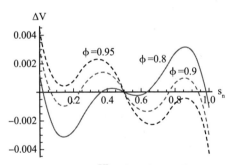

图 9 – 66　$\phi > \phi^{BH}$ 与产业空间均衡（5）

　　结论（13）：$\phi^{BH} > \phi^{SH} > \phi^{SB} > \phi^{BB}$，则有：当 $\phi < \phi^{BB}$ 时，对称结构是稳定均衡，当贸易自由度进一步向低突破点靠近时，同时出现一般非对称结构均衡，其中，高一般非对称结构为稳定均衡，低一般非对称结构均衡不稳定；当 $\phi^{BB} < \phi < \phi^{SB}$ 时，一般非对称结构是唯一稳定均衡，由于低突破点与低持续点的值非常接近，此时，一般的非对称结构均衡靠近中心一

外围结构；当 $\phi^{SB} < \phi < \phi^{SH}$ 时，中心—外围结构是唯一的稳定均衡；当 $\phi^{SH} < \phi < \phi^{BH}$ 时，一般非对称结构是唯一的稳定均衡，由于高持续点与高突破点的值接近，由此，一般的非对称结构均衡靠近中心—外围结构；当 $\phi > \phi^{BH}$ 时，对称结构、高一般非对称结构为稳定均衡，低一般非对称结构为非稳定均衡，随着贸易自由度的进一步变大，非对称结构均衡消失，对称结构成为唯一的稳定均衡结构。

比较结论（9）、结论（10）、结论（12）与结论（13），高、低突破点与高、低持续点四个值有如下四种关系：$\phi^{SH} > \phi^{BH} > \phi^{SB} > \phi^{BB}$、$\phi^{SH} > \phi^{BH} > \phi^{BB} > \phi^{SB}$、$\phi^{BH} > \phi^{SH} > \phi^{BB} > \phi^{SB}$ 与 $\phi^{BH} > \phi^{SH} > \phi^{SB} > \phi^{BB}$。由此，我们可以发现，高突破点或高持续点一定都大于低突破点与低持续点，比较这四种关系得出的结论，我们可以有：当 $\phi < \phi^{BB}$ 时，对称结构便是稳定均衡结构或一般非对称结构稳定均衡与对称结构稳定均衡共存；当 $\phi^{SB} < \phi < \phi^{SH}$ 时，中心—外围结构便是稳定均衡结构或对称结构与中心—外围结构稳定均衡共存；如果 $\phi^{SB} < \phi < \phi^{BB}$ 或 $\phi^{BH} < \phi < \phi^{SH}$ 成立，对称结构、中心—外围结构都是稳定均衡，一般的非对称结构均衡不稳定；如果 $\phi^{BB} < \phi < \phi^{SB}$ 或 $\phi^{SH} < \phi < \phi^{BH}$ 成立，一般的非对称结构是唯一稳定均衡；当 $\phi > \phi^{SH}$ 时，稳定均衡是一般的非对称结构、对称结构与一般非对称结构、对称结构，如果满足 $\phi > \phi^{SH} > \phi^{BH}$，则对称结构为唯一稳定均衡；当 $\phi > \phi^{BH}$ 时，对称结构与中心—外围结构、对称结构与一般非对称结构、对称结构是稳定均衡结构，当贸易自由度足够大时，对称结构便成为唯一的稳定均衡结构。

新经济地理学的经典模型得出的研究结论指出，贸易的高度自由化，能推动产业的集聚，但本章的研究认为，只要满足一定的条件，例如，高突破点的存在，贸易的高度自由化推动产业的分散分布也并非没有可能，甚至在贸易自由度足够高时，产业的均匀分布便是唯一的市场均衡结果。正如村田和蒂斯（2005）的研究指出，地区间高度经济一体化并不一定必然导致产业集聚，反而会由于劳动者从节约城市空间成本的角度出发，而引起劳动者在地区间的均匀分布，从而也就导致产业的分散布局。我们可以这么认为，当地区间运输成本很高时，企业分散布局以满足分割的市场需求；当运输成本处于中等水平时，企业由于马歇尔外部性而相互集聚在一起，随着运输成本的下降，会抵消马歇尔外部性的作用；当运输成本很低时，集聚不再变得重要而重新导致企业的分散布局。其他一些研究（克鲁格曼和维纳布尔斯，1995；维纳布尔斯，1996；赫尔普曼，1998；普加，1998，1999；菲戈和祖德库姆，2008）也得到了类似研究结论，认为地区间贸易自由度变大与产业集聚程度呈现出一种倒"U"型关系，也就是说，产业集聚发生在中等水平贸易自由度区间，而产业的分散布局发生在低贸易自由度与高贸易自由度区间。为什么这与以克鲁格曼（1991）为代表的经典的新经济地理学模型的研究结论有所不同？这是因为，引起产业分散的机制不一样。克鲁格曼（1991）认为，不可移动的农业工人对工业产品的消费是引起产业分散的力量，而赫尔普曼（1998）等认为，除此之外，消费者对不可贸易的住房产品的消费也是引起产业分散的力量，从而，随着贸易自由度的变化，由于扩散力量的不同，会产生不同的产业集聚趋势。而本章研究中引起产业扩散的力量，除了传统意义上不可移动的地方性市场需求外，还包括城市内部通勤成本、地方环境污染水平、跨界技术溢出效应水平等因素的影响，同时，引起产业集聚的力量，除了传统意义上供给与需求相联系的马歇尔外部性外，还包括本地技术溢出效应、跨界环境污染效应等因素的影响，由此，在本章的研究中，随着贸易自由度的变化，产业空间均衡的格局也就更加复杂多样，由此，本章的研究进一步加强了新经济地理学理论对现实问题的解释力度。

当 $1.55587 < \psi < 1.59804$，持续点不存在，突破点存在高、低两个值。例如，当 $\psi = 1.57$ 时，$\phi^{BB} = 0.5977$，$\phi^{BH} = 0.7137$。由此，我们有下列结论（如图 9–67 至图 9–69 所示[①]）：

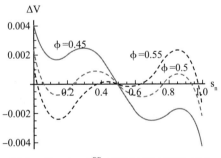

图 9–67　$\phi < \phi^{BB}$ 与产业空间均衡（1）

---

① $\psi = 1.57$，$\beta = 0.1$，$\mu = 0.4$，$\eta = 0.1$，$\xi = 0.5$，$L = 2$，$\gamma = 1$，$\overline{\gamma} = 0.5$，$\sigma = 2.5$，$\lambda = 0.5$，$\overline{\lambda} = 0.2$，$\varphi = 1$，$n^w = 1$，$\delta = 0.25$。

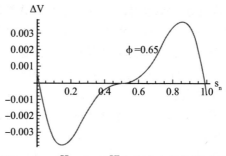

图 9 – 68　$\phi^{BB} < \phi < \phi^{BH}$ 与产业空间均衡（2）

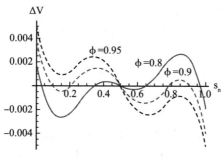

图 9 – 69　$\phi > \phi^{BH}$ 与产业空间均衡（3）

结论（14）：当只存在突破点且存在高、低两个值时，则有：当 $\phi <$ ϕ^{BB} 时，对称结构是稳定均衡，当贸易自由度进一步向低突破点靠近时，同时出现两个一般非对称结构均衡，低一般非对称结构均衡不稳定，高一般非对称结构均衡是稳定结构；当 $\phi^{BB} < \phi < \phi^{BH}$ 时，靠近中心—外围结构的一般非对称结构是唯一稳定均衡；当 $\phi > \phi^{BH}$ 时，对称结构、高一般非对称结构为稳定均衡，低一般非对称结构为非稳定均衡，随着贸易自由度的进一步变大，非对称结构均衡消失，对称结构成为唯一的稳定均衡结构。

比较结论（14）、结论（11）与结论（5），我们可以发现，当只存在高、低突破点时，随着贸易自由度的增大，产业空间均衡的稳定结构依次经历对称结构、对称结构与一般非对称结构共存、一般非对称结构、对称结构与一般非对称结构共存、对称结构等五种状态。当只存在高、低持续点时，由结论（5），产业空间均衡的稳定结构则依次经历对称结构、对称结构与中心—外围结构共存、对称结构等三种状态，结论（11）是结论（5）的拓展，相应的，产业空间均衡的稳定结构依次经历对称结构、对称结构与一般非对称结构共存、对称结构与中心—外围结构共存、对称结构等四种状态。因此，当只存在高、低突破点，不存在持续点时，也就不存在中心—外围稳定结构，但会出现一般非对称稳定结构。当只存在高、低持续点，不存在突破点时，则会出现中心—外围结构为稳定均衡的情形，一般非对称稳定均衡结构消失，而对称结构始终为稳定均衡结构。

当 ψ 进一步变大，由图 9 – 55 可知，则高、低突破点两个值相互靠近，最终趋于相等而存在唯一突破点 ϕ^B，由此，我们有下列结论：

结论（15）：当存在突破点唯一值时，则有：当 $\phi < \phi^B$ 时，对称结构是稳定均衡，当贸易自由度进一步向突破点靠近时，同时出现两个一般非对称结构均衡，低一般非对称结构均衡不稳定，高一般非对称结构均衡是稳定结构；当 $\phi > \phi^B$ 时，对称结构、高一般非对称结构为稳定均衡，低一般非对称结构为非稳定均衡，随着贸易自由度的进一步变大，非对称结构均衡消失，对称结构成为唯一的稳定均衡结构。

比较结论（15）和结论（14），我们可以发现，当仅存在单一突破点时，对称结构始终是稳定均衡结构或稳定均衡结构之一；而当只存在高、低突破点时，只有当贸易自由度小于低突破点或高于高突破点时，对称结构才是稳定均衡结构或稳定均衡结构之一；当贸易自由度介于低突破点与高突破点之间时，这时仅存在一般非对称结构是稳定均衡结构。结论（15）与结论（14）表明，当只存在突破点时，不会出现中心—外围稳定结构，这是因为，由于没有持续点的存在，从而在整个贸易自由度范围内，不会出现产业完全集聚的稳定均衡情形。

9.3.7　其他因素变化与突破点、持续点

我们进一步考虑本地技术溢出效应、跨界技术溢出效应、资源产品价格、自然资源部门环境污染系数、工业部门环境污染系数、环境污染影响消费者效用系数、普通劳动数量与企业使用资源禀赋强度这些因素变化与突破点、持续点的关系。本地技术溢出效应的增强与资源产品价格的提高对促进产业集聚的作用方向是一致的，虽然程度不同，但它们的突破点与持续点的变动趋势基本一致（如图 9 – 70 与图 9 – 72 所示）。由于跨界技术溢出效应的变化对产业空间分布的作用机理恰好与本地技术溢出效应的作用机理完全相反，从而跨界技术溢出效应的增强引起的突破点与持续点的变动趋势与本地技术溢出效应相比，表现出完全相反

的变动方向（如图 9 – 71 所示）。同样的，自然资源部门环境污染系数、工业部门环境污染系数、环境污染影响消费者效用系数、普通劳动数量的变大引起产业分布变化的趋势具有一致性，即它们的变大都有利于产业的分散分布，从而它们的变大引起的突破点与持续点的变动趋势也具有一致性（如图 9 – 73 至图 9 – 76 所示）。工业企业使用资源禀赋强度的变化虽然会弱化既有的产业空间分布的稳定性，但不会改变既有的产业空间分布，从而，工业企业使用资源禀赋强度的变化不会引起突破点与持续点的变化，如图 9 – 77 所示。

在图 9 – 70 至图 9 – 72 中，突破点与持续点的关系表现出以下四种情况：存在唯一突破点与持续点，突破点大于持续点；存在高、低突破点与低持续点，低突破点大于低持续点；突破点不存在，存在唯一持续点；突破点不存在，存在高、低持续点。由此，随着贸易自由度的变化，引起的产业空间均衡结果分别与结论（2）、结论（3）、结论（4）、结论（5）相同。在图 9 – 73 至图 9 – 76 中，突破点与持续点的关系表现出以下三种情况：存在唯一突破点与持续点，突破点大于持续点；存在高、低突破点与低持续点，低突破点大于低持续点；突破点不存在，存在唯一持续点。由此，随着贸易自由度的变化，引起的产业空间均衡结果分别与结论（2）、结论（3）、结论（4）相同。在图 9 – 77 中，突破点与持续点的关系只有一种情况，即存在高、低突破点与低持续点，低突破点大于低持续点，由此，贸易自由度的变化引起的产业空间均衡结果与结论（3）相同。

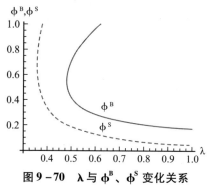

图 9 – 70 λ 与 ϕ^B、ϕ^S 变化关系

注：$\beta = 0.1$，$\mu = 0.4$，$\eta = 0.1$，$\xi = 0.5$，$L = 2$，$\gamma = 1$，$\bar{\gamma} = 0.5$，$\sigma = 2.5$，$\psi = 0.1$，$\delta = 0.15$，$\bar{\lambda} = 0.2$，$\varphi = 1$，$n^w = 1$。

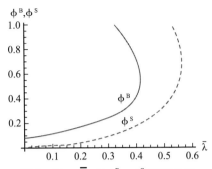

图 9 – 71 $\overline{\lambda}$ 与 ϕ^B、ϕ^S 变化关系

注：$\beta = 0.1$，$\mu = 0.4$，$\eta = 0.1$，$\xi = 0.5$，$L = 2$，$\gamma = 1$，$\overline{\gamma} = 0.5$，$\sigma = 2.5$，$\psi = 0.1$，$\delta = 0.15$，$\lambda = 1$，$\varphi = 1$，$n^w = 1$。

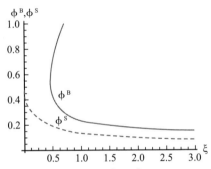

图 9 – 72 ξ 与 ϕ^B、ϕ^S 变化关系

注：$\beta = 0.1$，$\mu = 0.4$，$\eta = 0.1$，$L = 2$，$\gamma = 1$，$\overline{\gamma} = 0.5$，$\sigma = 2.5$，$\psi = 0.1$，$\delta = 0.15$，$\lambda = 0.5$，$\overline{\lambda} = 0.2$，$\varphi = 1$，$n^w = 1$。

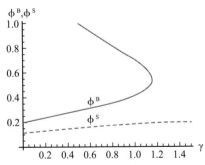

图 9 – 73 γ 与 ϕ^B、ϕ^S 变化关系

注：$\beta = 0.1$，$\mu = 0.4$，$\eta = 0.1$，$\xi = 0.5$，$L = 2$，$\overline{\gamma} = 0.5$，$\sigma = 2.5$，$\psi = 0.1$，$\delta = 0.15$，$\overline{\lambda} = 0.2$，$\varphi = 1$，$n^w = 1$，$\delta = 0.15$。

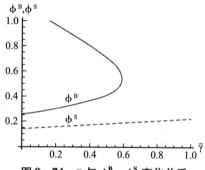

图 9 – 74 $\bar{\gamma}$ 与 ϕ^B、ϕ^S 变化关系

注：$\beta = 0.1$，$\mu = 0.4$，$\eta = 0.1$，$\xi = 0.5$，$L = 2$，$\gamma = 1$，$\sigma = 2.5$，$\psi = 0.1$，$\lambda = 0.5$，$\bar{\lambda} = 0.2$，$\varphi = 1$，$n^w = 1$，$\delta = 0.15$。

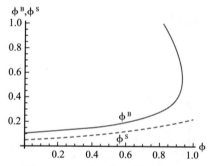

图 9 – 75 φ 与 ϕ^B、ϕ^S 变化关系

注：$\beta = 0.1$，$\mu = 0.4$，$\eta = 0.1$，$\xi = 0.5$，$L = 2$，$\gamma = 1$，$\bar{\gamma} = 0.5$，$\sigma = 2.5$，$\psi = 0.1$，$\lambda = 0.5$，$\bar{\lambda} = 0.2$，$n^w = 1$，$\delta = 0.1$。

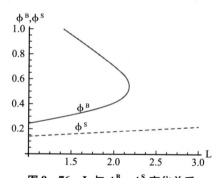

图 9 – 76 L 与 ϕ^B、ϕ^S 变化关系

注：$\beta = 0.1$，$\mu = 0.4$，$\eta = 0.1$，$\xi = 0.5$，$\gamma = 1$，$\bar{\gamma} = 0.5$，$\sigma = 2.5$，$\psi = 0.1$，$\lambda = 0.5$，$\bar{\lambda} = 0.2$，$\varphi = 1$，$n^w = 1$，$\delta = 0.15$。

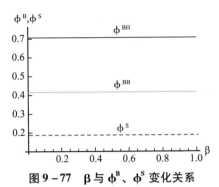

图 9 - 77 β 与 φ^B、φ^S 变化关系

注：$\mu = 0.4$，$\eta = 0.1$，$\xi = 0.5$，$L = 2$，$\gamma = 1$，$\overline{\gamma} = 0.5$，$\sigma = 2.5$，$\psi = 0.1$，$\lambda = 0.5$，$\overline{\lambda} = 0.2$，$\varphi = 1$，$n^w = 1$，$\delta = 0.15$。

9.4 产业空间结构与经济系统的福利分析

北部地区与南部地区资本家、普通工人的福利之和为：

$$V^w = V^M + V^L = nV + n^* V + L(V_L + V_L^*) \qquad (9-27)$$

式（9 - 27）中，$V^M = nV + n^* V$，$V^L = L(V_L + V_L^*)$，V^M 表示资本家总的效用水平，V^L 表示普通工人总的效用水平，V 和 V^* 分别表示北部地区与南部地区单个资本家的效用水平，V_L 和 V_L^* 分别表示北部地区与南部地区单个普通工人的效用水平。

所有的模拟图示均表明，中心—外围的产业空间结构状态下，经济系统的总福利水平最高，而当产业对称分布，经济系统的总福利水平最低，因此，产业空间分布市场均衡的结果与社会福利最优水平可能存在不一致之处，分散决策的市场机制导致的均衡结果并不一定意味着社会福利水平最大化。在新经济地理学分析框架下，赫尔普曼（1998）、田渊（1998）、奥塔维诺和蒂斯（Ottaviano and Thisse，2001，2002）、奥塔维诺等（2002）、田渊和蒂斯（2002）、鲍德温等（2003）、夏洛等（Charlot et al.，2006）、罗伯特—尼古德（2006）的研究也得到了类似结论。因此，如果对社会规划者来讲，产业布局的目标是确保社会福利最大化，则产业的集聚便是一种最优的选择。因此，我们也就不难理解，我国地方政府在促进产业集聚方面不遗余力采取的种种措施，政府支持当地的经济发展，往往也就采取措施促进工业园区、产业集群区的发展，如果措施得当，一般也会对整体的经济发展起到立竿见影的效果。

当经济系统的企业数量较少时，例如，$n^w = 1$（见图9-78），随着工业品支出份额的提高，社会总福利水平反而有可能下降，这是因为，随着工业品支出份额的提高，虽然资本家的福利在上升（见图9-79），但是，普通工人的福利却在下降（见图9-80），普通工人总福利的下降程度超过资本家福利的上升程度，从而引起社会总福利水平的下降。当经济系统的企业数量增加至一定值时，例如，$n^w = 2$（见图9-81），随着工业品支出份额的提高，才会导致社会总福利水平也相应增加。替代弹性的变动对社会福利的影响与工业品支出份额的变动影响类似。当经济系统的企业数量较少时，例如，$n^w = 1$（见图9-82），随着替代弹性的降低（工业企业生产规模报酬递增程度的增强），社会总福利水平也相应下降，只有当经济系统的企业数量增加至一定值时，例如，$n^w = 5$（见图9-83），随着替代弹性的降低，社会总福利水平才会相应上升。

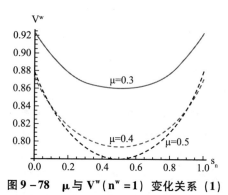

图9-78　μ 与 $V^w (n^w = 1)$ 变化关系（1）

注：$\beta = 0.1$，$\phi = 0.17$，$\eta = 0.1$，$\xi = 0.5$，$L = 2$，$\gamma = 1$，$\overline{\gamma} = 0.5$，$\sigma = 2.5$，$\psi = 0.1$，$\lambda = 0.5$，$\overline{\lambda} = 0.2$，$\varphi = 1$，$\delta = 0.3$。

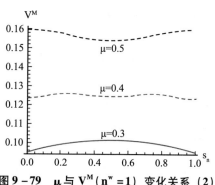

图9-79　μ 与 $V^M (n^w = 1)$ 变化关系（2）

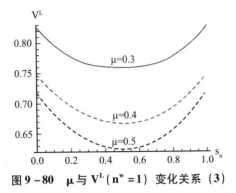

图9-80 μ与$V^L(n^w=1)$变化关系（3）

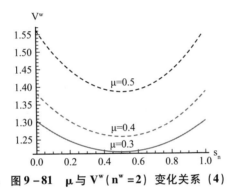

图9-81 μ与$V^w(n^w=2)$变化关系（4）

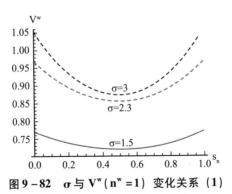

图9-82 σ与$V^w(n^w=1)$变化关系（1）

注：$\beta=0.1$，$\mu=0.4$，$\eta=0.1$，$\xi=0.5$，$L=2$，$\gamma=1$，$\overline{\gamma}=0.5$，$\phi=0.17$，$\psi=0.1$，$\lambda=0.5$，$\overline{\lambda}=0.2$，$\varphi=1$，$\delta=0.15$。

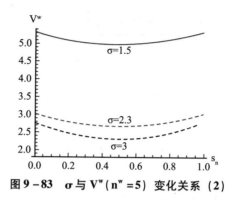

图 9 – 83　σ 与 V^w (n^w =5) 变化关系 (2)

在其他条件不变的情况下，随着贸易自由度的提高、本地与跨界技术溢出的增强、普通劳动数量与经济系统企业数量的增加，社会总福利水平相应提高（见图 9 – 84 至图 9 – 88）。反之，随着资源产品支出份额、企业使用资源禀赋强度的提高，社会总福利水平相应下降（见图 9 – 89、图 9 – 90）。另外，很显然，随着自然资源部门与工业部门环境污染系数、环境污染影响消费者效用系数以及跨界污染系数的增加，社会总福利水平不断降低（如图 9 – 91 至图 9 – 94 所示）。随着资源产品价格的提高，只要产业不是充分的集聚，在大多数产业空间分布的范围内，能促进社会总福利的提高；如果资源产品价格提高的幅度较大，则总是能促进社会福利水平的提高（见图 9 – 95）。单位距离通勤成本的变化不会引起总福利的变化（见图 9 – 96），这是因为，单位距离通勤成本的变化引起资本家居住成本的变化，从而引起资本家净收入的变化，资本家收入的减少就是普通工人收入的增加，因此，社会总福利水平不会有相应的变化。

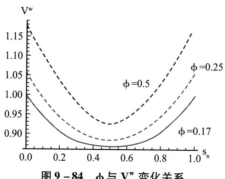

图 9 – 84　φ 与 V^w 变化关系

注：$\beta = 0.1$，$\mu = 0.4$，$\eta = 0.1$，$\xi = 0.5$，$L = 2$，$\gamma = 1$，$\bar{\gamma} = 0.5$，$\sigma = 2.5$，$\psi = 0.1$，$\lambda = 0.5$，$\bar{\lambda} = 0.2$，$\varphi = 1$，$n^w = 1$，$\delta = 0.15$。

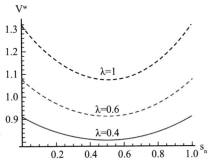

图 9 – 85 λ 与 V^w 变化关系

注：β = 0.1，μ = 0.4，η = 0.1，ξ = 0.5，L = 2，γ = 1，$\overline{\gamma}$ = 0.5，σ = 2.5，ψ = 0.1，δ = 0.15，$\overline{\lambda}$ = 0.2，φ = 1，n^w = 1，φ = 0.17。

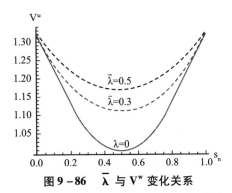

图 9 – 86 $\overline{\lambda}$ 与 V^w 变化关系

注：β = 0.1，μ = 0.4，η = 0.1，ξ = 0.5，L = 2，γ = 1，$\overline{\gamma}$ = 0.5，σ = 2.5，ψ = 0.1，δ = 0.15，λ = 1，φ = 1，n^w = 1，δ = 0.17。

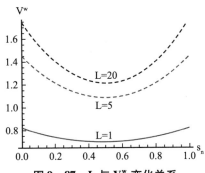

图 9 – 87 L 与 V^w 变化关系

注：φ = 0.35，β = 0.1，μ = 0.4，η = 0.1，ξ = 0.5，γ = 1，$\overline{\gamma}$ = 0.5，σ = 2.5，ψ = 0.1，λ = 0.5，$\overline{\lambda}$ = 0.2，φ = 1，n^w = 1，δ = 0.15。

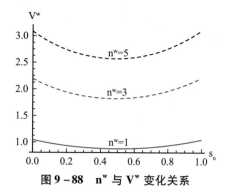

图 9 - 88 n^w 与 V^w 变化关系

注：$\phi = 0.35$，$\beta = 0.1$，$\mu = 0.4$，$\eta = 0.1$，$\xi = 0.5$，$L = 2$，$\gamma = 1$，$\overline{\gamma} = 0.5$，$\sigma = 2.5$，$\psi = 0.1$，$\lambda = 0.5$，$\overline{\lambda} = 0.2$，$\varphi = 1$，$\delta = 0.2$。

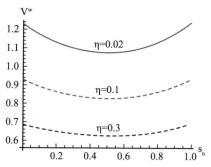

图 9 - 89 η 与 V^w 变化关系

注：$\beta = 0.1$，$\mu = 0.4$，$\phi = 0.17$，$\xi = 0.5$，$L = 2$，$\gamma = 1$，$\overline{\gamma} = 0.5$，$\sigma = 2.5$，$\psi = 0.1$，$\lambda = 0.5$，$\overline{\lambda} = 0.2$，$\varphi = 1$，$n^w = 1$，$\delta = 0.22$。

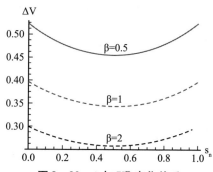

图 9 - 90 β 与 V^w 变化关系

注：$\phi = 0.17$，$\mu = 0.4$，$\eta = 0.1$，$\xi = 0.5$，$L = 2$，$\gamma = 1$，$\overline{\gamma} = 0.5$，$\sigma = 2.5$，$\psi = 0.1$，$\lambda = 0.5$，$\overline{\lambda} = 0.2$，$\varphi = 1$，$n^w = 1$，$\delta = 0.15$。

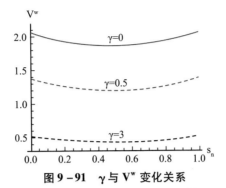

图 9 - 91　γ 与 V^w 变化关系

注：$\beta = 0.1$，$\mu = 0.4$，$\eta = 0.1$，$\xi = 0.5$，$L = 2$，$\phi = 0.22$，$\bar{\gamma} = 0.5$，$\sigma = 2.5$，$\psi = 0.1$，$\lambda = 0.5$，$\bar{\lambda} = 0.2$，$\varphi = 1$，$n^w = 1$，$\delta = 0.15$。

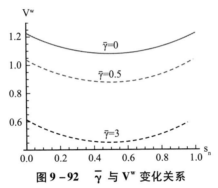

图 9 - 92　$\bar{\gamma}$ 与 V^w 变化关系

注：$\beta = 0.1$，$\mu = 0.4$，$\eta = 0.1$，$\xi = 0.5$，$L = 2$，$\phi = 0.22$，$\gamma = 1$，$\sigma = 2.5$，$\psi = 0.1$，$\lambda = 0.5$，$\bar{\lambda} = 0.2$，$\varphi = 1$，$n^w = 1$，$\delta = 0.15$。

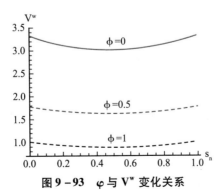

图 9 - 93　φ 与 V^w 变化关系

注：$\beta = 0.1$，$\mu = 0.4$，$\eta = 0.1$，$\xi = 0.5$，$L = 2$，$\phi = 0.12$，$\gamma = 1$，$\bar{\gamma} = 0.5$，$\sigma = 2.5$，$\psi = 0.1$，$\lambda = 0.5$，$\bar{\lambda} = 0.2$，$n^w = 1$，$\delta = 0.1$。

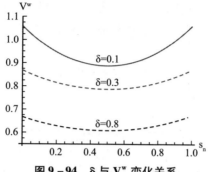

图9-94 δ与 V^w 变化关系

注：$\phi = 0.17$，$\beta = 0.1$，$\mu = 0.4$，$\eta = 0.1$，$\xi = 0.5$，$L = 2$，$\gamma = 1$，$\bar{\gamma} = 0.5$，$\sigma = 2.5$，$\psi = 0.1$，$\lambda = 0.5$，$\bar{\lambda} = 0.2$，$\varphi = 1$，$n^w = 1$。

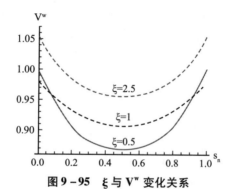

图9-95 ξ与 V^w 变化关系

注：$\beta = 0.1$，$\mu = 0.4$，$\eta = 0.1$，$L = 2$，$\gamma = 1$，$\bar{\gamma} = 0.5$，$\sigma = 2.5$，$\psi = 0.1$，$\delta = 0.15$，$\lambda = 0.5$，$\bar{\lambda} = 0.2$，$\varphi = 1$，$n^w = 1$，$\phi = 0.17$。

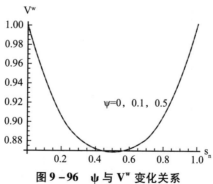

图9-96 ψ与 V^w 变化关系

注：$\beta = 0.1$，$\mu = 0.4$，$\eta = 0.1$，$\xi = 0.5$，$L = 2$，$\gamma = 1$，$\bar{\gamma} = 0.5$，$\sigma = 2.5$，$\delta = 0.15$，$\lambda = 0.5$，$\bar{\lambda} = 0.2$，$\varphi = 1$，$n^w = 1$，$\phi = 0.17$。

9.5　本　章　小　结

新经济地理学的贡献是将区位选择或产业集聚现象放在区域发展的中心位置，认为区域发展不平等的出现是由于规模经济、贸易成本与市场相互作用的结果。目前，关于新经济地理学的研究已达到一定的理论高度，尤其在两地区 D – S 与"冰山"运输成本的分析框架下，发展了许多新的模型，然而，这些模型大多数得到的结论基本相同，对新经济地理学进一步理论突破与发展构成了挑战。新经济地理学仍然是一个热点研究领域，我们有必要离开现有状态，关注新的问题，促进新经济地理学理论的进一步发展。

在本章的研究中，提出了以下新假设：第一，消费者消费三种产品，即消费工业产品、农业产品，同时也消费资源产品；第二，资源产品既能用于生产，也能用于消费；第三，环境污染来自两个部门，即自然资源部门与工业部门。自然资源部门产生环境污染量的大小跟自然资源部门的产量或社会对资源产品的消耗量成正比，工业部门利用资源产品作为可变投入生产新的产品会进一步产生环境污染，工业部门产生环境污染量的大小跟利用的资源产品数量成正比。一个地区的污染总量不仅跟本地区的污染量有关，同时也跟外地区的污染量有关，即环境污染存在跨界影响；第四，经济活动的集聚产生的技术溢出效应分为两种，即本地技术溢出效应与跨界技术溢出效应。

从这些新假设出发，本章发展的新经济地理学模型得出的有特色或新的主要研究结论如下：第一，低跨界污染导致产业的分散布局，而高跨界污染会导致产业的集聚；第二，随着工业品支出份额的增大，有利于产业的集聚，但当工业品支出份额足够高时，则会提高本地不可移动的市场需求用于工业品的支出，反而会引起产业的分散布局。当环境污染的跨界效应极低时，随着工业品支出份额的进一步增加，促进产业的分散布局则成为一种常态；第三，当工业品替代弹性很小时，中心—外围结构是稳定结构，随着工业品替代弹性的增大，对称结构成为稳定结构。当工业品替代弹性进一步变大时，中心—外围结构、对称结构都可能是稳定结构，随着工业品替代弹性的再次增大，中心—外围结构重新成为唯一的稳定结构。当工业品替代弹性接着进一步变大时，局部的一般非对称稳定结构将会出现，随着工业品替代弹性的继续增大，将出现经济发展的"死亡地带"，乃至经济发展的"死亡地带"扩至整个产业空间，经济系统的运行也就不复存在；第四，当环境污染的跨界效应极低时，工业品支出份额的进一步增加，反而会促进产业的分散布局；第五，资源产品价格的提高，会降低消费者对资源产品的消费与工业部门对资源产品的消耗，从而引起本地环境污染量的降低而有利于产业的集聚。同样的，资源产品支出份额的增加也有利于产业的集聚，但是，资源产品支出份额提高也会增加本地的环境污染容量，从而在一定程度上弱化了产业集聚的动力；第六，当贸易自由度处于中等水平时，除了对称结构与中心—外围结构稳定均衡共存的情形，也可能出现对称结构与一般非对称结构稳定均衡共存的情形，还可能出现稳定均衡结构为一般非对称结构和中心—外围结构共存的情形。当贸易自由度高时，对称结构的稳定均衡不再是一种偶然，而是一种常态，甚至对称结构稳定均衡在整个贸易自由度范围内始终存在也成为可能，也可能在整个贸易自由度范围内，不会出现产业在一个地方完全集聚稳定均衡的情形；第七，产业空间分布市场均衡的结果与社会福利最优水平可能存在不一致之处，分散决策的市场机制导致的均衡结果并不一定意味着社会福利水平最大化。所有的模拟图示均表明，中心—外围的产业空间结构状态下，经济系统的总福利水平最高，因此，如果对社会规划者来讲，目标是确保社会福利最大化，则产业的集聚便是一种最优的选择，而产业的分散布局只会降低社会的福利水平。

第 10 章

人口集聚、工业集聚与环境污染

中国多年经济持续增长的发展奇迹给中国带来发展光环的同时，也带来了日益严重的资源枯竭以及生态环境破坏问题。改革开放之初发展东部沿海城市的重大区域战略安排使大量的工业企业在东部地区集聚，东部地区快速发展，地区发展差距也逐步拉大。地区发展差距的扩大使人口开始向东部地区集聚，而环境污染严重的地区则主要分布在东部人口集聚较高的地区（臧星华等，2015），这似乎表明人口集聚、工业集聚与环境污染存在正的相关性。

相关研究表明，人口快速增长对生态环境带来了巨大的压力，人口问题引发的环境污染问题引发了社会的广泛关注（孙峰华等，2013），而工业集聚也存在一定的负外部性而引发空气污染（范霍夫，尼茨坎普，2002）。随着地区发展差距的拉大、城市化进程的加快，人口与工业在空间上的集聚是必然趋势。那么人口集聚、工业集聚是否真的会恶化地区的生态环境？如果有恶化效应，那么人口集聚与工业集聚对环境污染的恶化效应有没有区别呢？环境污染与经济发展的关系是否符合传统的环境库兹涅茨曲线？显然，对这些问题的研究，对于我国人口与工业的适度集聚、经济发展与环境污染关系的平衡，以及对我国生态文明体制改革与美丽中国的建设都具有重要的政策启示作用。

人口集聚一方面会存在规模效应，提高基础设施，比如道路交通、自来水管道、煤气等的利用率，从而提高资源的使用效率，对环境污染具有改善作用（肖周燕，2015）。但是另一方面，人口在空间上的过度集聚会产生大量的生活、生产垃圾，一旦垃圾的产生量超过了生态环境的自净能力，会加重环境污染。近年来，一些学者对人口集聚与环境污染的关系进行了实证研究。邬彩霞（2010）发现人口增长会提高我国的二氧化碳排放量。曲如晓和江铨（2012）的研究表明人口规模与地区的碳排放存在正相关关系，而家庭规模与碳排放量存在负相关关系。李崇梅和傅崇辉（2016）利用中国 2003～2012 年的人口与废污水排放量数据，研究人口集聚与生态环境关系的动态稳定性，发现人口集聚会加重地区的废污水排放量。徐辉和杨烨（2017）的研究表明城市人口的集聚对环境污染存在先恶化后改善的关系。而在平衡人口与环境污染关系时，扎格尼（Zagheni，2011）的研究则指出适度的人口集聚与合理的年龄结构有利于资源集约利用与环境改善。

在有关工业集聚与环境污染的研究中，主要存在三种观点。一部分学者认为工业集聚会恶化生态环境，认为产业集聚是导致环境污染的主要原因（维卡宁，1998；弗兰克等，2001）；另外一部分学者则认为，工业集聚与环境污染存在非线性的曲线关系，例如，李伟娜等（2010）利用我国的制造业数据研究两者的关系，发现工业集聚与环境污染呈现出 N 型曲线关系，沈能（2014）利用我国的城市数据，研究结果表明工业集聚与环境污染呈现出 U 型曲线关系，并且我国中西部地区处于曲线的下降阶段，东部地区处于曲线的上升阶段；还有一部分学者认为工业集聚能改善环境污染（陆铭，冯皓，2014；李树，2015）。

但是，在现有的研究文献中，环境污染指标的选取方面存在指标单一问题，大多数研究采用工业污染物或单一的废气排放、碳排放、二氧化硫排放对环境质量进行衡量。并且，大多数研究将环境污染视为工业污染，然而生活污染对生态环境的恶化作用也不容小觑，忽略生活污染会导致对环境污染的衡量不全面。并且生活污染与工业污染的形成机制不一致，如果忽略生活污染直接将工业污染作为环境污染的代理变量会使环境政策分析出现偏误。另外，就研究方法而言，大多数研究都假定地区间的环境污染、经济发展都是相互独立的，鲜有研究把环境污染、经济增长等经济因素的空间相关性纳入计量分析中，其实，本地区的环境污染不仅会受本地区因素的影响，还依赖于邻近地区的相关因素，如果忽略这种相关性将会使估计结果出现偏误。

据此，在人口集聚、工业集聚与环境污染关系的研究中，本章的研究创新不仅考虑工业的分类，将工业分为资源型产业和非资源型产业，同时利用工业废水排放量、工业废气排放量、工业固体废弃物产生量构造一个综合的工业污染指数，还加入综合的生活污染指数，分析人口集聚、工业集聚与环境污染的关系，同时在计量分析中加入环境污染等变量的空间相关性，运用空间计量模型进行回归分析以修正忽略空间依赖性带来的估计偏误问题。由此，本章研究人口集聚、工业集聚与生产污染、生活污染的关系，得出的研究结论对污染的分类治理、我国经济发展进程中的人口与工业的适度性集聚、地区污染的联合治理等方面都具有重要的政策启示意义。

10.1 模型选择与变量描述

10.1.1 计量模型的建立

为了研究人口集聚、工业集聚对生态环境的影响，考虑到环境污染、人口集聚、工业集聚之间的内生性问题，以及环境污染的滞后效应，本章将在格罗斯曼和克鲁格（Grossman and Krueger，1993）研究环境库兹涅茨曲线经验方程基础上引入环境污染的时间滞后项、人口集聚以及工业集聚变量，考察人口集聚对环境污染的影响。基于此，本章建立如下的基础计量分析模型：

$$\text{poln}_{it} = \beta_0 + \beta_1 L.\,\text{poln}_{it} + \beta_2 y_{it} + \beta_3 y_{it}^2 + \beta_4 \text{pdens}_{it} + \beta_5 \text{rind}_{it} + \beta_6 \text{urind}_{it} + \delta X + \varepsilon_{it}$$

$$(10-1)$$

其中，下标 i 表示地区，t 表示年份，poln_{it} 表示环境污染指数，$L.\,\text{poln}_{it}$ 表示滞后一期环境污染指数，若 $n=1$ 则 pol1_{it} 表示工业污染指数，若 $n=2$ 则 pol2_{it} 表示生活污染指数；y_{it} 表示地区的经济发展水平，pdens_{it} 表示地区人口的集聚水平，rind_{it} 表示地区资源型产业的工业集聚水平，urind_{it} 表示地区非资源型产业的工业集聚水平，X 表示其他控制变量向量，ε_{it} 是随机扰动项并假设是服从独立同分布的，β_0 表示截距项，β_1、β_2、β_3、β_4、β_5、β_6、δ 表示各解释变量所对应的系数。

10.1.2 变量说明与数据来源

一个地区的环境污染不止来源于工业生产污染，生活污染状况同样严峻。本章的环境污染指标主要包括工业污染综合指数和生活污染综合指数两方面，其中工业污染综合指数用工业废水排放量、工业废气排放量、工业固体废弃物产生量为基础，用孙利娟等人（2010）提出的改进的熵值法计算而得①，该值越大表明相对于其他地区，其工业污染程度越高。同样生活污染综合指数是以生活废水排放量、生活废气排放量（用生活烟尘排放量、生活二氧化硫排放量之和表示）以及生活垃圾清运量为基础，同样利用改进的熵值法计算而得。地区人均实际 GDP 能较为准确地反映一个地区的真实生活水平与发展状况，因此本章选取以 2005 年为基期计算而得的各地区人均实际 GDP 来衡量地区的经济发展水平。人口集聚水平用地区的常住人口除以地理面积来表示，资源型产业的工业集聚水平用地区的自然资源开发行业的工业产值占全国的资源开发行业的工业总产值比重来表示，参照何雄浪、姜泽林（2017）的做法，其中自然资源开发行业的工业产值用煤炭、石油、天然气三大行业的产值之和来表示。为减少因遗漏变量产生的估计偏误问题，本章在计量模型中加入了其他控制变量，即地区的受教育程度以及环境规制两个控制变量。地区的受教育程度用各地区 6 岁以上人口的平均受教育年限来表示，环境规制水平用各地区环境治理投资总额占地区生产总值的比重来表示。各变量的相关描述如表 10 - 1 所示。

表 10 - 1　　　　　　　　　　　　变量的相关描述

变量	名称	计算方法
$pol1_{it}$	工业污染综合指数	以各地区历年的工业废气排放量、工业废水排放量、工业固体废弃物排放量为基础，利用改进的熵值法计算而得
$pol2_{it}$	生活污染综合指数	以各地区历年的生活废水排放量、工业废气排放量、生活垃圾清运量为基础，利用改进的熵值法计算而得
y_{it}	经济发展水平	以 2005 年为基期计算的各地区历年实际人均 GDP（元）
$urind_{it}$	非资源型产业工业集聚水平	各地区历年的剔除自然资源开发行业的工业增加值占全国当年的剔除自然资源开发行业的工业增加值的比重
$rind_{it}$	资源型产业工业集聚水平	各地区历年自然资源开发行业工业产值占全国当年的自然资源开发行业工业的总产值的比重
$pdens_{it}$	人口集聚水平	各地区历年的常住人口数除以地区的地理面积（人/平方公里）
reg_{it}	环境规制水平	各地区历年的环境治理投资额占地区生产总值的比重
edc_{it}	受教育程度	各地区历年的 6 岁以上人口的平均受教育年限

———————

① 见附录 10 - 1。

鉴于西藏统计数据不全，对其进行了剔除，由此本章采取中国大陆 30 个省、市、自治区作为研究对象，以 2005 年至 2015 年作为样本区间，面板数据集囊括了 30 个截面单位在 11 年内的时间序列资料，样本观察值共计 330 个。文章中的各种数据来源于《中国统计年鉴》《新中国 60 年统计资料汇编》《中国环境统计年鉴》以及中经网统计数据库及相关数据终端等，部分数据是作者根据相关公式计算整理而得。

10.1.3　环境污染的描述性分析

表 10 - 2 和表 10 - 3 分别报告的是工业污染综合指数和生活污染综合指数的描述性统计。从两类环境污染的统计性描述中可以发现，从总体上看工业污染较生活污染更为严重，在 2010～2013 年间生活污染综合指数高于工业污染指数，因此，我们不能忽视生活污染对生态环境的重要影响。而各自的标准差与最大、最小值表明，工业污染在地区间的分布体现出不均衡的特征，工业污染的波动幅度也更大。并且两类污染指数从时间上看总体呈现出下降趋势，这在一定程度上表明，我国生态文明建设战略逐渐取得成效。

表 10 - 2　　　　　　　　工业污染指数的描述性统计

指标	2005年	2006年	2007年	2008年	2009年	2010年	2011年	2012年	2013年	2014年	2015年
平均值	10.47	10.33	10.18	10.09	10.04	7.68	7.45	7.67	7.75	9.14	9.22
标准差	0.78	0.63	0.44	0.45	0.80	1.52	0.86	0.67	0.79	1.19	1.17
最小值	7.35	8.55	8.88	9.03	8.33	0.89	4.70	6.67	6.58	7.59	7.99
最大值	11.11	10.95	10.62	11.05	13.67	9.57	9.40	9.75	9.61	14.67	14.64

表 10 - 3　　　　　　　　生活污染指数的描述性统计

指标	2005年	2006年	2007年	2008年	2009年	2010年	2011年	2012年	2013年	2014年	2015年
平均值	9.60	9.79	9.73	9.47	9.20	9.12	9.44	8.93	8.85	8.25	7.61
标准差	0.80	0.61	0.56	0.65	0.68	0.71	0.57	0.69	0.58	0.84	0.99
最小值	7.75	8.29	8.33	7.89	7.81	7.05	7.16	6.92	7.48	6.12	5.32
最大值	11.29	11.30	11.35	11.51	10.90	10.61	10.40	9.86	10.25	10.62	10.61

在进行回归分析之前，需对数据的性质进行检验，以期得到更为精确的回归结果，各变量的组间异方差、组间同期相关以及组内自相关的检验结果如表 10-4 所示。Wald 检验的结果为 607.44，这表明本章选取的数据存在明显的组间异方差，因此，为了提高回归分析中统计推断的精确度，在下文的分析中需要采用稳健的标准误对回归结果进行修正。对于组间同期相关的检验，考虑到本章采取的数据是短面板，因此采用适用于短面板的 Pesaran 半参数检验，检验的 P 值为 0.0000，由此认为存在组间同期相关，这也从另外一个方面说明了本章变量选取的合理性。而用于组内自相关检验 Wooldridge 检验的结果也表明存在面板自相关的问题，但是由于本章选取的数据是一个只有 11 期的短面板，因此在分析中可以忽略面板自相关的问题。

表 10-4　　　　　　　　　　数据性质检验结果

检验类别	检验值	P 值
Wald 检验（组间异方差检验）	607.44	0.0000
Pesaran 检验（组间同期相关检验）	26.776	0.0000
Wooldridge 检验（组内自相关检验）	209.703	0.0000

注：Wald 检验的原假设是存在同方差；Pesaran 检验的原假设是无组间同期相关；Wooldridge 检验的原假设是不存在一阶组内自相关。

10.2　计量分析

本章首先利用普通的面板最小二乘法给出初步的估计结果作为参照组，在估计的过程中为消除面板组间异方差的影响将使用异方差—稳健的标准差对回归的估计结果进行稳健性的修正。

10.2.1　初步估计结果

在对数据进行回归分析之前，要对模型的适用性进行检验，以期获得最优良的估计。因此，本章在进行基础回归之前，先对面板数据的个体效应存在性进行检验，F 检验的 P 值为 0.0000，这表明面板数据存在明显的个体效应。进一步针对选择固定效应模型还是随机效应模型进行豪斯曼检验，检验结果的 P 值为 0.0000，认为应该使用固定效应模型，而非随机效应模型。因此，本部分初步估计结果以固定效应模型的回归结果进行分析，表 10-5 报告了两个模型的初步回归结果。

初步回归结果表明，工业污染与生活污染的影响因素存在一定的差别，并且工业污染与生活污染都不符合传统的环境库兹涅茨曲线假说，原因可能是环境库兹涅茨曲线的形状不仅会随经济发展阶段的变化而变化，还受经济结构、技术水平等方面的影响。格罗斯曼和克鲁格（Grossman and Krueger，1993）对环境库兹涅茨曲线的研究采用的是 20 世纪的数据，进入 21 世纪以后无论是技术水平，还是环境管制强度、方法等经济因素都发生了变化，导致环境污染与经济发展的关系也产生了变化。当控制了其他变量之后，依次在模型中加入经济发展水平、经济发展水平的平方项后，根据回归结果的显著性，工业污染以模型（2）的回归结果进行分析。工业污染模型（2）的回归结果表明工业污染与经济发展呈现出正 U 型曲线的关系，从 2005 年人均实际收入的最低值 5052 元至 2015 年最大值 61571 元这个区间范围内，存在一个污染水平最低的拐点值（42589.44元）。同样根据显著性以生活污染模型（2）的回归结果进行分析，回归结果表明生活污染与经济发展水平也呈现出正 U 型曲线的关系，54406.96元为污染水平最低的拐点值，生活污染与经济发展水平关系的拐点值要大于工业污染的拐点值水平。很有趣的是，人口的集聚对工业污染与生活污染的影响存在分异的现象，人口集聚与工业污染存在显著的正相关关系，即地区的人口集聚度越高该地区的工业污染排放量越高，这从一定程度上反映出人口的集聚偏好，即人口偏好于向经济发达、工业集聚度较高的地区集聚。但是人口集聚与生活污染的正相关关系并不显著，这一回归结果与实际情况相悖，很可能是由于忽略空间相关性造成的，由此我们将在后面的回归模型中引入空间相关性进行进一步的深入探讨。资源型产业集聚与工业污染没有显著的相关关系，这可能是因为随着我国进入 21 世纪以来（本章的研究始于 2005 年），我国资源丰富地区的资源开采殆尽，资源开采量大量减少，资源型产业产值占工业总产值的比重在逐渐降低，所以导致工业污染与资源型产业的集聚度的相关性在减弱。但是资源型产业集聚与生活污染显著正相关，即地区的资源禀赋越丰富生活污染就越严重。这其中可能的原因在于虽然资源丰厚的地区的资源开采量在减少，但是其自身资源开采量仍能满足其日常需求，其日常的取暖、供电等基础生活的能源消耗主要依赖不可再生的化石燃料，但是那些资源贫乏的地区不可再生能源的开采量不能满足自身需求，便积极投身于清洁能源的开发，比如日常生活主要依靠水电能、风能、太阳能等清洁能源，因此资源贫乏地区的生活污染程度更低。同样，非资源型产业的工业集聚对两类污染的影响也产生了分异，非资源型产业集聚与工业污染显著正相关，与生活污染显著负相关。这其中可能的原因是，对于生活污染而言，非资源型产业在地区的集聚不像资源型产业那样吸收低素质的劳动力，非资源型产业倾向于吸收高素质人才，可能高素质人才对环保要求更高，同时也具有较高的环境保护意识，因此随着非资源型产业的工业集聚水平提高，生活污染会得到一定程度的改善，而环保意识主要作用于生活污染，对工业污染的改善效应不尽如人意，这说明非资源型产业工业集聚本身是导致工业污染的重要原因。在环境规制的效果方面，工业污染的环境规制效果显著，而生活污染的环境管制效果则不明显，表明同一环境管制手段可能对工业污染与生活污染的管制作用存在差异，由此，环境规制主要作用于工业污染，而不是生活污染。地区的人均受教育程度越高，两类环境污染越低，这表明随着人们受教育程度的提高，必然对生活环境质量的要求越高，环保意识也就越强，从而能在一定程度上降低环境污染水平。但是初步的回归结果表明，受教育程度与非资源型产业工业集聚度的交互项与两类环境污染都没有显著的相关关系，这表明居民的受教育程度无法作用于非资源型产业在地区的集聚，即地区人才的集聚对非资源型产业的选址没有显著的影响，显然这一结论明显有悖于地区人才对产业吸引的这一现实，从而在回归分析中也就导致二者交互项与环境污染没有显著的相关关系的这一估计结果，这可能是由于初步回归忽略地区相关性而造成的估计偏差，我们将在本章后面的研究中加以完善。

表 10 – 5 初步回归结果

	OLS – FE 因变量：pol1		OLS – FE 因变量：pol2	
	模型（1）	模型（2）	模型（1）	模型（2）
L. poln	0.3611 *** (4.61)	0.2553 *** (4.53)	0.7477 *** (13.80)	0.7342 *** (13.08)
y	– 0.0001 （– 1.30）	– 0.0005 *** （– 5.80）	– 0.00003 （– 1.46）	– 0.0001 * （– 1.91）

续表

	OLS – FE 因变量: pol1		OLS – FE 因变量: pol2	
	模型（1）	模型（2）	模型（1）	模型（2）
y^2		5.87e – 09 *** (6.35)		9.19e – 10 ** (2.01)
pdens	0.0031 ** (2.42)	0.0010 *** (2.49)	0.0013 ** (1.94)	0.0009 (1.18)
rind	– 4.8017 (– 0.72)	– 2.6161 (– 0.38)	9.4850 * (1.81)	9.9953 * (1.91)
urind	28.4923 (1.19)	47.4745 ** (2.55)	– 22.2519 (– 1.64)	– 19.7198 ** (– 2.01)
reg	– 40.7586 *** (– 2.64)	– 40.2071 *** (– 3.00)	– 4.7005 (– 0.44)	– 4.0091 (– 0.39)
edc	– 0.6019 *** (– 5.25)	– 0.3130 ** (– 2.07)	– 0.3289 *** (– 2.90)	– 0.2695 ** (– 2.19)
edc * urind	1.9289 (0.61)	1.1687 (0.47)	– 1.0572 (– 0.50)	– 1.2395 (– 0.59)
常数项	11.1150 *** (4.37)	15.5386 *** (7.08)	5.6638 *** (5.60)	6.1703 *** (5.90)
Hausman Test	20.56 [0.002]	41.13 [0.000]	149.83 [0.000]	42.60 [0.000]
观测值	300	300	300	300

注：表中（）内的数值表示经过稳健的标准误修正过的系数的 t 统计量，[ ] 内的数值表示系数的 P 值，*** 表示在 1% 的显著性水平下是显著的，** 表示在 5% 的显著性水平下是显著的，* 表示在 10% 的显著性水平下是显著的。

10.2.2 空间计量估计结果

"地理学第一定律"托布勒（Tobler, 1979）表明所有的事物与其他事物相关联，但较近的事物比较远的事物更关联。因此无论是地区的经济发展水平、地方政策，还是环境污染都存在一定的空间关联性，如果在进行回归分析时，不考虑区域间的空间关联性会使估计的结果出现偏误。常用的空间计量模型主要包括空间杜宾模型（SDM）、空间误差模型（SEM）、空间自回归模型（SAR）、空间自相关模型（SAC）。一般的空间面板模型为：

$$y_{it} = \tau y_{i,t-1} + \rho w_i' y_t + x_{it}' \beta + \delta d_i' X_t + u_i + \gamma_t + \varepsilon_{it}$$

$$\varepsilon_{it} = \lambda m_i' \varepsilon_t + v_{it} \tag{10-2}$$

其中，$y_{i,t-1}$ 为被解释变量的时间滞后项，w_i' 为空间权重矩阵 W 的第 i 行，d_i' 为空间权重 D 的第 i 行，u_i 为地区 i 的个体效应，如果个体效应与解释变量相关则选取固定效应模型，若无关则选取随机效应模型。γ_t 为时间效应，m_i' 为扰动项空间权重矩阵 M 的第 i 行。

如 $\lambda = 0$，则为 SDM 模型，空间杜宾模型用于度量相邻地区的因变量与自变量对本地区因变量的影响；若 $\lambda = 0$ 且 $\delta = 0$，则为 SAR 模型，主要用于考察因变量的空间溢出效应；若 $\tau = 0$ 且 $\delta = 0$，则为 SAC 模型，主要用于考察空间对误差项的影响；若 $\tau = \rho = 0$ 且 $\delta = 0$，则为 SEM 模型，主要用于探讨存在于不可观测因素中的空间相关性对本地区以及邻近地区因变量的影响。本章根据地区间地理距离的倒数构建空间权重矩阵 W，即区域 i 与区域 j 之间的权重 $w_{ij} = \dfrac{1}{d_{ij}}$，其中 d_{ij} 表示两地的地理距离。

在进行空间计量回归分析之前，本章首先对核心变量的空间自相关性进行回归分析。在实际的空间探索性分析中，空间统计学较常使用空间自相关 Moran'I 指数度量空间相关性（吴玉鸣，徐建华，2004），本章主要选取全局莫兰指数用于检验核心变量的全局空间相关性。本章核心变量的全局莫兰指数如表 10-6 所示，测度了全域范围内各地区工业污染、生活污染、人口集聚、经济发展水平的空间相关性。结果显示地区的环境污染、人口集聚与经济发展水平并不是随机分布的，而是存在显著的空间依赖性，即在空间范围内存在集聚的特点。中国省级的经济集聚与人口集聚指标样本的空间依赖性明显高于同期的环境污染指数，随着时间的推移，工业污染与生活污染的全域性空间关联度呈正向加强的趋势，这种空间相关性的变动趋势背后隐藏着区际间产业转移、产业结构调整等信息。这再次表明如果在回归分析中忽略空间相关性会使估计结果出现偏误。为直观的理解环境污染的空间集聚形式，本章给出了 2015 年工业污染与生活污染的莫兰指数散点图。莫兰指数散点图的一三象限分别表示环境污染的高高、低低集聚，图 10 - 1、图 10 - 2 表明我国地区环境污染基本上都集中在一三象限，显示了我国的省域环境污染空间分布上存在着依赖性偏好异质性，环境污染严重地区基本上都分布在北京、天津、上海等东部地区。

表 10 - 6 核心变量的全局莫兰指数

指标	2005 年	2007 年	2009 年	2011 年	2013 年	2015 年
工业污染指数	- 0. 199 *	- 0. 003	- 0. 006	0. 005	0. 127 *	0. 196 **
生活污染指数	- 0. 039	- 0. 071	0. 039	- 0. 050	- 0. 015	0. 203 **
人口集聚	0. 242 ***	0. 226 ***	0. 216 ***	0. 211 ***	0. 210 ***	0. 214 ***
经济发展水平	0. 415 ***	0. 409 ***	0. 414 ***	0. 427 ***	0. 418 ***	0. 400 ***
资源型产业集聚	0. 003 ***	0. 001 ***	0. 000 ***	0. 000 ***	0. 000 ***	0. 004 ***
非资源型产业集聚	0. 023 **	0. 03 **	0. 049 **	0. 026 **	0. 032 **	0. 025 **

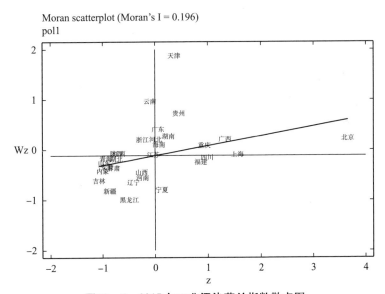

图 10 - 1 2015 年工业污染莫兰指数散点图

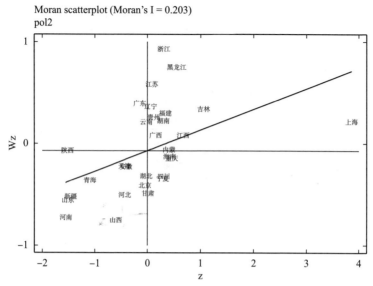

图 10 - 2　2015 年生活污染莫兰指数散点图

由于在初步回归分析之前通过 Hausman 检验，表明本章选取的数据适用固定效应模型进行分析，并且由于本章建立的模型考虑了环境污染的时间滞后效应，在空间回归模型中不能使用随机效应模型进行滞后项的估计，因此本部分的空间分析考虑固定效应模型。

藤田等（1999）、虞吉海和李龙飞（Yu and Li，2012）等的研究表明，经济增长存在显著的空间外溢效应，即地区的经济发展水平不仅受本地区资源禀赋、要素投入等经济因素的影响，还依赖邻近地区相关经济因素的影响。基于此，本章在空间回归模型中考虑经济发展水平的空间溢出效应，加入经济发展水平的空间滞后项，建立如下的空间杜宾模型：

$$poln_{it} = \tau poln_{i,t-1} + pw_i' poln_i + \beta_1 y_{it} + \beta_2 y_{it}^2 + \beta_3 pends_{it} + \beta_4 rind_{it}$$
$$+ \beta_5 urind_{it} + \delta_1 w_i' y_t + \lambda X + u_i + \gamma_t + \varepsilon_{it} \qquad (10-3)$$

空间杜宾模型的回归结果由表 10 - 7 给出，拉格朗日最大似然估计（Log-pseudolikelihood）值很小，表明模型的拟合优度高。工业污染与生活污染的空间自回归系数（Spatial rho 系数值）在 1% 的显著性水平下都显著为正，表明环境污染空间上存在显著的空间溢出效应。一个地区的环境污染极大程度上会受邻近地区环境污染的影响，这种空间关联性使得环境污染在空间上的"高高""低低"集聚现象得以解释，即环境污染严重的地区与环境污染严重的地区聚集，低污染地区与低污染地区聚集。这种正的相关性主要来自邻近地区地理情况、经济结构、经济发展水平等方面因素的相似性。两类环境污染的时间滞后项都显著为正，表明环境污染具有显著的时间滞后效应，环境污染具有较强的时间连续性。在考虑空间相关性之后，根据各变量的显著性情况，工业污染主要选取模型（2）的回归结果进行分析，相应的生活污染主要选取其模型（1）的回归结果进行分析。结果显示工业污染与经济发展水平依然呈现出正 U 型曲线关系，但是其 U 型曲线的拐点降低至 37783.38 元。即当经济发展水平未达 37783.38 元时工业污染会随经济发展水平的提高而降低，但是当经济发展水平超过 37783.38 元后，工业污染会随经济的发展而恶化。而从图 10 - 3 工业污染与经济发展水平的散点图中可以发现，经济发展水平的拐点值在 38000 元左右，故加入空间相关性的回归结果的拐点值更加符合实际情况。进一步由表 10 - 8 表明，目前我国经济发展的平均水平还没有到达 U 型曲线的拐点水平，故目前我国的工业污染总体上会随着经济发展水平的提高而得到改善。与普通面板回归结果不同的是，当考虑到空间相关性之后，生活污染与经济发展水平没有显著的相关性，由此，忽略空间相关性高估了经济发展水平对生活污染的影响，这也说明，生活污染的大小主要跟人们的生活习俗有关，而与经济发展水平并没有太明显的直接关系。

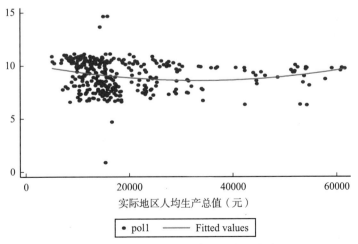

图 10 - 3　工业污染与经济发展水平的关系

　　在空间计量模型中，人口集聚与工业污染的相关性变得不显著，由此，忽略空间相关性会高估人口集聚对工业污染的影响，但是人口集聚水平与生活污染的正相关性变得很强。这可能是因为人口集聚带来的规模效应以及技术共享等集聚福利对工业污染的改善效应与人口集中纯粹数量上的增长对工业污染的恶化效应大体上相当，导致人口集聚与工业污染的关系变得不显著。相对于工业污染而言，生活污染对于人口集聚水平的变化很敏感，人口集聚对生活污染的恶化效应大于改善效应，使人口集聚度越高此类污染越严重。资源型产业集聚对生活污染的相关系数与显著性在空间回归中都得到了提升，再一次证实了资源丰裕地区化石能源的消费大于资源贫瘠地区化石能源的消费水平。在工业污染模型中，非资源型产业工业集聚的相关系数由 47.4745 下降为 30.3301，显著性水平也相应降低，表明普通面板回归高估了非资源型产业工业集聚对工业污染的影响，但是，无法否认，非资源型产业工业集聚会加剧工业的污染，因为在空间回归模型中，这一结果在 10% 的显著性水平下仍然是显著的。在空间相关性分析中环境管制对两类污染都具有显著的改善效应，而环境管制对工业污染的改善强度更显著，这意味着由于不同类型污染物的形成机制不同，同一环境管制的效果也就不同。在生活污染模型中非资源型产业工业集聚的相关系数由 −19.7198 变为 −110.0862，因此，非资源型产业工业集聚水平越高，生活污染就越低，因此，空间回归模型进一步加强了前面初步回归得到的结论。与初步回归结果相比，人均受教育水平提高对工业污染的改善效应变得不显著，而对生活污染的相关系数由 −0.2695 变为 −0.3598，即人均受教育程度的提高对生活污染具有显著的改善效益。对于生活污染而言，非资源型产业的工业集聚与人均受教育水平的交互项变得显著，从而，这进一步加强了人均受教育水平与非资源型产业工业集聚水平的提高对于生活污染的显著的改善效应的结论。经济发展水平的空间滞后项对工业污染具有显著的正向影响，对生活污染没有显著的影响，这表明在控制其他变量的情况下，邻近地区的经济发展水平越高，本地区的工业污染就越严重，这可能是因为邻近地区的经济发展状况相似，产业结构、环保政策等方面都具有模仿效应，这也说明工业污染具有一定的跨界影响，而生活污染的跨界影响并不明显（见表 10−7、表 10−8）。

表 10 - 7 空间杜宾模型（SDM 模型）的空间计量估计结果

	SDM - FE 因变量：pol1		SDM - FE 因变量：pol2	
	模型（1）	模型（2）	模型（1）	模型（2）
L. poln	0.5563 *** (12.46)	0.3765 *** (7.27)	0.8278 *** (13.10)	0.8082 *** (12.44)
y	0.0003 (0.49)	- 0.0003 *** (- 2.84)	3.50e - 06 (0.14)	- 0.00005 (0.84)
y^2		3.97e - 09 *** (3.81)		- 5.00e - 10 (- 1.04)
pdens	- 0.0002 (- 0.96)	- 0.0003 (- 0.46)	0.0027 *** (3.31)	0.0029 *** (3.44)
rind	- 5.8858 (- 0.96)	- 5.0203 (- 0.91)	10.5772 ** (2.12)	10.2785 ** (2.02)
urind	- 170.8426 *** (- 7.99)	30.3301 * (1.67)	- 110.0862 *** (- 7.71)	- 111.3564 *** (- 7.82)
reg	- 47.2847 *** (- 3.15)	- 28.2602 *** (- 2.69)	- 18.4892 * (- 1.83)	- 18.5459 ** (- 1.96)
edc	- 0.2778 (- 2.08)	0.0879 (0.63)	- 0.3598 *** (- 3.00)	- 0.3800 *** (- 3.23)
edc * rind	13.7537 *** (5.03)	- 2.2212 (- 0.98)	10.8640 *** (5.49)	10.5391 *** (5.29)
Spatial rho	27.8548 *** [0.000]	22.6805 *** [0.000]	19.2918 *** [0.000]	17.7828 *** [0.000]
w * y	0.0094 *** (4.89)	0.0086 *** (4.38)	0.0011 (0.70)	0.0002 (0.13)
Log - pseudolikelihood	- 450.0121	- 392.7605	- 259.0177	- 254.8713
N	300	300	300	300

注：除（）内的数字表示回归系数的经稳健性标准误调整后的 z 统计量外，其他内容含义都与表 10 - 5 相同。

表 10 - 8   经济发展状况

年份	均值	最小值	最大值	收入水平达拐点值样本数
2005	16471.99	5052	52060	2（6.67%）
2015	20773.11	9071.149	61571.18	3（10%）

10.3 稳健性检验

为保证回归结果的可靠性，本章主要采用变换计量回归方法的形式分别采用 SAR、SAC 模型进行稳健性检验。在表 10 - 9 的 (1)、(3) 列中分别显示的是工业污染、生活污染的 SAR 回归结果，由于在 SAR 模型中不考虑经济发展水平的空间滞后项，对于工业污染而言，在上文空间杜宾模型的分析中显示经济发展水平的空间滞后项对工业污染具有显著的正向影响，因此忽略经济发展水平的滞后项会导致估计偏误，但是主要的核心变量的影响基本一致。而对于生活污染而言邻近地区的经济发展水平对本地区的生活污染没有显著的影响，因此忽略该变量对回归结果基本上没有影响，因此 (3) 列的回归结果与 SDM 模型的回归结果基本一致。表 10 - 9 (2)、(4) 列分别显示的是两类环境污染的 SAC 模型的回归结果，由于 SAC 模型中不能加入因变量的滞后变量，但是两类污染的滞后项对其都有显著影响，虽然忽略此项会导致估计偏误，但是 (2)、(4) 列的估计结果与上文的 SDM 模型的回归结果相比较可以发现核心变量的系数方向与显著性水平基本上都是一致的，因此稳健性检验结果表明本章的回归分析结果是稳健的。

表 10 - 9   稳健性检验结果

	因变量：pol1		因变量：pol2	
	SAR - FE （1）	SAC - FE （2）	SAR - FE （3）	SAC - FE （4）
L. poln	0.3076 *** （6.08）		0.8574 *** （13.66）	
y	- 0.0001 * （ - 1.74）	- 0.0004 *** （ - 3.27）	0.00003 （1.38）	- 0.00002 （ - 0.78）

续表

	因变量：pol1		因变量：pol2	
	SAR – FE （1）	SAC – FE （2）	SAR – FE （3）	SAC – FE （4）
y^2	2.69e – 09 *** （3.24）	5.55e – 09 *** （5.01）		
pdens	0.0015 *** （4.22）	0.0004 （0.46）	0.0031 *** （3.69）	0.002 *** （2.40）
rind	– 6.3321 （ – 0.98）	– 8.9204 （ – 0.99）	10.4837 ** （2.10）	12.4727 （0.96）
urind	22.6458 （1.24）	51.3765 * （1.87）	– 111.7965 *** （ – 7.81）	– 8.56768 （ – 0.23）
reg	– 28.3006 *** （ – 2.24）	– 40.4002 *** （ – 3.14）	– 17.1313 * （ – 1.73）	– 15.4806 * （ – 1.65）
edc	0.1323 （0.88）	0.0363 （0.17）	– 0.2999 *** （ – 2.84）	– 0.0641 （ – 0.43）
edc * rind	– 0.9998 （ – 0.42）	– 3.976 （ – 1.05）	11.5883 *** （5.84）	– 2.4909 （ – 0.56）
Spatial rho	20.2368 *** ［0.000］	16.4868 *** ［0.000］	21.4777 *** ［0.000］	24.4139 *** ［0.000］
Spatial lambda		10.15488 ［1.17］		– 29.2605 ** ［0.012］
Log – pseudolikelihood	– 392.9354	– 268.7402	– 268.7402	– 268.7402
N	300	300	300	300

10.4　本章小结

中国自改革开放以来，经济取得了全世界瞩目的发展，但是快速发展的背后带来了严重的资源枯竭、生态环境破坏的现象。人口与工业总是倾向于向经济发展水平较高的地区聚集，而经济发展较好地区常常伴随着严重的环境污染，那么人口聚集、工业集聚是否恶化了地区的环境污染？本章以我国 2005～2015 年省级面板数据为样本，采用普通面板最小二乘法、空间杜宾模型对人口集聚、工业集聚与生产污染、生活污染的关系进行了分析，并利用 SAR、SAC 模型对本章的分析结果进行了稳健性检验。由此，与其他研究成果相比，本章得到的新研究结论主要有：第一，环境污染具有显著的空间溢出效应，即本地区的生态环境不仅受本地区经济活动的影响，还依赖于邻近地区的环境污染，环境污染在地区间存在"高高""低低"聚集的现象；第二，在环境污染与经济发展的关系上，生活污染与工业污染存在分异的现象，工业污染与经济发展水平呈现出显著的正 U 型曲线关系，在引入空间相关性之后，生活污染与经济发展水平没有显著的相关性；第三，人口集聚对工业污染与生活污染的影响存在分异的现象，忽略空间相关性会高估人口集聚对工业污染的影响，人口集聚主要导致的是生活污染，而不是工业污染；第四，资源型产业集聚对工业污染没有显著影响，但对生活污染有显著的正向影响。非资源型产业集聚对工业污染有显著的正向影响，对生活污染则有显著的负向影响；第五，环境管制对两类污染都有显著的改善效应，但对工业污染的改善效果更明显。人均受教育程度的提高对工业污染没有显著的改善效应，但对生活污染却有显著的改善效应。

习近平总书记在 2018 年 5 月 18 日至 19 日召开的全国生态保护大会上强调指出"要自觉把经济社会发展同生态文明建设统筹起来，充分发挥党的领导和我国社会主义制度能够集中力量办大事的政治优势，充分利用改革开放 40 年来积累的坚实物质基础，加大力度推进生态文明建设、解决生态环境问题，坚决打好污染防治攻坚战，推动我国生态文明建设迈上新台阶"。本章得出的研究结论对新时代生态文明建设具有一定的政策启示：第一，政府应将环境污染的空间溢出效应纳入"加快生态文明体制改革，建设美丽中国"等相关政策的制定之中，增强环保政策制定的地区协同性，实现环境污染在地区间的共同治理与经济的共同发展。并且不同类型污染的影响因素不同，环保政策的制定应该考虑不同环境污染的特征与成因，进行分类治理，增强环境标准的灵活性与实施的针对性；第二，"绿水青山就是金山银山"①，我们要主动采取技术创新、体制改革等措

———————————

① 2005 年 8 月 15 日，时任浙江省委书记的习近平同志在浙江湖州安吉考察时，首次提出了"绿水青山就是金山银山"的科学论断，后来，他又进一步阐述了绿水青山与金山银山之间三个发展阶段的问题。

施,努力改变环境污染与经济发展水平的曲线关系,化被动为主动使生态环境随经济发展得到改善的这一关系持续保持下去;第三,要实行长期的严格生态环境保护政策,并且,要注重人口与工业的适度集聚。要充分发挥人口集聚、工业集聚的规模效应,努力构建资源节约、资源共享的集聚模式,"推动资源全面节约和循环利用,实现生产系统和生活系统循环链接"[①]。同时要提高居民的环保意识,推进绿色低碳的生产生活方式,要"像保护眼睛一样保护生态环境,像对待生命一样对待生态环境,让自然生态美景永驻人间,还自然以宁静、和谐、美丽"[②]。

附录 10 – 1:

工业污染、生活污染综合指数的计算过程如下:

第一,对工业废水排放量、工业废气排放量、工业固体废弃物产生量(生活废水排放量、生活废气排放量、生活垃圾清运量)进行标准化处理。由于各指标的量纲、数量级均存在一定的差异性,因此为消除因量纲不同对评价结果的影响,需对各指标进行标准化处理,标准化处理过程如下:

$$x'_{ij} = \frac{x_{ij} - x_{\min(j)}}{x_{\max(j)} - x_{\min(j)}} \times 0.4 + 0.6,$$
$$(i = 1, 2, 3, \cdots, n; j = 1, 2, 3, \cdots, m) \quad (1)$$

其中,x_{ij} 表示第 j 项污染指标在第 i 年份的数值,x'_{ij} 表示 x_{ij} 经过标准化之后所对应的指标,$x_{\max(j)}$ 表示第 j 项污染指标的最大值,$x_{\min(j)}$ 表示第 j 项污染指标的最小值。

第二,计算第 j 项污染指标在第 i 年份指标值的比重 y_{ij}:

$$y_{ij} = \frac{x'_{ij}}{\sum_{i=1}^{n} x'_{ij}} \quad (2)$$

第三,计算第 j 项污染指标的信息熵值 e_j:

$$e_j = -k \sum_{i=1}^{n} y_{ij} \ln y_{ij} \quad (3)$$

其中,$k = \frac{1}{\ln n}$,且 $0 \leqslant e_j \leqslant 1$。

第四,计算第 j 项指标的效用价值 d_j:

---

① 来源于党的十九大报告。

② 习近平出席全国生态环境保护大会并发表重要讲话,http://www.gov.cn/xinwen/2018 – 05/19/content_5292116.htm。

$$d_j = 1 - e_j \tag{4}$$

第五，计算第 j 项污染指标的权重 w_j：

$$w_j = \frac{d_j}{\sum\limits_{i=1}^{n} d_j} \tag{5}$$

第六，计算第 i 年份综合的环境污染指数 $poln_i$：

$$poln_i = \sum\limits_{j=1}^{m} y_{ij} w_j \times 100 \tag{6}$$

第 11 章

本书研究结论、政策启示
与研究展望

　　空间问题是经济生活的中心。翻开人类的历史，无论从全球层面还是国家内部，甚至在一个城市内部，经济活动在地理空间上的集聚无处不在，而且经济活动在地理空间的集聚与分散总是随时间而不断发生的改变。但是，在对这种由集聚与分散造成的产业空间结构问题的研究总是处于现代经济理论的边缘，克鲁格曼（1991）认为出现这种结果是因为经济学缺少一个既包含了规模报酬递增又包含了不完全竞争的理论框架。而在基于完全竞争的一般均衡框架内，又无法解释经济活动呈现出的大规模且又不断变化中的空间集聚现象。空间不可能定理充分证明竞争价格机制无法解释产业空间结构的内生性问题。在规模报酬不变的完全竞争框架内，产业的空间结构将会出现极度分散化，最终导致每一个地区都是自给自足的生产方式，成为伊顿和利普西（1978）称之为"后院资本主义"（backyard capitalism）的生产方式。到了 20 世纪 90 年代，以克鲁格曼为代表的经济学家重新拾起经济地理的方法，使用规范的经济模型来解释经济活动在空间上的变化动态，他们将自己的学派称为新经济地理学。新经济地理学致力于将空间维度纳入到主流经济学的分析框架中，认为区域经济发展不仅依赖于传统经济学所强调的"第一自然优势"，例如自然资源、气候、邻近河流或港口等等，更多地依赖于经济系统产生的促进经济活动集聚的内生力量。集聚力与分散力之间复杂的相互作用和权衡导致了现实世界经济空间的复杂多样和富于变化。新经济地理学通过严密的数学推理证明了即使两个区域的初始禀赋完全相同，不存在外生差异，但经济系统产生的集聚力和分散力的相互作用也会导致区域发展差异的存在（何雄浪，2019）。新经济地理学为区域经济学的发展提供宝贵的思想武器，通过将近30年的发展，新经济地理学可以广泛地为理论和政策研究提供思想和方法，在区域层面、产业层面和城市层面，新经济地理学通过对集聚的关注，分析经济活动在空间上的分布差异，从而加深我们对经济规律的认识。

11.1　本书研究的特色与结论总结

新经济地理学的大多数模型，探讨了导致产业集聚的市场外部性，认为集聚力主要来源于消费者和产业之间联系的金融外部性。本书的研究，是对新经济地理学经典模型的发展，也必然研究与供给、需求相关的市场外部性，即本地市场效应。另外，新经济地理学建立的模型和关注的问题不能仅仅限制在市场外部性这样一个狭窄的范围内，本书的研究同时引入非市场外部性对经济活动空间分布的影响。非市场外部性主要包括技术溢出效应（技术外部性）与环境污染效应，技术外部性直接作用于厂商的生产函数，改变厂商的生产成本，而环境污染效应既可以作用于厂商的生产函数，也可以作用于消费者的效用函数，对厂商或消费者来讲，环境污染带来的都是一种负面影响。因此，技术溢出效应我们认为是一种正的非市场外部性，而环境污染效应是一种负的非市场外部性。因此，本书发展的新经济地理学模型，将市场外部性与非市场外部性很好地结合了起来。另外，本书发展的大多数新经济地理模型，要素流动更多的是考虑资本与劳动力的同时流动，单一的生产要素流动只是本书研究中的一种特殊情形。促进新经济地理学理论的发展，我们不仅要根据理论要求的逻辑完美性修改假设，更为重要的是，我们要根据空间经济发展的现实修改模型的假设条件。由此，本书在新经济地理学分析框架下，将要素流动与本地市场效应、溢出效应紧密联系在一起，促进新经济地理学的理论发展达到一个新的高度，同时加强新经济地理学的应用研究。本书研究的主要特色或创新性结论体现如下：

第一，克鲁格曼（1991）的中心—外围模型作为新经济地理学诸多模型的基础，给空间经济不平衡的研究及新经济地理学的发展打开了大门。本书第2章中发展的中心—外围模型不仅可以验证原始中心—外围模型结论的稳健性，同时，也在一定程度上丰富了原始中心—外围模型的理论内涵。第2章发展的中心—外围模型可以视为新经济地理学的另一个基础模型，对经典的新经济地理模型做出了新的贡献。

第二，本书中第 3 章在研究上进一步突破了新经济地理学模型单一生产要素流动假设的局限性，认为企业家与普通劳动者在地区间都可以流动，并且，普通劳动者在行业间也可以自由流动。从而，与新经济地理学的自由企业家模型（福斯里德和奥塔维诺，2003）相比较，第 3 章完善了新经济地理学的研究结论，发展了新的理论观点：突破点与持续点的大小比较存在三种关系。随着贸易自由度的变化，产业空间结构的演化除了棒－棒均衡的结果外，不仅可能出现内部非对称结构为稳定均衡的情形，也可能出现内部非对称结构与中心—外围结构稳定均衡共存的情形，而不仅仅是对称结构与中心—外围结构稳定均衡共存的情形；随着贸易自由度的提高，工业品支出份额的增加，工业品间替代弹性的降低，会引起产业空间的稳定结构由对称结构向非对称结构转化；如果企业生产的规模报酬递增程度足够显著，或者工业品支出份额很高时，则市场拥挤效应将消失，从而不管是什么样的贸易自由度，对称结构将不再保持稳定；一旦产业空间结构演化的"黑洞条件"得到满足，则产业空间的稳定结构只能是内部非对称结构或中心—外围结构，而不仅仅是中心—外围的稳态结构。

第三，经济地理均衡结构是由区内外多种力量共同作用的结果，本书中第 4 章的研究不再把区域视为没有空间维度的"点"，认为区内外均存在贸易成本，技术溢出在区内外也是有差别的，同时，技术溢出作用于企业的固定投入，而不是企业的边际投入。在这些基础上，第 4 章发展的新经济地理学模型得出的研究结果表明：随着技术溢出效应的增加，经济系统使用的资本数量在减少。当工业企业数量对称分布时，经济系统使用的资本数量最多，反之，如果工业企业完全集聚，则经济系统使用的资本数量最少；本地技术溢出效应加强促进了产业集聚，而跨界技术溢出效应加强与区内贸易自由度提高促进了产业分散。市场拥挤效应的存在是有前提条件的，当本地技术溢出效应过大，或跨界技术溢出效应过小，或区际贸易自由度过大，或区内贸易自由度过小时，则将会导致市场拥挤效应的消失；工业劳动力的流动缩小了对称结构稳定的贸易自由度范围，扩大了中心—外围结构稳定的贸易自由度范围。随着区际贸易自由度的变化，产业空间结构的演化表现出渐变的特征，而不是突变的特征。

第四，在考虑区内外贸易成本、技术溢出、环境污染这些因素的基础上，本书第 5 章中发展的新经济地理学模型得出的研究结论表明：本地技术溢出效应或跨界环境污染效应的增加，有利于产业的集聚，反之，本地环境污染效应或跨界技术效应的增加，有利于产业的分散布局，区内贸易自由度的增加，也有利于产业的分散布局，另外，当工业品替代弹性过低或过高时，中心—外围结构都可能是稳定的均衡结构；在一定的贸易自由度范围内，不仅可能出现内部非对称结构为稳定均衡的情形，也可能出现内部非对称结构与中心—外围结构或对称结构与中心—外围结构稳定均衡共存的情形；当贸易自由度较低或较高时，对称结构都可能是稳定均衡结构，甚至只要满足一定的条件，无论贸易自由度如何变动，对称结构均为唯一的稳定均衡结构。

第五，资本创造模型（CC 模型，鲍德温，1999）试图引入资本形成与资本折旧两种新因素对产业空间分布进行重新阐释，但模型中忽视了要素流动对产业空间分布的进一步影响。由此，本书第 6 章中不仅假设资本在地区间可以自由流动，而且还认为资本流动将导致工业工人流动，从而弥补了资本创造模型中无要素流动的局限性。研究结果表明：随着贸易自由度、工业品支出份额以及工业品替代弹性的提高，本地技术效应的增强以及跨界技术溢出效应的减弱，产业空间分布的稳态结构依次经历三种变化：对称结构、对称结构与中心—外围结构并存、中心—外围结构；要素的流动会使需求关联的循环累积因果效应得到增加，进而促使产业走向集聚；随着贸易自由度以及工业工人数量所占比重提高，外围区人均实际收入水平不仅会赶上甚至还有可能超过中心区的人均实际收入水平。

第六，本书第 7 章中发展的新的资本创造模型认为是资本的实际收益而不是名义收益决定资本是否创造。研究结果表明：随着贸易自由度、工业品支出份额及资本贴现率的变大，替代弹性及资本折旧率的变小，将降低对称结构的稳定性，而提高中心—外围结构的稳定性；经济地理空间的产业均衡是集聚力和分散力相互作用的结果。当企业生产工业品的规模报酬递增程度足够显著，或者工业品支出份额很高时，市场拥挤效应将彻底消失，并转化成为促进产业集聚的动力；突破点与持续点的大小比较可以形成不同的关系，这意味着随着贸易自由度的变化，第 7 章发展的资本创造模型可以体现出多样化的产业空间动态演化行为。

第七，大多数新经济地理学模型主要关注产业空间分布的长期均衡问题，而忽视了对该地区经济增长的关注。本书中第 8 章将内生经济增长理论融入新经济地理学模型中，考虑技术溢出与环境污染对企业固定生产成本的影响，探讨技术溢出效应和环境污染效应对产业空间演化和经济长期增长的影响。研究的主要结论表明：技术溢出不仅只是一种纯粹的导致产业集聚力量，环境污染也不仅仅只是导致产业分散化的诱因，技术溢出与环境污染对产业空间布局的影响具有双重性，在其他条件不变的情况下，本地技术溢出的增强和跨界技术溢出的减弱是促使企业走向集聚的动力，本地环境污染效应的增强和跨界环境污染效应的减弱是促使企业走向分散的动因。产业空间结构的稳态并非都必然表现为棒－棒均衡结构的特征，贸易自由度的变化可以引起任何形式的产业空间结构稳态；当技术溢出向心力不低于环境污染离心力时，随着贸易自由度的增加，产业空间演变的总趋势为"分散—集聚"；当技术溢出向心力大于环境污染离心力时，随着贸易自由度的增加，产业空间演变的总趋势为"分散—集聚—再分散"；国民收入地区分配取决于各区域拥有的资本份额大小，拥有的资本份额越大，所获得的国民收入就越多，资本趋于集聚时，区域间人均实际收入差距会永久存在，资本趋于分散时，地区间人均实际收入水平趋于一致。

第八，大多数新经济地理学模型基本都为两地区、两部门（农业部门与工业部门）模型，把区域视为没有空间维度的"点"。本书第 9 章中不仅考虑地方环境污染，同时也考虑环境污染的跨界影响，认为每个区域包括城市与农村地区，产业集聚产生的技术溢出效应不仅存在本地影响，同时也存在跨界影响，每个地区有三个生产部门，不仅生产工业产品、农业产品，同时也生产资源产品，资源产品的使用具有功能上的二重性，资源产品既能用于生产，也能用于消费。由此，第 9 章将这些新的内容融入新经济地理学分析框架中去，发展的新经济地理学模型所得到的研究结论加强了新经济地理学模型对现实问题的解释力度。

第九，本书第 10 章中以我国 2005～2015 年省级面板数据为样本，采用普通面板最小二乘法、空间杜宾模型对人口集聚、工业集聚与生产污染、生活污染的关系进行了分析，并利用 SAR、SAC 模型对第 10 章的分析结果进行了稳健性检验。研究结果显示：环境污染具有显著的空间溢出效应，环境污染在地区间存在"高高""低低"聚集的现象；工业污染与经济发展水平呈现出显著的正 U 型曲线关系，在引入空间相关性之后，生活污染与经济发展水平没有显著的相关性；人口集聚对工业污染与生活污染的影响存在分异的现象，忽略空间相关性会高估人口集聚对工业污染的影响，人口集聚主要导致的是生活污染，而不是工业污染；资源型产业集聚对工业污染没有显著影响，但对生活污染有显著的正向影响；非资源型产业集聚对工业污染有显著的正向影响，对生活污染则有显著的负向影响；环境管制对这两类污染都有显著的改善效应，但对工业污染的改善效果更明显；人均受教育程度的提高对工业污染没有显著的改善效应，但对生活污染却有显著的改善效应。第 10 章得出的研究结论对污染的分类治理、我国经济发展进程中的人口与工业的适度性集聚、地区污染的联合治理等方面都具有重要的政策启示作用。

根据本书中发展的一系列新经济地理学模型，我们可以得到一些基本一致的结论：多要素流动加强了产业集聚；区内贸易自由度提高促进了产业分散；本地技术溢出效应的增强有利于产业集聚，跨界技术溢出效应的增强有利于产业的分散布局。另外，本地环境污染效应的增强不利于产业集聚，而跨界环境污染效应的增强有利于产业集聚；工业企业生产规模报酬递增程度的增加是促进产业集聚的重要动力，但是在另一个极端，当工业企业生产的规模报酬递增程度减弱到一定程度时，也有可能导致产业的集聚；当在模型中考虑更为复杂的集聚力与分散力时，突破点与持续点的关系是复杂的，随着区际贸易自由度的变化，产业空间结构的演化更多地表现出渐变的特征，而不是突变的特征。随着贸易自由度的增加，产业空间演变的总体总趋势为"分散—集聚—再分散"，甚至在一定的条件下，无论贸易自由度如何变动，对称结构是唯一的稳定均衡结构。另外，在应用方面，本书研究了人口集聚、工业集聚与环境污染的关系，对理论研究做了一个较好的补充。

11.2 本书的研究结论促进我国区域协调发展升级的政策启示

地区发展差距问题一直以来都是经济理论中一个经久不衰的话题，它同样也是各国政策制定者普遍关注的一个重大现实问题之一。开始于 20 世纪 70 年代末的经济改革使中国经济取得了令人瞩目的增长业绩。然而，随着我国经济的快速增长，区域经济发展差距成为一个不容忽视的问题，由此引起了学界和政界的高度关注。习近平总书记所作的党的十九大报告从我国区域发展新形势和决胜全面建成小康社会、开启全面建设社会主义现代化国家新征程的新要求出发，明确提出要实施区域协调发展战略。这是对"两个一百年"奋斗目标历史交汇期我国区域发展的新部署，是今后一个时期推进区域协调发展的行动指南。"中国特色社会主义进入新时代，我国社会主要矛盾已经转化为人民日益增长的美好生活需要和不平衡不充分的发展之间的矛盾"①，当前，"我国区域发展差距依然较大，区域分化现象逐渐显现，无序开发与恶性竞争仍然存在，区域发展不平衡不充分问题依然比较突出，区域发展机制还不完善，难以适应新时代实施区域协调发展战略需要"②。"新时代继续做好西部大开发工作，对于增强防范化解各类风险能力，促进区域协调发展，决胜全面建成小康社会，开启全面建设社会主义现代化国家新征程，具有重要现实意义和深远历史意义"③。本书的理论研究结论说明区域经济的平衡发展并非没有可能。我们认为我国落后地区的经济发展必然有不同于发达地区经济发展的"新常态"，区域协调发展并不意味着各地区的发展要整齐划一，区域协调发展追求的是各地区经济发展形成"统筹有力、竞争有序、绿色协调、共享共赢"的发展局面。根据本书研究结论，我们提出如下的对策措施促进新时代我国区域协调发展战略升级。

1. 大力发展落后地区的教育

西部地区是我国少数民族聚居区，这里既有地域辽阔、资源丰富的自然优势，同时又由于受地理以及人文等多方面因素的影响，文化教育相对落后。当然，这种落后在很大程度上是由于西部经济的制约造成的。经济制约教育，教育又反过来影响经济，这样就陷入了一个恶性循环，即西部生产力水平低下，西部居民特别是农民享有的教育水平很低，人们的文化、思想、科技等素质就低，获取知识的能力，改造自然、改造社会、创造财富的能力就低，生产力水平就越低下，西部地区的社会经济就难有良好的发展。因此，加大对教育的投入力度从根本上改变落后地区的知识结构，不断增强地方经济发展的后发优势，是缩小区域发展差距的重要措施。

2. 培育区域创新体系，促进企业技术进步

我国东部地区临近海岸线，科技发展水平高，工业、农业、交通运输业、通信等发展较好，与海外有传统的经济联系，信息灵通且与外界的交流频繁，市场竞争激烈，因此能够承受较高竞争压力与生产成本的企业纷纷选址东部地区，以充分利用该地的地缘优势和市场环境从而获取更大利润，并促使东部地区整个产业劳动生产率的提高，加速产业结构的升级。

---

① 来源于党的十九大报告。

② 加快构建更加有效的区域协调发展新机制，https：//www.ndrc.gov.cn/xxgk/jd/wsdwhfz/202007/t20200724_1234513.html。

③ 国务院关于新时代推进西部大开发形成新格局的指导意见，http：//www.gov.cn/zhengce/2020－05/17/content_5512456.htm？trs＝1。

当前，西部落后地区主要是一些传统产业的集聚，在没有产品创新的情况下，必然面临着衰退的风险。各级政府在实施产业集群发展战略中，必须要重视知识外溢在集聚中的作用，鼓励创新。政府的政策需要注重培育区域创新体系，促进企业与企业之间、企业与高校、研究机构之间建立合作关系，建立共同的学习机制，以此加快知识创造与扩散的速度，从而使地区产业发展建立在强大的创新能力之上，最终提高企业的劳动生产率。

3. 加强地区间人才交流与合作，促进落后地区的经济发展

高技术人才对地区经济发展至关重要，可增强地区经济的集聚力，并促进地区收入水平的提高。落后地区实现经济快速增长的最有效途径就是引进人才，通过人才带动高新技术项目的建设，从而进一步吸引更多的人才与劳动者聚集，促进人才流动与产业聚集的循环累积因果效应，形成一个新的经济发展契机。

4. 不断提高落后地区的市场潜力，提升区域合作水平

改革开放以来，我国东部广大地区通过循环累积机制逐渐成为我国产业发展的中心地带。而广大的西部地区由于自身消费市场有限、交通基础设施建设滞后、与海外市场距离较远等原因，市场潜力与东部地区差距较大，经济发展相对滞后。在西部地区要培育新的经济增长极和中心城市，构建有规划、有分工、布局合理的一体化区域经济。对此，不仅要改造、提升西部地区长期以来形成的孤立分布的增长极，而且要加强各个增长极之间的联系，促进其逐步联结、融合成为有机的系统整体，逐步增强落后地区的自我发展能力。坚持因地制宜、优势互补、经济互利、共同发展的原则，以经济效益为中心，项目合作为基础，企业合作为主体，鼓励省际的经济交流与合作，从而有效地促进东部沿海地区部分传统制造业向中西部地区的梯度转移，使落后地区在能更多地享受到东部地区市场潜力外部性的好处的同时，也可以带来自身市场潜力的提高。要适当保护落后地区的市场和创造市场需求，大力发展订单生产，通过区域间的"政策梯度"不断提高落后地区的市场潜力。

5. 多管齐下，不断促进空间交易成本的降低

落后的基础设施严重制约着地区资源优势向经济优势转化的速度和能力，也相对排斥了境外投入和与外部市场的联系。因此，加强基础设施建设是落后地区的当务之急。由于多数落后地区内生发展能力有限，基础设施建设又需要高额投入，因此在地区自身加大规划和投入力度的同时，必须主要依靠外部力量，包括上级政府的投资和外界的经济援助来加快基础

设施建设。在新的西部大开发阶段，基础设施的飞速发展将为改善西部地区经济发展环境、支撑经济快速、健康发展奠定坚实的基础，为促进西部地区经济发展、社会进步、边疆稳定、民族团结发挥巨大作用。另外，空间交易成本的降低，除了考虑改善基础设施、减少贸易壁垒、促进生产要素自由流通外，也要求政府通过对正式规则的改进和对非正式规则的培育来创造有利于产业集聚的公共环境。区际间贸易自由度的设计针对某些产业应有所差异，为落后地区集聚经济的形成提供必要的推动力，发达地区首先要对落后地区开放市场，落后地区也要逐渐对发达地区开放市场，最终实现区域经济一体化。

6. 加强国内外市场的贸易联系与西部地区的沿边开放

以共建"一带一路"为引领，加大西部开放力度，不断加强国内市场贸易联系，鼓励区际间经济合作，构建西部地区的经济增长点，有效促进西部地区的市场需求的增长。西部地区的沿边开放不仅有利于边境地区经济的发展和社会稳定，而且有利于改善和发展双边睦邻友好关系。沿边开放有利于消除东西部之间的差距，带动内地经济的发展，成为内地经济走向国际市场的跳板、桥梁和纽带，从而全面提升我国中西部地区国际化水平。在新的时代，必须站在战略的高度，着眼全局，进一步扩大开放，加快转变经济发展方式、调整经济结构、扩大就业和人才培养、促进沿边地区贸易、投资和金融发展，全面提升沿边开放水平，推动西部地区经济进一步高质量发展。

7. 促进资本的自由流动，减少西部地区的无效投资

当前，外国投资者所遇到的很多障碍都消除了，而国内投资者仍然遇到很多方面的投资障碍。政府的各级官员都热衷于吸引外资，国内私人投资却仍然会遇到法律和金融体系方面的限制。地方保护主义近年来虽然大大弱化了，但仍在很大程度上阻碍着国内资本的流动。吸引外商直接投资只是促进经济发展的手段，而不是目的。由于中国是一个巨大的经济体，长期来看，一个良好的国内商品和资本市场应该比吸引外资更重要。要建设国内统一开放的市场，消除省际间的市场分割，促进我国资本市场的一体化，逐步打破资本在区域间流动的地方壁垒，促进资本在地区间的流动。要在投资项目的选择、实施和经营过程中实现资本的优化配置，优化和调整产业结构，实现西部地区对现有资本的有效使用。要增加技术这一生产要素的投入，提高资本的边际产出率。提高技术生产要素的投入，可以通过引进新的技术、改良现有的生产设备、优化产业结构、加强企业管

理、提高职工素质等方面实现。各级政府应采取有力措施，大力推动企业按照自主原则进行跨地区的股权型合作，这不仅会带给落后地区资金，带动就业和经济增长，而且可以带给落后地区先进技术，经营管理理念和外部经济信息，形成连接区域经济的资本纽带，加速区域经济和全国经济的一体化进程。

8. 继续实施对西部地区的资本与金融扶持政策

要完善我国的财政转移支付制度，尽快制定各项财政扶持的具体政策，进一步加大中央财政对西部地区均衡性转移支付力度，重点落实节能环保、新能源、教育、人才、医疗、社会保障、扶贫开发等涉及民生工程、基础设施、生态环境方面的专项转移支付政策。在坚持以总量调控为主的统一货币政策的前提下，对西部地区实施差别化的货币政策工具和优惠信贷政策，进一步增加对西部的再贷款限额，调整优化金融机构信贷产品结构，加大西部地区重点项目建设、绿色生态产业、民生项目等的信贷支持力度，通过政策性金融大力支持少数民族地区发展，支持边境地区发展，支持革命老区发展。

11.3　研究不足与展望

如何解释区域发展差异问题一直是一个具有重大挑战的学术问题，在发展中国家，区域或城市的发展问题很大一部分就是工业化问题，就是人口或经济活动的不断集中问题。传统经济理论认为，地上及地下的自然资源、地理位置的方便性等第一优势是决定产业发展差异、进而决定区域发展差异的主要原因。然而，传统经济理论不能解释许多自然资源禀赋相似的地区却走上不同的产业发展道路，甚至一些自然资源禀赋不好的地区由于产业的高度集聚而成为发达的经济地区，自然资源禀赋较好的地区反而不利于产业的集聚而成为经济发展的落后地区。空间经济学研究的是空间的经济现象和规律，研究生产要素的空间布局和经济活动的空间区位。新经济地理学是空间经济学的重要发展。新经济地理学发端于20世纪90年代初，至今已有近30年的发展历史。新经济地理学试图把空间要素纳入一般均衡分析框架中，研究各种生产要素的运动规律和机制，并通过这种规律与机制的分析探讨经济增长规律与途径，尝试对区域经济发展差异以及可能的区域平衡发展路径作出新的解释。发展新经济地理学理论是本书研究的核心，虽然本书在理论研究上取得了一些突破，但是有必要在以下几方面作出进一步的发展：

第一，新经济地理学的大多数模型都假设存在两个部门，即"现代"部门和"传统"部门。在工业革命时期，现代部门是制造业。工业在地理上的集中产生了对制成品的额外需求，如历史上美国制造业带或德国鲁尔地区的发展。今天，现代部门是服务行业，在这个行业中，企业不仅为消费者和制造业企业提供服务，而且还互相服务。越来越多的公司总部和研究实验室位于大城市的集聚区，这一事实加强了服务业集聚的趋势。因此，"这两个部门是什么"是随着经济发展的阶段和所考虑的时代而变化的。新经济地理学在概念和理论上已经趋于成熟，尤其是在两部门（工业与农业部门）、两区域的迪克西特—斯蒂格利茨—冰山成本形式的设定上，在丰富和发展新经济地理学这条路上，任重而道远，新经济地理学未来关注的焦点需要转移到新的问题上，而不是止步不前，如何将服务业引入到新经济地理学的研究框架中，有待进一步发展。

第二，在现实的空间经济世界里，不仅表现为地理空间范围内人类活动的相互作用，也表现为有限地理空间范围内人类活动与非人类活动的相互作用。空间经济的发展显然跟地方的特定要素有密切的关系，然而，这些因素很难模型化，也很难进行严格逻辑机理上的探究，而更多的是通过文字、图表的形式描述这些因素与空间经济发展的关系。无法否认，这样的分析方式具有先天性的技术上的不足，但是，其得出的一些有价值的观点能弥补新经济地理学理论观点的不足，如何在新经济地理学的分析框架中发展这些观点，这将构成新经济地理学发展的挑战。另外，虽然一些新经济地理学研究者也认识到学习与创新对区域长期增长的作用，然而由于这些因素很难模型化，因此，它们还没有完全融入新经济地理学模型的"大画卷"中（迪朗东和斯托普，2007；藤田和蒂斯，2009）。

第三，迈出既定框架，改善冰山运输成本对现实运输模式的解释力，寻找进一步丰富新经济地理学理论研究的途径。运输成本在新经济地理学建模中扮演着重要的作用，到目前为止，新经济地理学研究的核心内容是运输成本外生参数的变化如何引起经济空间均衡结构的变化。然而，许多区域与国际贸易研究学者（尼瑞，2001；藤田和蒂斯，2002；麦卡恩，2005；松山，2007）认为关于"冰山运输"成本的假设条件过严，将"冰山运输"成本引入新经济地理学中成为新经济地理学建模中最有争议的部分。有学者认为（松山，2007；贝伦斯等，2009），在空间经济学的未来研究中，应该将运输成本内生化。特别重要的是，对于冰山交易成本的"融化或损耗"原因与微观作用机制，特别是与"冰山融化"密切相关的交通基础设施在理论模型中的作用，在未来的研究中应进一步加强。

第四，本书中的理论模型，和大多数新经济地理学所建模型一样，是在DCI分析框架下建立的，这种分析框架存在着明显的缺陷：忽视预期作用、模型中存在的非线性关系降低了模型的解析能力。在未来的研究中，我们将发展新的分析框架。

第五，在现实生产中，产业空间分布既不可能完全集聚在某个地区，也不可能均匀地分布在每个地区，新经济地理学研究的主要作用在于引发人们对空间经济不平衡现象的重新思考。这种空间经济不平衡现象不仅在发达国家和发展中国家之间存在，在发达国家内部和发展中国家内部也同样存在。拓展新经济地理学理论研究维度，夯实其现实基础，至少需要从以下几个方面进行丰富和完善：一是，拓展理论菜单。集聚的"向心力"和"离心力"是新经济地理学研究的主要内容，"向心力"主要来源于关联效应、厚实市场、知识溢出和其他外部经济，"离心力"主要来源于不可移动生产要素、地租、拥塞和其他外部不经济。新经济地理学要实现进一步发展就必须要扩大这一理论菜单，突破原有模型和框架的限制，建立起囊括空间和不完全竞争市场的一系列更为一般的一般均衡模型。二是，寻求实证研究。新经济地理学中的理论和事实的比较研究还处于萌芽期，大多数模型所得的理论结论很难与区域发展现实进行具体精确对接。贝伦斯和罗伯特—尼古德（2011）认为新经济地理学的很多研究结果依赖于设定相对主观的参数的数字模拟方法来实现，而不是试图在某些时刻复制实际数据来约束他们的模型，从而限制了理论在经济现实中的应用。因此，有必要对新的经济地理现象进行特征事实的探索与理论模型的验证，以提升模型的现实解析能力。三是，进行经济福利和政策含义的探讨。新经济地理学最终还是运用于实践当中，而对政策制定者而言，最为关心的莫过于区域政策蕴含的福利价值，因此，对于经济福利和政策含义的探索也是新经济地理学不可分割的重要部分。

总之，如何结合新经济地理学的前沿研究方向，克服本书研究的不足，促进新经济地理学理论的进一步发展，这对笔者来说既是挑战，也是未来研究的任务。最后，笔者特别强调指出，本书的研究以理论研究为主，只是初步探讨了理论的应用，我们将在未来研究中进一步系统探讨理论的应用。

参 考 文 献

［1］安虎森，刘军辉．劳动力的钟摆式流动对区际发展差距的影响——基于新经济地理学理论的研究［J］．财经研究，2014，（10）：84－96．

［2］安虎森，周亚雄．区际生态补偿主体的研究：基于新经济地理学的分析［J］．世界经济，2013，（2）：117－136．

［3］安虎森，周亚雄，颜银根．新经济地理学视域下区际污染、生态治理及补偿［J］．南京社会科学，2013，（1）：15－23．

［4］曹骥赟．知识溢出双增长模型和中国经验数据的验证［D］．天津：南开大学博士毕业论文，2007．

［5］凡莉，朱英明，刘梦．税收竞争对产业集聚的影响研究——基于新经济地理学视角［J］．财会通讯，2016，（3）：124－128．

［6］范晓莉，王振坡．企业异质、产业集聚与城市空间结构演变——新新经济地理学视角的理论解释与动态分析［J］．西南民族大学学报（社科版），2015，（1）：136－144．

［7］郭建万，陶锋．集聚经济、环境规制与外商直接投资区位选择［J］．产业经济研究，2009，（4）：29－37．

［8］何文，安虎森．财税政策对经济总量和区域差距的影响研究——基于多维框架的新经济地理学理论分析［J］．财经研究，2013，（6）：4－15．

［9］何雄浪．地理空间技术溢出、环境污染与多重经济地理均衡［J］．西南民族大学学报（社科版），2015，（1）：125－135．

［10］何雄浪．多要素流动、产业空间演化与多重经济地理均衡［J］．财贸研究，2014，（1）：38－46．

［11］何雄浪．多要素流动、技术溢出与资本创造［J］．西南民族大学学报（人文社科版），2020，41（2）：130－141．

［12］何雄浪．多要素流动、内生产业空间波动与经济地理新均衡——基于新经济地理学自由企业家模型的比较研究［J］．吉首大学学报（社会科学版），2019，40（4）：44－55．

[13] 何雄浪，姜泽林．自然资源禀赋、制度质量与经济增长 [J]．西南民族大学学报（人文社科版），2017，(1)：134－144.

[14] 何雄浪，曾道智．资源产品二重性、环境污染与经济地理均衡 [J]．西南民族大学学报（社科版），2018，(7)：111－122.

[15] 李崇梅，傅崇辉．人口规模与废污水排放量关系的动态稳定性研究 [J]．资源科学，2016，(6)：1169－1178.

[16] 李树．经济集聚能否降低排污和能耗强度 [J]．社会科学辑刊，2015，(1)：90－96.

[17] 李伟娜，杨永福，王珍珍．制造业集聚、大气污染与节能减排 [J]．经济管理，2010，(9)：36－44.

[18] 刘安国，卢晨曦，杨开忠．经济一体化、集聚租和区际税收政策协调 [J]．经济研究，2019，(10)：167－182.

[19] 刘安国，张克森，杨开忠．环境外部性之下的经济空间优化和区域协调发展——一个扩展的新经济地理学模型 [J]．经济问题探索，2015，(12)：91－99.

[20] 刘军辉，安虎森．欠发达地区开放政策取向研究：一体化还是差别化？——基于新经济地理学视角 [J]．西南民族大学学报（社科版），2016，(12)：131－136.

[21] 刘军辉，安虎森，张古．要素禀赋、比较优势与产业空间分布——兼论单边贸易保护与经济增长 [J]．西南民族大学学报（社科版），2018，(6)：124－131.

[22] 陆铭，冯皓．集聚与减排：城市规模差距影响工业污染强度的经验研究 [J]．世界经济，2014，(7)：86－114.

[23] 栾秋琳，安虎森．"一带一路"背景下中国企业如何"走出去"——基于"新"新经济地理学的视角 [J]．西南民族大学学报（社科版），2018，(11)：97－105.

[24] 曲如晓，江铨．人口规模、结构对区域碳排放的影响研究 [J]．人口与经济，2012，(2)：10－17.

[25] 沈能．工业集聚能改善环境效率吗？ [J]．管理工程学报，2014，(3)：57－63，10.

[26] 孙峰华，孙东琪，胡毅，等．中国人口对生态环境压力的变化格局：1990～2010 [J]．人口研究，2013，(5)：103－113.

[27] 孙利娟，邢小军，周德群．熵值赋权法的改进 [J]．统计与决

策，2010，（21）：153 – 154.

［28］邬彩霞. 对外开放、人口增长对我国二氧化硫排放的影响［J］. 中国人口·资源与环境，2010，（11）：143 – 146.

［29］吴殿庭，宋金平，孙久文，等. 区域经济学［M］. 北京：科学出版社，2003.

［30］吴玉鸣，徐建华. 中国区域经济增长集聚的空间统计分析［J］. 地理科学，2004，（6）：654 – 659.

［31］肖周燕. 中国人口空间聚集对生产和生活污染的影响差异［J］. 中国人口·资源与环境，2015，（3）：128 – 134.

［32］徐辉，杨烨. 人口和产业集聚对环境污染的影响［J］. 城市问题，2017，（1）：53 – 60.

［33］闫昊生，孙久文. 京津冀协同发展的理论解释——基于"新"新经济地理学的视角［J］. 经济与管理研究，2018，（1）：57 – 67.

［34］颜银根. 贸易自由化、企业异质化与外向型经济［J］. 国际贸易问题，2014b，（11）：37 – 46.

［35］颜银根. 转移支付、产业跨区转移与区域协调发展［J］. 财经研究，2014a，（9）：50 – 61.

［36］臧星华，鲁垠涛，姚宏，等. 中国主要大气污染物的时空分布特征研究［J］. 生态环境学报，2015，（8）：1322 – 1329.

［37］Ago, T., Isono, I., *Tabuchi*, *T. Locational Disadvantage of the Hub*［J］. Annals of Regional Science, 2006, 40: 819 – 848.

［38］Ahlfeldt, G. M., Redding, S. J., Sturm, D. M., Nikolaus, W. *The Economics of Density*: *Evidence from the Berlin Wall*［J］. Econometrica, 2015, 83（6）: 2127 – 2189.

［39］Akamatsu, T., Takayama, Y., Ikeda, K. *Spatial Discounting*, *Fourier*, *and Racetrack Economy*: *A Recipe for the Analysis of Spatial Agglomeration Models*［J］. Journal of Economic Dynamics and Control, 2012, 36（11）: 1729 – 1759.

［40］Amiti, M. *Location of Vertically Linked Industries*: *Agglomeration Versus Comparative Advantage*［J］. European Economic Review, 2005, 49（4）: 809 – 832.

［41］Andersson, F., Forslid, R. *Tax Competition and Economic Geography*［J］. Journal of Public Economic Theory, 2003, 5: 279 – 303.

［42］Arnott, R. , Hochman, O. , Rausser, G. C. *Pollution and Land Use*: *Optimum and Decentralization* ［J］. Journal of Urban Economics, 2008, 64: 390 –407.

［43］Arrow, K. J. , Debreu, G. *Existence of an Equilibrium for a Competitive Economy* ［J］. Econometrica, 1954, 22 (3): 265 –290.

［44］Auerswald, P. , Kauffman, S. , Lobo, J. , Shell, K. *The Production Recipes Approach to Modelling Technological Innovation*: *an Application to Learning by Doing* ［J］. Journal of Economic Dynamics and Control, 2000, 24: 389 –450.

［45］Bairoch, P. *Cities and Economic Development*: *From the Dawn of History to the Present* ［M］. University of Chicago Press, Chicago, 1988.

［46］Baldwin, R. E. *Agglomeration and Endogenous Capital* ［J］. European Economic Review, 1999, 43: 253 –280.

［47］Baldwin, R. E. , Krugman, P. R. *Agglomeration, Integration and Tax Harmonisation* ［J］. European Economic Review, 2004, 48: 1 –23.

［48］Baldwin, R. E. , Martin, P. *Agglomeration and Regional Growth*, In: Henderson, J. V. , Thisse, J. – F. (Eds.), *Handbook of Regional ad Urban Economics* (*volume IV*) ［M］. North – Holland, Amsterdam, 2004: 2671 –2711.

［49］Baldwin, R. E. , Martin, P. and Ottaviano, G. I. P. *Global Income Divergence, Trade and Industrialization*: *the Geography of Growth Take-off* ［J］. Journal of Economic Growth, 2001, 6: 5 –37.

［50］Baldwin, R. E. , Okubo, T. *Heterogeneous Firms, Agglomeration and Economic Geography*: *Spatial Selection and Sorting* ［J］. Journal of Economic Geography, 2006, 6: 323 –346.

［51］Baldwin, R. E. , Robert – Nicoud, F. *Trade and Growth with Heterogeneous Firms* ［J］. Journal of International Economics, 2008, 74 (1): 21 –34.

［52］Baldwin, R. , Forslid, R. , Martin, P. et al. *Economic Geography and Public Policy* ［M］. Princeton University Press, Princeton, 2003.

［53］Baldwin, R. , Forslid, R. *The Core Periphery Model and Endogenous Growth*: *Stabilising and De – Stabilising Integration* ［J］. Economica, 2000, 67: 307 –324.

［54］ Behrens, K. , Gaigne', C. , Thisse, J. F. *Industry Location and Welfare when Transport Costs are Endogenous* ［J］. Journal of Urban Economics, 2009, 65: 195 - 208.

［55］ Behrens, K. , Lamorgese, A. R. , Ottaviano, G. I. P. et al. *Beyond the Home Market Effect: Market Size and Specialization in a Multi-country World* ［J］. Journal of International Economics, 2009, 79: 259 - 265.

［56］ Behrens, K. *On the Location and 'Lock-in' of Cities: Geography vs. Transportation Technology* ［C］. Mimeograph, Center for Operations Research and Econometrics, Université catholique de Louvain, 2004.

［57］ Behrens, K. , Robert - Nicoud, F. *Tempora Mutantur: in Search of a New Testament for NEG* ［J］. Journal of Economic Geography, 2011, 11: 215 - 230.

［58］ Berliant, M. , Fujita, M. *Dynamics of Knowledge Creation and Transfer: The Two Person Case* ［C］. MPRA Paper, No. 4973, 2007.

［59］ Berliant, M. , Fujita, M. *The Dynamics of Knowledge Diversity and Economic Growth* ［C］. MPRA Paper, No. 7088, 2008.

［60］ Blanchard, O. J. , Katz, L. F. *Regional Evolutions* ［J］. Brookings Papers on Economic Activity, 1992, 22 (1): 1 - 61.

［61］ Blaug, M. *Economic Theory in Retrospect* ［M］. Cambridge: Cambridge University Press, 5th edn. , 1997.

［62］ Bosker, M. , Brakman, S. , Garretsen, H. , Schramm, M. *Adding Geography to the New Economic Geography: Bridging the Gap between Theory and Empirics* ［J］. Journal of Economic Geography, 2010, 10: 793 - 823.

［63］ Brakman, S. , Garretsen, H. , Gigengack, R. et al. *Negative Feedbacks in the Economy and Industrial Location* ［J］. Journal of Regional Science, 1996, 36 (4): 631 - 651.

［64］ Brakman, S. H. , Garretsen, C. , van Marrewijk, C. et al. *The Return of Zipf: towards a Further Understanding of the Rank-size Distribution* ［J］. Journal of Regional Science, 1999, 39 (1): 183 - 213.

［65］ Bretschger, L. *Knowledge Diffusion and the Development of Regions* ［J］. Annals of Regional Science, 1999, 33 (3): 251 - 68.

［66］ Brulhart, M. , Trionfetti, F. *A Test of Trade Theories when Expenditure is Home-biased* ［J］. European Economic Review, 2009, 53: 830 - 845.

［67］ Calmette, M. – F. , Pechoux, I. *Are Environmental Policies Counterproductive?* ［J］. Economic Letters, 2007, 95 （2）: 186 – 191.

［68］ Charlot, S. , Gaigné, C. , Robert – Nicoud, F. et al. *Agglomeration and Welfare: The Core-periphery Model in the Light of Bentham, Kaldor, and Rawls* ［J］. Journal of Public Economics, 2006, 90: 325 – 347.

［69］ Christaller, W. *Central Places in Southern Germany* ［M］. London: Prentice Hall, 1933.

［70］ Combes, P. P, Duranton, G. , Gobillon, L. *Spatial Wage Disparities: Sorting Matters!* ［J］. Journal of Urban Economics, 2008, 63 （2）: 723 – 742.

［71］ Conrad, K. *Locational Competition under Environmental Regulation when Input Prices and Productivity Differ* ［J］. The Annals of Regional Science, 2005, 39: 273 – 295.

［72］ Cronon, W. *Nature's metropolis: Chicago and the Great American West* ［M］. New York: Norton, 1991.

［73］ Crozet, M. , Soubeyran, P. K. *EU Enlargement and the Internal Geography of Countries* ［J］. Journal of Comparative Economics, 2004, 32: 265 – 279.

［74］ Davis, D. R. , Weinstein, D. E. *A Search for Multiple Equilibria in Urban Industrial Structure* ［J］. Journal of Regional Science, 2008, 48: 29 – 65.

［75］ Davis, D. , Weinstein, D. B. *Bombs and Break Points: The Geography of Economic Activity* ［J］. American Economic Review, 2002, 92 （5）: 1269 – 1289.

［76］ Dawkins, C. J. *Regional Development Theory: Conceptual Foundations, Classic Works, and Recent Developments* ［J］. Journal of Planning Literature, 2003, 18 （2）: 131 – 172.

［77］ Desmet, K. , Rossi – Hansberg, E. *Spatial Development* ［J］. American Economic Review, 2014, 104 （4）: 1211 – 1243.

［78］ Devletoglou, N. E. *A Dissenting View of Duopoly and Spatial Competition* ［J］. Economica, 1965, 32: 140 – 160.

［79］ Dixit, A. K. , Stiglitz, J. E. *Monopolistic Competition and Optimum Product Diversity* ［J］. American Economic Review, 1977, 67: 297 – 308.

［80］ Dupont, V. , Martin, P. *Subsidies to Poor Regions and Inequalities:*

Some Unpleasant Arithmetic [J]. Journal of Economic Geography, 2006, 6: 223 – 240.

[81] Duranton, G. , Storper, M. *Rising Trade Costs? Agglomeration and Trade with Endogenous Transaction Costs* [J]. Canadian Journal of Economics, 2008, 41: 292 – 319.

[82] Eaton, B. C. , Lipsey, R. G. *Freedom of Entry and the Existence of Pure Profit* [J]. Economic Journal, 1978, 88: 455 – 469.

[83] Ehrlich, M. V. , Seidel, T. *More Similar Firms – More Similar Regions? On the Role of Firm Heterogeneity* [J]. Regional Science and Urban Economics, 2013, 43: 539 – 548.

[84] Elbers, C. , Withagen, C. A. *Environmental Policy, Population Dynamics and Agglomeration* [J]. The B. E. Journal of Economic Analysis & Policy, 2004, 3 (2).

[85] Forslid, R. *Agglomeration with Human and Physical Capital: an Analytically Solvable Case* [C]. Discussion Paper No. 2102, Center for Economic Policy Research, 1999.

[86] Forslid, R. , Ottaviano, G. I. P. *An Analytically Solvable Core-periphery Model* [J]. Journal of Economic Geography, 2003, 3: 229 – 240.

[87] Fox, K. A. , Kumar, T. K. *The Functional Economic Area: Delineation and Implications for Economic Analysis and Policy. In Urban-regional Economics, Social System Accounts, and Eco-behavioral Science* [M]. Ames: Iowa State University Press. 1994.

[88] Frank, A. , Moussiopoulos, N. , Sahm, P. , et al. *Urban Air Quality in Larger Conurbations in the European Union* [J]. Environmental Modelling & Software, 2001, 16 (4): 399 – 414.

[89] Friedmann, J. , Alonso, W. *Regional Development and Planning* [M]. Cambridge: MIT Press, 1964.

[90] Fujita, M. A *Monopolistic Competition Model of Spatial Agglomeration: A Differentiated Product Approach* [J]. Regional Science and Urban Economics, 1988, 18: 87 – 124.

[91] Fujita, M. , Krugman, P. , Mori, T. *On the Evolution of Hierarchical Urban Systems* [J]. European Economics Review, 1999, 43: 209 – 251.

[92] Fujita, M. , Krugman, P. *The New Economic Geography*: *Past*, *Present and the Future* [J]. Papers in Regional Science, 2004, 83: 139 – 164.

[93] Fujita, M. , Krugman, P. , Venables, A. *The Spatial Economy*: *Cities*, *Regions*, *and International Trade* [M]. MA: MIT Press, 1999.

[94] Fujita, M. , Krugman, P. *When is the Economy Monocentric? Von Thünen and Chamberlin Unified* [J]. Regional Science and Urban Economics, 1995, 25: 505 – 528.

[95] Fujita, M. , Mori, T. *Frontiers of the New Economic Geography* [J]. Papers in Regional Science, 2005, 77 (5): 377 – 405.

[96] Fujita, M. , Mori, T. *On the Dynamics of Frontier Economies*: *Endogenous Growth or the Self-organization of a Dissipative System?* [J]. Annals of Regional Science, 1998, 32 (1): 39 – 62.

[97] Fujita, M. , Ogawa, H. *Multiple Equilibria and Structural Transition of Nonmonocentric Urban Configuration* [J]. Regional Science and Urban Economics, 1982, 12: 161 – 196.

[98] Fujita, M. , Thisse, J. – F. *Economics of Agglomeration*: *Cities*, *Industrial Location and Regional Growth* [M]. Cambridge UK: Cambridge University Press, 2002.

[99] Fujita, M. , Thisse, J. – F. *Paul Krugman's New Economic Geography*: *Past*, *Present and Future* [C]. Mimeo: CORE – UC Louvain Belgium, 2009.

[100] Glaeser, E. L. , Gottlieb, J. D. *The Wealth of Cities*: *Agglomeration Economies and Spatial Equilibrium in the United States* [J]. Journal of Economic Literature, 2009, 47 (4): 983 – 1028.

[101] Glaeser, E. L. *Learning in Cities* [J]. Journal of Urban Economics, 1999, 46 (2): 254 – 277.

[102] Grazi, F. , Van den Bergh, J. C. J. M. and Waisman, H. *A Simple Model of Agglomeration Economies with Environmental Externalities* [C]. AFD Research Papers, No. 2016 – 18, 2016: 1 – 48.

[103] Greenhut, M. L. *Plant Location in Theory and in Practice* [M]. Chapel Hill: University of North Carolina Press, 1956.

[104] Grossman, G. M. , Krueger, A. B. *Environmental Impacts of a*

North American Free Trade Agreement [J]. Social Science Electronic Publishing, 1993, 8 (2): 223 – 250.

[105] Hall, P. *Cities in Civilization* [M]. London: Pantheon, 1998.

[106] Hanson, G. H. *Market Potential, Increasing Returns, and Geographic Concentration* [J]. Journal of International Economics, 2005, 67 (1): 1 – 24.

[107] Helpman, E. 1998. *"The Size of Regions" Intopics in Public Economics: Theoretical and Applied Analysis* [M]. Cambridge: Cambridge University Press, 1998: 33 – 54.

[108] Henderson, J. V. *The Sizes and Types of Cities* [J]. American Economic Review, 1974, 64: 640 – 656.

[109] Henderson, J. V. *Urban Development: Theory, Fact and Illusion* [M]. Oxford: Oxford University Press, 1988.

[110] Hirschman, A. O. *The Strategy of Economic Development* [M]. New Haven: Yale University Press, 1958.

[111] Hirschman, A. *The Strategy of Economic Development* [M]. New York: Yale University Press, 1963.

[112] Hoare, A. *Review of Krugman's 'Geography and Trade'* [J]. Regional Studies, 1992, 19: 679.

[113] Hohenberg, P., Lees, L. H. *The Making of Urban Europe* (1000 – 1950) [M]. Harvard University Press, Cambridge, 1985.

[114] Hoover, E. M. *Location Theory and the Shoe and Leather Industry* [M]. Cambridge, MA: Harvard University Press, 1937.

[115] Hoover, E. *The Location of Economic Activity* [M]. New York: Mc – Graw – Hill, 1948.

[116] Hosoe, M., Naito, T. *Trans-boundary Pollution Transmission and Regional Agglomeration Effects* [J]. Papers in Regional Science, 2006, 85: 99 – 120.

[117] Hotelling, H. *Stability in Competition* [J]. Economic Journal, 1929, 39: 153: 41 – 57.

[118] Isard, W. *Location and Space-economy* [M]. Cambridge, MA: MIT Press, 1956.

[119] Jacobs, J. *The Economy of Cities* [M]. Random House, New

York, 1969.

[120] Jean, S. *International Trade and Firm's Heterogeneity under Monopolistic Competition* [J]. Open Economies Review, 2002, 13: 291 –311.

[121] Johnston, R. J. *Review of P. Krugman's Geography and Trade* [J]. Environment and Planning, 1992, 24: 1006.

[122] Jovanovic, B., Nyarko, Y. *Learning by Doing and the Choice of Technology* [J]. Econometrica, 1996, 64: 1299 –1310.

[123] Jovanovic, B., Rob, R. *Long Waves and Short Waves: Growth through Intensive and Extensive Search* [J]. Econometrica, 1990, 58: 1391 –1409.

[124] Jovanovic, B., Rob, R. *The Growth and Diffusion of Knowledge* [J]. The Review of Economic Studies, 1989, 56: 569 –582.

[125] Jun, K. *Technology Spillovers, Agglomeration, and Regional Economic Development* [J]. Journal of Planning Literature, 2005, 20: 99 –115.

[126] Keely, L. C. *Exchanging Good Ideas* [J]. Journal of Economic Theory, 2003, 111: 192 –213.

[127] Kind, H. J., Midelfart Knarvik, K. H., Schjelderup, G. *Competing for Capital in a 'Lumpy' World* [J]. Journal of Public Economics, 2000, 78: 253 –274.

[128] Koopmans, T. C. *Three Essays on the State of Economic Science* [M]. New York: McGraw – Hill, 1957.

[129] Kristian, B., Carl, G., Thisse, J. – F. *Industry location and welfare when transport costs are endogenous* [J]. Journal of Urban Economics, 2009, 65: 195 –208.

[130] Krugman, P. *First Nature, Second Nature, and Metropolitan Location* [J]. Journal of Regional Science, 1993, 33: 124 –144.

[131] Krugman, P. *Increasing Returns and Economic Geography* [J]. Journal of Political Economy, 1991, 99: 483 –499.

[132] Krugman, P. *The New Economic Geography, Now Middle-aged* [J]. Regional Studies, 2011, 45 (1): 1 –7.

[133] Krugman, P., Venables, A. *Globalisation and the Inequality of Nations* [J]. Quarterly Journal of Economics, 1995, 110: 857 –880.

[134] Kyriakopoulou, E., Xepapadeas, A. *Environmental policy, First*

Nature Advantage and the Emergence of Economic Clusters [J]. Regional Science and Urban Economics, 2013, 43: 101 – 116.

[135] Lange, A. , Quaas, M. F. *Economic Geography and the Effect of Environmental Pollution on Agglomeration* [J]. Topics in Economic Analysis & Policy, 2007, 7 (1): 17 – 24.

[136] Liu, X. – R. , Sun, T. , Feng, Q. *Dynamic Spatial Spillover Effect of Urbanization on Environmental Pollution in China Considering the Inertia Characteristics of Environmental Pollution* [J]. Sustainable Cities and Society, 2020, 53: 1 – 12.

[137] Losch, A. *The Economics of Location* [M]. New Haven, CT: Yale University Press, 1954.

[138] Lucas, R. J. *On the Mechanics of Economic Development* [J]. Journal of Monetary economics, 1988, 22: 2 – 42.

[139] Markusen, A. *Regions: The Economics and Politics of Territory* [M]. Totowa, NJ: Rowman and Littlefield, 1987.

[140] Marshall, A. *Principles of Economics: An Introductory Volume* [M]. London: Macmillan, 1890.

[141] Martin, P. , Ottaviano, G. I. P. *Growing locations: Industry Location in a Model of Endogenous Growth* [J]. European Economic Review, 1999: 43: 281 – 302.

[142] Martin, P. , Ottaviano, G. I. P. *Growth and Agglomeration* [J]. International Economic Review, 2001, 42: 947 – 968.

[143] Martin, P. , Rogers, C. A. *Industrial Location and Public Infrastructure* [J]. Journal of International Economics, 1995, 39: 335 – 351.

[144] Martin, R. L. , Sunley, P. *Paul Krugman's Geographical Economics and Its Implications for Regional Development Theory: a critical assessment* [J]. Economic Geography, 1996, 72: 259 – 292.

[145] Matsuyama, K. *Beyond Icebergs: Towards a Theory of Biased Globalization* [J]. Review of Economic Studies, 2007, 74: 237 – 253.

[146] McCann, P. *Transport Costs and New Economic Geography* [J]. Journal of Economic Geography, 2005, 5: 305 – 318.

[147] Melitz, M. J. , Ottaviano, G. I. P. *Market Size, Trade and Productivity* [J]. Review of Economic Studies, 2008, 75: 295 – 316.

[148] Melitz M. & Ottaviano G. I. P. *Market Size, Trade, and Productivity* [*J*]. Review of Economic Studies, 2008, 75 (1): 295 –316.

[149] Melitz, M. J. *The Impact of Trade on Intra-industry Reallocations and Aggregate Industry Productivity* [J]. Econometrica, 2003, 71: 1695 – 1725.

[150] Mion, G. , Naticchioni, P. *Urbanization Externalities, Market Potential and Spatial Sorting* [C]. CEPR Discussion Papers, No. 5172, 2005.

[151] Mori, T. , Turrini, A. *Skills, Agglomeration and Segmentation* [J]. European Economic Review, 2005, 49 (1): 201 –225.

[152] Murata, Y. , Thisse, J. – F. *A Simple Model of Economic Geography à la Helpman – Tabuchi* [J]. Journal of Urban Economics, 2005, 58: 137 – 155.

[153] Myrdal, G. *Economic Theory and Underdeveoped Regions* [M]. London: Gerald Duckworth, 1957.

[154] Neary, P. J. *Of Hype and Hyperbolas: Introducing the New Economic Geography* [J]. Journal of Economic Literature, 2001, 39: 536 – 561.

[155] Nocco, A. *The Rise and Fall of Regional Inequalities with Technological Differences and Knowledge Spillovers* [J]. Regional Science and Urban Economics, 2005, 35: 542 – 569.

[156] Ohlin, B. , Hesselbom, P. O. , Wijkman, P. M. (Eds.). *The International Allocation of Economic Activity* [M]. London: Macmillan, 1977.

[157] Ohlin, B. *Interregional and International Trade* [M]. Cambridge: Harvard University Press, 1933.

[158] Okubo, T. *Trade Liberalisation and Agglomeration with Firm Heterogeneity: Forward and Backward Linkages* [J]. Regional Science and Urban Economics, 2009, 39: 530 – 541.

[159] Ottaviano, G. I. P. *Agglomeration, Trade and Selection* [J]. Regional Science and Urban Economics, 2012, 42 (6): 987 – 997.

[160] Ottaviano, G. I. P. *Monopolistic Competition, Trade and Endogenous Spatial Fluctuations* [J]. Regional Science and Urban Economics, 2001, 31: 51 – 77.

[161] Ottaviano, G. I. P. 'New' *New Economic Geography: Firm Heterogeneity and Agglomeration Economies* [J]. Journal of Economic Geography,

2011, 11: 231 –240.

[162] Ottaviano, G. I. P. , Tabuchi, T. , Thisse, J. – F. *Agglomeration and Trade Revisited* [J]. International Economic Review, 2002, 43: 409 – 436.

[163] Ottaviano, G. I. P. , Thisse, J. – F. *Integration, Agglomeration and the Political Economics of Factor Mobility* [J]. Journal of Public Economics, 2002, 83: 429 –456.

[164] Ottaviano, G. I. P. , Thisse, J. – F. *On Economic Geography in Economic Theory: Increasing Returns and Pecuniary Externalities* [J]. Journal of Economic Geography, 2001, 1: 153 –179.

[165] Pflüger, M. *Ecological Dumping under Monopolistic Competition* [J]. Scandinavian Journal of Economics, 2001, 103: 689 –706.

[166] Pflüger, M. , Südekum, J. *Integration, Agglomeration and Welfare* [J]. Journal of Urban Economics, 2008, 63: 544 –566.

[167] Pflüger, M. , Tabuchi, T. *Comparative Advantage, Agglomeration Economies and Trade Costs* [J]. Journal of Urban Economics, 2019, 109: 1 –13.

[168] Picard, P. M. , Okubo, T. *Firms' Locations under Demand Heterogeneity* [J]. Regional Science and Urban Economics, 2012, 42: 961 –974.

[169] Porter, M. *The Competitive Advantage of Nations* [M]. Macmillan, New York, 1990.

[170] Pred, A. *City Systems in Advanced Economies* [M]. Berkeley: University of California Press, 1977.

[171] Proost, S. , Thisse, J. – F. *What can be Learned from Spatial Economics?* [J]. Journal of Economic Literature, 2019, 57 (3): 575 –643.

[172] Puga, D. *The Rise and Fall of Regional Inequalities* [J]. European Economic Review, 1999, 43 (2): 303 –334.

[173] Puga, D. *Urbanization Patterns: European Versus Less Developed Countries* [J]. Journal of Regional Science, 1998, 38 (2): 231 –252.

[174] Rauscher, M. *Concentration, Separation and Dispersion: Economic Geography and the Environment* [C]. Thünen-series of applied economic theory, No. 109, 2009: 1 –36.

[175] Rauscher, M. *Hot spots, High Smoke Stacks, and the Geography*

of Pollution [C]. Paper presented at the workshop Spatial Environmental Economics, University of Heidelberg, 2003.

[176] Redding, S. J. *Goods trade, Factor Mobility and Welfare* [J]. Journal of International Economics, 2016, 101: 148 – 167.

[177] Redding, S. J., Sturm, D., Wolf, N. *History and Industrial Location: Evidence from German airports* [J]. Review of Economics and Statistics, 2011, 93 (3): 814 – 831.

[178] Redding, S. J., Venables, A. J. *Economic Geography and International Inequality* [J]. Journal of International Economics, 2004, 62: 53 – 82.

[179] Redding S., Sturm, D. M. *The Costs of Remoteness: Evidence from German Division and Reunification* [J]. The American Economic Review, 2008, 98 (5): 1766 – 1797.

[180] Richardson, H. W. *Aggregate Efficiency and Interregional Equity. In Spatial Inequalities and Regional Development* [M]. Boston: Martinus Nijhoff, 1979.

[181] Robert – Nicoud, F. *Agglomeration and Trade with Input-output Linkages and Capital Mobility* [J]. Spatial Economic Analysis, 2006, 1: 101 – 126.

[182] Robert – Nicoud, F. *The Structure of Simple 'New Economic Geography' Models (or, On Identical Twins)* [J]. Journal of Economic Geography, 2005, 5: 201 – 234.

[183] Rodríguez – Pose, A. *Economists as Geographers and Geographers as Something Else: Distance and Policy in Spatial Research* [J]. Journal of Economic Geography, 2011, 11: 347 – 356.

[184] Romer, P. M. *Endogenous Technological Change* [J]. Journal of Political Economy, 1990, 98: 71 – 102.

[185] Romer, P. M. *Increasing Returns and Long-run Growth* [J]. Journal of Political Economy, 1986, 94 (5): 1002 – 1037.

[186] Rossi – Hansberg, E. *A Spatial Theory of Trade* [J]. American Economic Review, 2005, 95 (5): 1464 – 1491.

[187] Salop, S. C. *Monopolistic Competition with Outside Goods* [J]. Bell Journal of Economics, 1979, 10 (1): 141 – 156.

[188] Samuelson, P. A. *The Transfer Problem and Transport Costs*, *ii*: *Analysis of Effects of Trade Impediments* [J]. Economic Journal, 1954, (64): 264 –289.

[189] Samuelson, P. A. *The Transfer Problem and Transport Costs*: *The Terms of Trade when the Impediments are Absent* [J]. Economic Journal, 1952, 62: 278 –304.

[190] Sergey, L. *Spillovers*, *Absorptive Capacity and Agglomeration* [J]. Journal of Urban Economics, 2016, 96: 17 –35.

[191] Shen, J. , Wang, S. J. , Liu, W. , et. al. *Does Migration of Pollution-intensive Industries Impact Environmental Efficiency? Evidence Supporting "Pollution Haven Hypothesis"* [J] . Journal of Environmental Management, 2019, 242: 142 –152.

[192] Starrett, D. *Market Allocations of Location Choice in a Model with Free Mobility* [J]. Journal of Economic Theory, 1978, 17 (1): 21 –37.

[193] Stef, P. , Thisse, J. – F. *What can be Learned from Spatial Economics?* [J]. Journal of Economic Literature, 2019, 57 (3): 575 –643.

[194] Tabuchi, T. , Thisse, J. – F. *Taste Heterogeneity*, *Labor Mobility and Economic Geography* [J]. Journal of Development Economics, 2002, 69: 155 –177.

[195] Tabuchi, T. , Thisse, J. – F. , Zhu, X. W. *Does Technological Progress Magnify Regional Disparities?* [J] . International Economic Review, 2018, 59 (2): 647 –663.

[196] Tabuchi, T. *Urban Agglomeration and Dispersion*: *A Synthesis of Alonso and krugman* [J]. Journal of Urban Economics, 1998, 44: 333 –351.

[197] Takahashi, T. *Economic Geography and Endogenous Determination of Transport Technology* [C]. Mimeograph, University of Tokyo, 2005.

[198] Takatsuka, H. , Zeng, D. – Z. and Zhao, L. – X. *Resource-based Cities and the Dutch Disease* [J]. Resource and Energy Economics, 2015, 40: 57 –84.

[199] Tiebout, C. M. *A Pure Theory of Local Expenditures* [J]. Journal of Political Economy, 1956, 64 (5): 416 –424.

[200] Tobler, W. R. *Lattice Tuning* [J]. Geographical Analysis, 1979, 11 (1): 36 –44.

[201] Ulltveit - Moe, K. H. *Regional Policy Design*: *an Analysis of Relocation*, *Efficiency and Equity* [J]. European Economic Review, 2007, 51: 1443 - 1467.

[202] Van Marrewijk, C. *Geographical Economics and the Role of Pollution on Location* [J]. ICFAI Journal of Environmental Economics, 2005, 3: 28 - 48.

[203] Venables, A. J. *Equilibrium Locations of Vertically Linked Industries* [J]. International Economic Review, 1996, 37: 341 - 359.

[204] Venables, A. J. *Evaluating Urban Transport Improvements*: *Cost-benefit Analysis in the Presence of Agglomeration and Income Taxation* [J]. Journal of Transport Economics and Policy, 2007, 41: 173 - 188.

[205] Verhoef, E. T. , Nijkamp, P. *Externalities in Urban Sustainability*: *Environmental Versus Localization-type Agglomeration Externalities in a General Spatial Equilibrium Model of a Single-sector Monocentric Industrial City* [J]. Ecological Economics, 2002, 40 (2): 157 - 179.

[206] Vining, D. R. , Pallone, R. and Plane, D. *Recent Migration Pattern in the Developed World*: *A Classification of some Differences between our and IIASA's Findings* [J]. Environment and Planning A, 1981, 13: 243 - 250.

[207] Virkanen, J. *Effect of Urbanization on Metal Deposition in the Bay of Töölönlahti, Southern Finland* [J]. Marine Pollution Bulletin, 1998, 36 (9): 729 - 738.

[208] Von Thünen, J. H. (1826). *Der isolierte Staat in Beziehung auf Landwirtschaft und Nationalökonomie, Hamburg*: *Perthes. English Translation*: *The Isolated State* [M]. Pergammon Press, Oxford, 1966.

[209] Von Thünen, J. *The Isolated State* [M]. London: Pergamon Press, English edn, 1826.

[210] Wall, R. S, Burger, M. J. , Bert, V. D. K. *The Geograohy of Global Corporate Networks*: *the Poor, the Rich, and the Happy Few Countries* [J]. Environment and Planning A, 2011, 43: 904 - 927.

[211] Waltz, U. *Transport Costs, Intermediate Goods, and Localized Growth* [J]. Regional Science and Urban Economics, 1996, 26: 671 - 695.

[212] Weber, A. *Theory of the Location of Industries* [M]. Chicago: University of Chicago Press, 1929.

[213] Yeaple, S. *A Simple Model of Firm Heterogeneity, International Trade, and Wages* [J]. Journal of International Economics, 2005, (65): 1 – 20.

[214] Yu, J., Lee, L. *Convergence: A Spatial Dynamic Panel Data Approach* [J]. Global Journal of Economics, 2012, 1 (1): 1 – 36.

[215] Zagheni, E. *The Leverage of Demographic Dynamics on Carbon Dioxide Emissions: Does Age Structure Matter?* [J]. Demography, 2011, 48 (1): 371.

[216] Zeng, D. – Z. *New Economic Geography with Heterogeneous Preferences: An Explanation of Segregation* [J]. Journal of Urban Economics, 2008, 63: 306 – 324.

[217] Zeng, D. – Z., Zhao, L. *Pollution Havens and Industrial Agglomeration* [J]. Journal of Environmental Economics and Management, 2009, 58: 141 – 153.

后　　记

　　历经种种艰辛，本书终于完成了，我也如释重负。其中，西华大学经济学院叶连广参与了第6章、第8章的研究工作，西南民族大学经济学院王舒然参与了第4章、第5章的研究工作，西南民族大学经济学院吴欢参与了第2章的研究工作，西南民族大学经济学院王妍参与了第7章的研究工作，在此一并表示诚挚谢意。当然，本书的完成也离不开我的家人的大力支持，谨将此书献给我的家人。最后，衷心感谢经济科学出版社对本书出版的大力支持。

　　由于笔者能力所限等客观原因，书中难免存在错误，恳望各位专家、读者批评指正。

何雄浪

2020 年 7 月